国語科指導法の理論と実践

——〈消失点〉と〈文学サウンドマップ〉を起点に——

OOKUNI Maki
大國眞希

溪水社

はしがき

本書は、国語科教育の方法として「消失点」と「サウンドマップ」の活用を提案することを目的として書かれた。ふたつの語はともに、概念としては美術や哲学（消失点）、環境学（サウンドマップ）などに存在するものであるが、それを文学の読みに利用し、教育活動の方法論として提示している例はまだないと思う（読みにおける遠近法や地平についての鋭く深い先人の教えは本書内にも触れているように、ある）。共に、文学における空間性や色彩、光、音などについて考えている過程で私自身が着想を得て、新しく自分なりに研究、実践活動をおこなっているものだ。

そこで、まず、文学作品における空間性はどのように捉え得るのか。その理論を第一章に記した。二次元の世界を三次元に変える（三次元の世界を二次元に落としこむ）ために生み出された消失点は、自我や認識、認識風景とも関わり、教材としての文学作品を考えるために、また存在と文字・言語について考察するために有効な概念だ。消失点は「読む」に過ぎない言語空間に地平線を拓く。文学における「音」や「調律」はこれらの考察の副産物であり、発展的に見出された。

続く第二章以降は、個々の文学作品を対象に、実際に教室で「消失点」や「サウンドマップ」を活用してどのような授業展開を計画することが可能であるかを、実践を基にまとめている。

直接的な授業の方法を考えたいと思っている場合には、第一章は飛ばして、第二章以降を読まれても問題はないように思う。（もちろん、理論を吟味してから実践に移ったほうが見えてくることも多いかもしれない。）

私は文学空間を感じるためのウォームアップ的な活動として、俳句などを対象に、その俳句の生み出す空間を絵として表現してもらうことがある。その際、なにが、読み手である自分に奥行を感じさせているのかを問う。これを例に説明すれば、第一章はどのように空間が生成されるのか、文学における空間性とはどのようなものなのか、空間を生成させる機構を読み解こうとする理論であり、第二章以降は、俳句を読んだ読み手によって実際にどのような絵が描かれ、何に奥行を感じる（と考える）可能性があるかを捉え、それらを学習者が深め、交流する活動（のヒント）を提示しようとする実践紹介であるため、同じ文学教材における空間性を問いながらも、厳密にいえば別物であり、考えが向かっている方向は正反対でもある点は注意されたい。

また、文学研究における「消失点」や「音」については、拙著『虹と水平線――太宰文学における透視図法と色彩』（おうふう、二〇〇九・一二）、『太宰治　調律された文学』（翰林書房、二〇一五・一〇）もあわせてお読みただければ幸いです。

本書が少しでもお役に立てることがあれば……と願いつつ、はしがきに代える。

著者記す

目次

国語科指導法の理論と実践

——〈消失点〉と〈文学サウンドマップ〉を起点に——

第一章　文学教材における小説空間を考える

一．小説空間と〈消失点〉

小説における空間を問おう。文字の羅列がどのように地平を切り開くのか。それは劇場で目にするような光景とは別のものだ。我々はこの考察を、もっとずっと観念的なもの、形而上的に圧縮された点――消失点――なるものから始めなければならない。

一五世紀の初め、ブルネレスキはフィレンツェのサン・ジョバンニ礼拝堂の前で、ある視覚実験をおこなっていた。当時の伝記作家マネッティの伝えるところによれば[1]、およそ三〇センチ辺の板版には克明に礼拝堂が描かれ、その板版にはのぞき穴が穿たれていたという。鑑賞者の姿を隠したまま鏡にうつる絵を視ることを目的としたためであった。おそらくこの地方にふさわしい晴れ渡る空のもとでの出来事であったことだろう。絵の空の部分に貼られた銀箔には流れる雲がうつっていたという。あの六角堂の実物の姿をさえぎる鏡のうえに展開された新しいイメージはどれほど人々を幻惑したことか。後にアルベルティによって定義される中心光なるものが、穴を覗く人々の瞳を貫いたのだ（実物の礼拝堂、板版に描かれた絵としての礼拝堂、鏡に映るそのイメージ、そして網膜に反転して投影されたそれ、中心光は同時にこれらを串刺しにする）。この覗き穴こそ美術史上たどることのできる最初の消失点であり、一点透視図法に拠るヴィジョンの誕生でもある。ブルネレスキの類い稀なる空間感覚によって生み出されたこの視覚実験は、その誕生の生々しさを伝えるべく、いくつかの夾雑物を〈透視図法的絵画と比して〉含んでいる。後に画面を挟んで対峙する視点と消失点との奇妙な重なり、それに対応するが如く、瞳の水晶体あるいは覗き穴に向かい合って対面する二枚の鏡、建築物とその絵に挟まれた鏡板と、水晶体から光線を投射させるスクリーンとしての網膜。それらは確かに絵画と視覚との関係における余剰物であるにしろ、この透視図法という〈象徴形式〉についての考察においては欠かすことのできない要素だ。

イコノロジーの研究者として知られるパノフスキーは渡米前の一九二〇年代をハンブルグ大学で過ごし、いくつかの遠近法に関する論考を書き残している。それらは、当時親交を結んでいたカッシーラーの影響のもと、『〈象徴形式〉としての遠近法』としてまとめられる。[2]特に象徴形式という概念については、本文のなかでも「カッシーラーがみごとに造形した用語」とされ、「精神的意味内容を具体的感性的記号に結びつけ、この記号に内面的に同化することになる」とカッシーラーを引用して説明される。それにしても遠近法という絵画技法の一つとしか見做されていなかったものを〈象徴形式〉と見抜くタイトルの何と雄弁なことか。その力を証明するように、爾来、後続の遠近法に関する論文群に対し、先見的な位置を占めることになっていく。

パノフスキーの研究は古代の壺に描かれた図像からルネサンス絵画を視野に入れた広範囲なものにも拘らず、透視図法を軸として展開されるように、多くの場合、絵画における空間性の問題が透視図法の特異性をもとに論じられる。マーティン・ジェイが指摘するように、[3]透視図法はルネサンス絵画の限られた分野においても、唯一の視の制度ではない。しかし、「世界の断片的で、細密な、豊かに彩をなす表面にじっと視線をそそぎ、世界を説明するのではなく、ひたすら描写することで充足する」北方美術の視覚にしろ、「現実の不透明性・判断不可能性に魅惑される」バロックの視覚経験にしろ、透視図法こそが対立概念としてのそれらの性格を明確にさせる。透視図法に関する多角的な研究のページをめくる度に、透視図法とはこうした対立を導く反省作用を凝縮した何かではないかという気がしてくる。透視図法は視覚に限らない感覚そのものに、その何かを突き立てる。つまるところ、そのようにして我々は感覚について語ろうと〈象徴化しようと〉しているのだ。この〈象徴形式〉における因果性にこそ、言語と透視図法との結びつきを見い出せる。

大澤真幸は絵画において透視図法という視覚制度が支配的であった時代――古典主義（一七、一八世紀の西洋）――の視覚モデルであったカメラ・オブスクラを挙げ、「遠近法の内に含意されていた視点の二重性を、先鋭化することによって得られるもの」と指摘する。[4] 二重性とは「個体の身体の「内面」に帰属させることができる、経験的な視点」であり、「他方には、この経験的な視点が作動する条件を規定するような超越（論）的な視点」でもあることを指す。この二種の視点の前者を〈見る〉という感覚的視覚、後者を〈読む〉という象徴的視覚と平たく言い換えてもいい。この分裂に近い対立は、カメラ・オブスクラを持ちだすまでもなく、透視図法において決定的なものである。むしろ対立を分裂にまで至らしめ、この消失点こそはその対立概念を導く、表象されるはずのない超越論的主体の影だ。

透視図法に限らずあらゆる遠近法の手段、絵画の形式はパノフスキーが指摘したとおり、〈象徴形式〉としての側面を有するし、視神経を走って脳に届けられる刺激はただの光の戯れに過ぎない。この二重性を視覚という知覚において本来的なものとするなら、何故にことさら視覚からこの対立をあぶりだすために、透視図法あるいはカメラ・オブスクラといったモデルが引き合いに出されるのか。一つには、主観―客観による認識をおこなう科学的主体を歴史的に位置づける目的として。もう一つは、既述したようにこの対立の「先鋭化された」モデルであるためだ。更に言うなら、対立が分裂という決定的事態に至っていることで、その対立を明確に示せる利点もある。

透視図法の画面に表れる線はすべて消失点への傾きを示す。それはまさしく透視図法に内在するはずの象徴形式という概念の表れである。我々は幾何学という凝固剤を用いて、この概念の繊維を画面から抜き取って見せることができるのだ。またその形而上的繊維素によって編まれた超越論的モデルの一つを眺め、このモデルを「テクスト」読解――「読み」に応用すること、それがこの論の目的にほかならない。言葉の傾きを微分することで、その言語空間を統御する一点、主体の彼方――消失点を指し示そう。それが「読む」に過ぎない言語空間に水平線を拓くのだ。

透視図法によって明確化される視覚の二重性は、一四三五年にラテン語版が出版され、翌年にはブルネレスキ、ドナテッロやギベルティ、マサッチオを賛美する序詞の冠されたアルベルティの『絵画論』の冒頭に述べられている。[5] それらは数学者と画家とに振り分けられる。数学者は、「彼等の理解力だけで、あらゆる事物から切り離して物の形体を測る」のに対して、画家である「われわれは、対象が目に見える通りに配置されてあるのを望むので、世にいう通り、もっと人間臭いミネルヴァ〔すなわちもっと感覚的叡智〕をもちいよう」と。

これに続く遠近法の幾何学的説明が（彼がブルネレスキに宛てた序詞で吐露した不安の通り）、その正確さを欠くにしろ、視覚ピラミッドのモデルを導入し、平面空間を統一した比率性を定式した試みの斬新さは、いささかもその価値を失わない。当時フィレンツェで花を咲かしめた新しい芸術の数々、彼が序詞に連ねる人たちの天分への碑文でもある。アルベルティのデザインによるファサードに飾られたサンタ・マリア・ノベッラ教会の薄暗い壁面では、現在でも、マサッチオの「三位一体」像が観光客の目をその透視図法のイリュージョンのなかに引きずりこむ。

彼がたびたび用いる「視的ピラミッド」との表現に、透視図法の多くの特徴は集約される。画家の視野をある一点に定め、描くべき対象を取り囲むべくして仮定される窓《フレーム》の四隅を、この一点に結びつける形態こそ「視的ピラミッド」である。
パノフスキーは「無限で連続的で等質的な空間の形成を保証」する「中心遠近法」の前提として、第一に「われわれがただ一つの動くことのない眼で見ているということ」、次に、「視覚のピラミッドの平らな切断面が、われわれの視像を適切に再現しているとみなされてよいということ」の二点を挙げている。(6)この「ただ一つの動くことのない眼」が「数学者」の「理解力」を、空間に完全な合理性を、もたらす。この仮定された眼についてのパノフスキーの記述は、透視図法という視覚モデルの本質を衝く。

こうした二つの前提を立てることは、ひどく思いきって現実（われわれとしては、このばあい事実的主観的な視覚印象を「現実」と呼んでおいてさしつかえあるまい）を捨象してしまうことである。なぜなら、無限で連続的な等質的空間、つまり純粋に数学的な空間の構造は、精神生理学的空間の構造とは正反対だからである。

と、彼は続ける。換言するなら、「現実」なるものを捨象してはじめて、我々は一つの視覚モデルを眼にすることができるのだ。それほどまでに透視図法の主体は現実から隔てられている。「動くことのない眼」は確かに脱身体的視覚のアレゴリーである。動かないがゆえに身体生理機能から遠ざけられているのではなく、視覚という知覚作用から切り離されているが故に招かれた分裂なのだ。言うなれば、それは身体的感覚と精神的感覚とを隔てる／（スラッシュ）である。
透視図法の視覚力学関係において、もともと精神的に自由を有する形而上学的なものが感覚的知覚に従属することでその根拠を獲得し、一方では、自然そのものであるはずの感覚が象徴形式に干渉され、その明証性（「事実的主観的な視覚印象」である「現実」）を放棄することで、絵画として現象する。

ここで結論へと急ぐ前に、一旦再びアルベルティの『絵画論』へと話を戻そう。アルベルティによる透視図法の定式は、実用的と呼べるほどの洗練さを纏うには至っておらず、その幾何学を研究するならば、この手法における理想的実践者であるピエロ・デッラ・フランチェスカの「遠近画法」の方をもって範とするべきだろう。但し、アルベルティが用いるそのミネルヴァ、プラクティスな説明に挟まれるキケロやプリニウスから引いた饒舌から、同時代の画家たちが深めつつあった絵画空間についての概念を窺い知ることができる。当時の画家たちは画面に消失点をとる身振りを弓で射る行為になぞらえた。アルベルティはキケロの「雄弁について」から着想し、このように表現する。(7)

射る矢を持たない者は、弓を引いても無駄である。

いったい画家は何をめがけて弓を引いたのか。ジェッソを薄く何度も塗り重ねた下地の白い虚空か。それとも、これから描かれる聖史劇の舞台へと向かってか。

画家は眼の前にうごめく自然に矢を打ち込むのだ。同時に、光に興奮する画家の網膜にも、この矢は突き立つ。矢の軌跡は、そのまま空間の軸となる。画面はいまだ統一された視点をもたない混沌に揺れているが、いまそこにロゴスの座標軸が貫き通る。この弓はアポロンの抱える竪琴のもう一方の側面であり、龍という混沌のアーキタイプの頭を大地もろともに突き刺すゲオルギオスの槍でもある。弓は空間を切り裂く虚ろな音をたてて、時間をスライスしてしまうだろう。

やや唐突な感を与えるかも知れないが、ここで想起させられる太宰治の「東京八景」(8)に触れておきたい。「東京八景」は一〇年間の「私」の東京生活を風景に託して書くことを目論んだ「私」が、伊豆へ行き東京生活を回想する小説だ。作品の末尾に、回想される東京での「私」でも、伊豆でそれを回想している「私」でもない、それらを相対化する、留保つきの「私」が登場する、その直前の文章。

増上寺山門の一景を得て、私は自分の作品の構想も、いまや十分に弓を、満月の如くきりりと引きしぼつたやうな気がした。

ここにも、矢を放つべく弓を引く寓意が書き手に用いられている。

アルベルティが解説する遠近法の論旨をなすのは、視覚ピラミッドを切断する「膜（velo）」上への三次元からの投影という問題であり、消失点と同様に彼が重要視するのが輪郭だ。もっともこの輪郭線を画面上に決定することこそが、透視図法の目的である。

「私はここで、輪郭を描くのに、その線を極めて細く、ほとんどそれが見えるか見えない位に描くように苦心しなければならないといっておこう」とした後で、その尖筆は輪郭の核心に迫る。

輪郭を描くことが境界のデッサンに他ならぬ以上、もしそれを非常に明瞭な線に描けば、そこに面の縁があることを示すのではなく、はっきりした裂け目があることを示す。

輪郭とは、線があるのではなく裂け目があることの宣言。それは線自体の不可能性を示すものでもある。線の存在は極まる程に細く、見える／見えないという両義性にとどまるものである。「あらゆる事物から切り離」す、動かない単眼の効果で、対象と世界との間に決定的な溝が生じるのだ。

褐色のチョークの跡をペン先が走り抜けていく。刻まれる尖筆。レオナルドが残した膨大なデッサン。我々が鏡文字の付された彼のデッサンに魅了されるのは、そこに描かれた内容のためではない。一見したところ、科学的に思われる内容の多くは、いわゆる「中世の闇」の暗がりに沈んだままのものである。レオナルドによる解剖図がいかに素晴らしかろうと、その人体観自体は中世の医学そのものであるガレノス医学の踏襲にとどまる(9)。レオナルドのデッサンの本質はデッサンの筆跡そのものにある。それは夜明けの朧げな色彩の後に最初に夜を射し抜いていく朝日の光線だ。対象が混沌の度合を深めるにつれて、逆説的に彼の精神的なものの表象そのものである描線は、彼特有の崇高さを増す。

荒れ狂う海から引き上げられた「難破した若い水夫の死体」が横たわっている。一人の医師が彼の解剖を請け負う。その死因を探るため、奇妙にも医師が片方の眼球を取り出す。緒のように延びる視神経の束をはさみで切り落とされた眼球を、メスがざくりと開いてみせる。神経と血管が無数に絡み合う球面、網膜という印画紙に、ちょうど逆さまになった「一家団欒の光景(10)」が焼き付いている。このヴィジョンは水夫が目にした最後の光景なのだという。

このまるでカメラ・オブスクラを題にとった寓話（作品内ではロマンスと称される）は、太宰治のいわゆる中期の小品「雪の夜の話」に登場する。この話は一七世紀初頭のヨーロッパ、自然科学という精神の曙光のもとで展開されたある場面をも髣髴させる。その場面の中心人物こそ、座標軸を考案した幾何学者にして、「省察」の哲学者、ニュートンの登場を準備する前時代の科学者、そして近代的自我のイコンに祀りあげられるルネ・デカルトだ。

デカルトは『屈折光学』で、「一つの穴だけを残し」「完全に閉めきった部屋」、つまり、カメラ・オブスクラを引証に出す。そして、この装置を眼底に形象が映し出される現象の最適なモデルとして、眼球の漿液中を屈折する光の様を図式で解説する。[11] また、この解剖的図式を求めるため、次のように指示する。

もし眼を半分に切って、眼に充満している液体が流れ出さず、その諸部分が場所を変えず、切断面がちょうど瞳の真中を通るようにしうるならば、眼はこの図に示されるようにみえるであろう。

閉めきった暗い部屋（カメラ・オブスクラ）に開いた小さな穴から差し込んだ光が、その部屋の壁に外の景色を映し出す現象は（二千年前の文献に残ることが示唆するように）古くから人々の関心を惹いてきた。デカルトの時代、この光の現象が新しい視覚のモデルとされ、俎上にのせられるのにはいくつかの原因が挙げられるだろう。同時代の研究者ヨハネス・ケプラーは、当時急速に発展を遂げつつあった解剖学の功績を讃えている。彼の「視覚論」は、物事の観察につきまとう錯誤の原因を観察器具に求め、眼そのものに疑いを持つことから始まる。[12]

透視図法が、描かれる内容ではなく、そのヴィジョンを構成するもの自体に対しての考察であったように、カメラ・オブスクラという新たな視覚モデルも――一つのモデルに過ぎないにせよ――、知覚自体を反省するものとして意義深い。そして、デカルトがこのスクリーンに認めたのが、「透視図法的に」「表現する絵」であった。[13] カメラ・オブスクラは、何よりもまず外界を隔てる箱である。そのほの暗い箱の内が、精神的自己の内面に譬えられる。主体の境界は、外界からの刺激としての光をatpに変換する網膜の底よりも、もう少し手前に位置する。水晶体は自己という内面を抱える家の窓ガラスであり、光彩はそのシェード、瞼はその鎧戸だ。

大澤真幸がフェルメールの一連の絵画からくみ取った寓意のように、[14] 今や世界はこの窓から差し込む光のもとで探求される。網膜に張り巡る神経は収束し、神経の束となって視覚のいきさつを脳へと導く。ケプラーが「光学者の装備では眼の中で最初に出会うこの不透明な面（網膜・引用者注）より先へは進めない[15]」とし、脳という現象作用の最終的な繋みに分け入ることに慎重であるのに対し、デカルトは大胆にも、頭蓋の中心に位置する松果腺にまで眼球を横切る図式を延長する。いずれにせよ、視覚とは自己の内面に張られた精神のキャンバスあるいは泉に映し出される効果のことである。

デカルトの松果腺は、合わせ鏡に映る一枚の鏡のフレームに過ぎない。当然、透視図法もこの鏡と根深く関係を結んでいる。上述のブルネレスキの実験でも一見したところ無意味に思える鏡が差し込まれるのは、自分の姿を消すこと、つまり自己を内面化することで肉体的容姿を外化し、その捉えがたい内面的ヴィジョン（鏡像）を得ることを望む、芸術家としての視的欲求に起因するのだろう。いわば芸術家の欲求によって物象化された鏡である。

アルベルティは「絵画があらゆる芸術の主人である」とする絵画至上主義の立場から、建築、彫刻、鍛冶屋など創造性を要求されるあらゆる仕事が「画家の規律と技術によって支配されている」と言う。彼は友人と絵画について議論した、熱の籠ったままの口調で、「あの花に化身したナルキッソスこそ、絵画の発明者であった」と述べる[16]。絵画は「泉の水面に映った」「すべての芸術の花」である、と。こうした透視図法とカメラ・オブスクラの鏡像的性格が、自らの内面を拡張する自己反省の運動を促進する。

透視図法における消失点、または輪郭線は、感覚的刺激による表象にも、想像力によって生み出される内面的表象にも、どちらにも完全には帰属させることができない。外界を普遍的に捉える能力を有しながら、その力は概念的領域に属する。また、〈消失点〉とは幾何学平面に投射された形而上的輪郭線の一群を統括する超越論的主体の痕跡であるため、常に対象であることを拒み続ける。

その存在規定を導くため、デカルトの省察にならい、まずは目を閉じることにしよう。知覚は既にまた常に内在化されている以上、感覚は主体への裏切りの可能性を含んでいる。感覚へのこうした嫌疑は、感覚という仕組み自体に向けられる。デカルトが『屈折光学』で展開したように、この視覚モデルを輪切りにされた眼の解剖図を使って図式化することは出来る。だが、それは図版の下方から、眼の断面図をしげしげと眺める観察者の理解であり、眼自身になにかしら反省が起きた訳ではない。つまりは視覚におけるリアリティーの保証とはならないのだ。閉じられた眼の内面で繰り広げられるドラマにこそ、〈消失点〉は表出する。

外来する光の失われた暗闇のなかで、なお現れてくる想像的ヴィジョン。この完全に外的な刺激による制約を受けない未規定なものが、普遍的位置を確立する〈消失点〉を導く契機となる。想像的ヴィジョンがどれほど無根拠なものであろうと、視覚の主体はこのヴィジョンを見ていることを疑い得ない。想像的ヴィジョンは一度、徹底的に無内容なものにその概念的性格だけを残すまでに還元されるが、その際、透視図法的主体の性質にならって、傾きを有した微分点にまで無限的に凝縮される。視覚主体はこの省察的精神運動によってもたらされた空虚な点によって存在を保証される。そして、点の傾きは視点と消失点の二点を通る軸の傾斜を示し、視覚主体はこれを重なり合う一点にしか見ることが許されない。要するに、この一点（消失点）は線として現象され得ない。軸のぶれは確かに主体へと線の表象をもたらすが、そのとき主体は透視図法としての自らの根拠を失ってしまう。この軸の固定がこれから表出するすべての線に根拠を与え、均整的な空間を生み出す。続いて、水平線が視覚主体を横切る（文字通り！）。消失点がこの線上に位置するため、水平線はその性質をもっとも引き継ぎながら空間に延長される第一の線だ。互いが平行関係にある線同士が無限の彼方（消失点）で交わるように、水平線も消失点によって定められた眼のレヴェルと大地の迫り上りとが、彼方で触れ合うことで線として表象したものである。よって、線は無限を抱え込む表象不可能な裂け目でもあり、その挟間に観念的主体が圧縮された影でもある。水平線は透視図法がもたらす、あらゆる輪郭線の雛型であり、他の線の存在を裏打ちするものでもある。デカルトが死んだばかりの牛の眼球を、なかの漿液がこぼれないように瞳のちょうど中心で切り開くことをすめた、その理想的な形で、水平線は瞳を切り裂く。水平線は空と地上とを隔てる。その効果はそれまでも対立概念であった両者をより決定的な形で切り裂いてしまう。

絵画平面および透視図法の測定器具としての窓に張られた「膜（velo）」のうえでも同様なことが起こる。無限を含んだ輪郭線は、裂け目として対象を空間から切り抜いてしまうが、これにより対象は測定可能な物と化す。文字という表象が絵画に近づくのは、この地点においてのことだ。文字は一種の記号と言われる。しかしそれは、文字を記号の範疇に収めることが目的なのではなく、寧ろ、記号として追い詰めることのできない残余を測るためでもあると考えられる。もともとコードに過ぎない文字が、主体の屹立により、存在が影となって投影されるとき（文字の裂け目に主体性の影が充満するとき）、文字は余剰を含む何かとして変質する。

シニフェとシニフィアンとの対応は、物と言葉との単純な結びつきによるものではなく、この主体性が切り裂く純粋に否定的な効果によって決定的な隔たり（／）となる。言葉とはシニフェにもシニフィアンにも属することのない、「／」そのものである。それは如上の水平線に重ねられる。画面を横切るに過ぎない線に、自己の内在する概念を無限後退させることで、その線は空と地上とを隔てる水平線と化す。「／」とは、つまりその地点での主体の屹立と同義となる。

太宰治の第一短編集『晩年』に「玩具」という小品が収められている。語りは自己の起源を辿るべく、過去の記憶を断片的に、しかも逆行するクロニクルの形で語られる。記憶の断片が幼少のものになるにつれて、記憶が不確かなせいもあるのか、発達しきれていない幼児の感覚によるせいか、語りはマジックリアリズムの様相を呈してくる。そのなかに当時の作者の言語観を窺わせる場面がある[17]。

死人の顔をだまつて見てゐた。萵たけた祖母の白い顔の、額の両端から小さい波がちりちりと起り、顔一めんにその皮膚の波がひろがり、みるみる祖母の顔を皺だらけにしてしまつた。人は死に、皺はにはかに生き、うごきつづけた。皺のいのち。それだけの文章。

「それだけの文章」が示すように、言葉は祖母の顔に刻まれた皺である。肉体に走る溝に、その持ち主の生命が吸い取られ、彼女という主体が全面的にその裂け目に投影されることで、言葉という意味を獲得する。[18]メタ・フィクションの作家としても知られる太宰治は小説についての前衛的な解釈を自らの作品によって体現させ、言葉そのものに強い関心を示す。

マーティン・ジェイはオランダ美術では「キャンバスに描かれたものへのフェティシズム」が顕著であるのに対し、画面上のエロティシズムを脱色するデカルト的遠近法主義は「空間自体に対するフェティシズム」を抱いていると指摘する。[19]ヴァザーリはこの空間に憑りつかれた一人の画家の姿を活写する。[20]その画家の眼をうかせてやまない熱は、彼の妻が惚けた彼を路上に捨て去った後もいっこうに冷める気配がない。パウロ・ウッチェロ。彼が展開する斬新な透視図法によるヴィジョンは、現実感を生じさせるというよりも、むしろ夢幻的だ（実際、歴史の塵に埋もれた彼の作品を再評価したのはシュールレアリストたちだった）。彼は新たな透視図法的構図のデザインされた紙を見つめたままこう呟く。「遠近法とはなんと甘美なものだろう。」

画家はナルキッソスであり、絵画はその花であるとアルベルティは言った。ウッチェロの陶酔は無限的なものへのまなざしにより生ずる。それは内面的な自己への飛翔と無限なるものへの考察を提唱するロマン主義たちの性質と同質のものではなかったか。作品というくつもの鏡のなかで、いまだまなざしはリフレクションを続けている。

ブルネレスキによる豊穣な空間把握の遺産が、いかに一義的にしか引き継がれなかったか、岡崎乾二郎は輝かしいはずのイタリア・クワトロチェントにおける躓きを明快に証明してみせている[21]。特に「想像上の点」の章において、視覚を一点に固定する透視図法のアルベルティによる定義が、いかにブルネレスキがおこなった視覚実験の平面的解釈に過ぎなかったかを指摘する。

透視図法の確立は、それを利用する画家にとってはその技法のもとでは解消されることのない問題、合理的であるはずの空間に生じる、見かけ上の錯誤に取り組むことを意味した。岡崎乾二郎は「当時の画家たちが熱中したのは、実は透視図法そのものではなく、透視図法という仮説を設定したとき産出される、これらのパラドックスをいかに解決するか、という問題であった」と言い切る。

そのなかでも周辺部に必然的に起こる歪みは、当時の画家たちの共通の課題であったし、パノフスキーも少なからず言及している[22]。彼の著作でそれに充てられた註では、レオナルドの研究を中心に、この課題の歴史的な経過を小論文に相当するヴォリュームで解説している。この無視できない齟齬は、もともと眼球の動きを、または眼底の局面を考慮に入れるべきなのを、視覚ピラミッドの底面として平面上に対象を投影することに起因する。広角な視野を望むほどに歪みは強調されるので、レオナルドは結論として対象との距離を適当に保つことを主張し、近距離作図を戒めた。ただし、横一列に並んだ同幅の柱を作図するときなどに、明らかな寸法上の矛盾が際立つ場合を除いて、透視図法につきまとう歪みは物の立体感を強調する効果として肯定的にとらえられる向きもあったという。

〈消失点〉の概念が支配する画面において、四角図形は歪められていくその平面の周縁の果てで円に重なる。幾何学的な整合を保ちながらも（保つが故に）見かけ上の歪みの影は画面上を覆う。その矛盾は周辺に追いやられてしまう訳では決してない。中心部においても、それがどれほどかすかなブレであろうとも知覚できない程に薄く引き伸ばされた膜がぴたりと画面にはりつき、周辺部に至ってたわんで見せるのだ。

ルネサンス期における画家の興隆とともに、パトロンに力量を示すべく、だまし絵が好んで描かれた。建築物の実際の柱をそのまま延長しているかのように見せかける天井画やキャンバスの表面に止まった蠅など、画家は描写力、遠近法の技術を駆使して、依頼者の目を楽しませた。アナモルフォーシスはそういったイリュージョンのうちの変種であった。滑稽なほど歪められた図像を、描かれた支持体の表面を斜めに、ある計算された角度から見ることで（あるいは凸面鏡を利用することで）、本来のイメージを取り戻す、視覚的からくり装置である。凸面鏡にわざと自分の手を拡大してみせるパルミジャニーノの自画像にも代表されるように、マニエリスティックに捩れたプロポーションは当時の貴族社会の嗜好であったとされる。

ともかくも、アナモルフォーシスに表れる歪みは、一定率に引き伸ばされる変形であるが、これはもともと透視図法による周辺部の歪みの問題に取り組んだ研究の副産物である。図像は、元の形を歪め、引き伸ばされると、つまりは斜めからの視線の角度が支持体表面と同平面に近づくほど、このからくりに内在するだまし効果（奇怪に歪んだシミのようなものから突然たち表れるイメージへの驚き）を発揮する。アナモルフォーシスなる図像は、本来の直行する視線を限りなく水平に倒すことによって、その目的を究極的に果たす。それこそ四角い格子を円に変えてしまう屈折率を含んだ膜、透視図法の画面に宿命的に貼り付く「シミ」自体を目にする欲望である。

アナモルフォーシスという一連の捩れた図像群を語るうえで、たびたび引き合いに出されるホルバインの「大使たち」の図面には、髑髏のアナモルフォーシスが、シールような（あるいは切り裂かれた傷のような）唐突さで貼り付いている。あるいは、絵画を覆う絵の具の層に不意に落ちてきた陽の光のようであるが、その光源こそ、このアナモルフォーシスを望まれた形に引き戻す視点にあたる。これ以上ないほどの正確さで作図された床面の大理石模様が生む静謐な奥行き、二人の大使たちの間にセッティングされた数々のモチーフも、短縮法を用いた形象に徹底した細部が描き込まれている。当時の絵画技術の粋を結晶させたかのように濃密な空間に、突如として出現する象牙色をした（感覚が捉え損ねる、対象に至らない）何か。空間の現実性が強まるほど、某かのものは不気味さをまして鑑賞者の眼にとりつく。しかし、その不気味さは決して画面上の不和性に起因するのではなく、寧ろその源泉は美しい比率に統一された画面と捩れた親和性にこそ求められる。アナモルフォーシスは、あくまでも透視図法という自然をうつす鏡面上で歪む図像に他ならず、透視図法がその存在様式を確固たるものにするほどに、アナモルフォーシスという亡霊の影も読めるのだ。引き伸ばされた髑髏は、如上の歪みの膜の寓意でもある。画面左上の線にぴったりと背をあてる具合に真横からのアングルでひっそりと十字架が配置されている。画面の背景となす重厚なカーテンの襞のほんの僅かの隙間に見えるこの十字架は、このややぎこちなく構える二人の閉じられた舞台を裏から覗く切れ間であり、ぴたりと背を当てられたその位置は、場面を切り取る無造作なフレームワークの自然さに罅を入れ、フレームの存在を強調する。つまるところ十字架は画面の斜めから（真横から）この表面自体を視るまなざしを鑑賞者に誘発しはしまいか。複雑な構成と多重に仕組まれたイコノグラフ、にも拘らず、このホルバインの髑髏の浮上と共に発せられるアレゴリーは中世以来、連綿と引き継がれるメメント・モリ——死への警告——である。豪華な色彩に反して、場面を支配するのは教会のなかに沈むような静寂である。それもまた、透視図法のもたらす効果に違いない。

太宰治は自伝風の作品「思ひ出」のなかで、祖母の死という出来事に絡めて次のような逸話を残している。(23) 祖母の死に姿は「私」に「こののちながく私の眼にこびりついたらどうしようと」心配させる。続く場面で「私」は、学校の席につき、ふと外を眺める。

私は硝子窓の傍に座席をもつてゐたが、その窓の硝子板には蠅がいつぴき押しつぶされてながいことねばりついたままでゐて、それが私の視野の片隅にぼんやりと大きくはひつて来ると、私には雉か山鳩かのやうに思はれ、幾たびとなく驚かされたものであつた。

祖母の死に姿は、既に「私」の眼に焼き付いてしまっている。それがふとしたきっかけでイメージを立て上げる。窓に貼り付いた蠅の屍骸を関係項に、死に姿が鳥の形象となって現れる。ちょうど想定された視点から視れば具体化するホルバインの髑髏のように。

主体の屹立は常に死を内包する。性の分裂により、個の寿命は決定的なものとなる。自然から疎外されていく精神史を、またとない腕で編み上げた楽園追放の神話を、作家は好んで自らの語り口に韻のように滑り込ませる。透視図法という視覚主体の出現であれ、それらが表象するもののうちに常に死が影をおとす。

既出の「雪の夜の話」において、水夫を死に至らしめたのは何であったのか。彼の網膜に焼きついたままの家族団欒の光景は、彼が荒れ狂う海に沈む前の最後のヴィジョンであり、彼に死をもたらした原因でもある。更に言及すれば、溺れかけた彼に突きさささるとどめの一撃は、その光景が抱える意味の中心軸である。その軸が突きささるとき（つまり彼がその場面の意味性を理解したとき）彼は彼らに声をかけること、つまり生き延びることを断念する。そのとき、光景はピンに留められた写真のように彼の眼底に貼り付いたのだ。

透視図法がもたらす裂け目について今一度思い起こすなら、概念が無限遠にまで後退することで果たす精神の表出である。輪郭線はその効果で自然をくりぬき、物象化させる。譬えるなら、深い森の繁みから探し出した新種の昆虫をガラス張りの標本ケースにピン留めするようなものだ。人はそのように対象に名を与えるが、それは自分と同様に疎外されたものとしての刻印でもあるだろう。

ここで、ゲーテが『色彩論』の序に綴った何頁にも及ぶ、哲学者の色彩という分野における無能ぶりへの罵声が聞こえてくる[24]。まず、視覚の二重性を峻別する難題につきあたる。特に透視図法を取り上げるとき、その二重性に関しての微妙な取り違えが多様な問題を提起する。透視図法に限ったことではないが、二重性への解釈は凡その共通理解をもちながら、決定的な食い違いもみせる。例えば、デカルト的遠近法という名のもとでカメラ・オブスクラと線遠近法とは一緒くたにされるが、フェルメールのぼやけた焦点をめぐる議論では、この二つは彼の作画の背景を決定するための対立する項目ともなる[25]。透視図法が脱身体的であるとはよく言われている。だが果たしてどこまでそのヴィジョンを得るもの、つまりは〈消失点〉の打ち込まれたものを脱身体化してしまうというのか。まず視点の固定化によって起こるものがある。まるでゴルゴンの眼差しに射抜かれたように身体は硬直し、同時に視覚も石化してしまう。これに対してバロック期に見られる絵の具の物質性を感じさせる筆跡は画家の肉体性の復活を示唆し、ドラクロアなどのロマン派を経てセザンヌ絵画の単位となるタッチ、キュービズムの戦略などによってその解放を果たす。次の問題は、単眼性にかかわる。両眼視による奥行きの知覚はケプラーなどによって推論されてはいたものの等閑視されがちでもあった。三つ目は、透視図法における〈象徴形式〉の専制ぶりによる、ヴィジョンの拘束。透視図法に幾何学が導入されることによって招く画面の画一化を意味するが、決して両者の主従関係が確定されている訳ではあるまい。視覚における象徴形式もまた、本来の想像的概念としての自由の特性の放棄し、視覚に従属することで幾何学化したものとも考えられるのだから。

前二者は肉体を排除する側に視覚的要素が含まれている。固定化されたレンズや単眼としての視覚モデルは光学的なものに属するのに対し、視覚から象徴形式を抽出する三つ目の場合、そこに視覚としての感覚的要素は含まれていない。ラカンがディドロの小説を引き合いに出して講釈するように、それは「盲人」にも完全に理解させることができるものである。しかし、だからといってそれは画面から知覚的要素を疎外する訳では全くない。

我々が透視図法のうちに、特殊に表象された〈象徴形式〉を見い出すのだとしても、実際に目にするのは他ならぬミネルヴァというヴィジョンに違いない。視覚はこの両者の関係性に生じているはずなのだ。

ジャック・ラカンはある奇妙な視覚モデルを提唱する。[26] 砂時計の形をしたその図式は、二つの三角形の頂点が互いの底辺に接するようにかみ合う形で成り立っている。一つ目の三角形はアルベルティの言う「視覚ピラミッド」に相当するもので、底面に対象、頂点に実測点、そして中間の「膜（velo）」にあたる位置に像をそれぞれ振り分けている。ここで留意すべきなのは、心理学者としてのラカンが眼という器官に代表される人間の複雑な知覚機能を承知していながら、あえてこの古典的な「視覚ピラミッド」を採用している点である。ラカンは知覚心理学的見地からではなく、あくまで臨床家としてこのモデルを組み立てたと理解できる。マーティン・ジェイは「デカルト的遠近法主義」が「空間自体に対するフェティシズム」であることを指摘する。[27] また、ノーマン・ブライソンは禅画をその視覚モデルとする西谷啓治の視覚論と比較しながら、ラカンの視覚性の基調となる「パラノイア的偏向」を批判する。[28] つまるところ、デカルト的遠近法とは文明的症候として産まれたのに違いなく、詩人はそこに原罪の色彩を見い出すのではないだろうか。ラカンは二つ目の三角形には底面に絵を、中間部にスクリーンを、そしてその頂点に光点を振り当てる。そして、この頂点にあたる光点について、見掛けと存在の関係を問題にしながら以下のように述べる。[29]

その本質は線の方にあるのではありません。それは光点、つまり放射の原点、きらめき、炎、輝きの湧出の源にこそあるのです。たしかに光は線状に広がります。しかし忘れないでください。光は目というカップから溢れています。だから、目というカップのまわりには一連の器官、装置、防衛が必要となるのです。

空虚な実測点に対応するこの過剰な光。ラカンは二つの三角形の関係を指の先で裏返す手袋の両面に譬えるが、その手袋の指先にあたる眼においてこの二種類の視覚性がお互いを保証しあっているのだ。

太宰治のテクスト研究の積み重ねによって形を成してきた[30]、小説空間における〈消失点〉は二種類の様態として小説本文に措定されていた。一つは自我の存在根拠を支えるにも拘らず、それ自身は言及をあくまでも拒む空虚な地点として。もう一つは自我存在の余剰性に応えるべく溢れだしてくるものとして。帰納的に論じることが許されるならば、ラカンの視覚モデルを持ち出すのも、他ならぬこの溢れる光としての眼差しが、その図式に当てはめられるからだ。

この眼差しについて直接的にどれほどのことが語れるだろうか。「セミネール」においても、この感覚的なもの、視覚のもう一つの側面は自分を見つめ返す空き缶に反射する光の寓話によって講釈される。

日本の伝統である能も、ラカン的視覚モデルと似た一種の捩れた視覚構造をもつ。「人が見るのでない。面が見るのである[31]。」と金剛巌が記すように、極限まで狭められ、演じる者の眼の機能を奪ってしまうという、面に穿たれた穴は何を見るのか。誰が見ているのか。

増田正造は能面がいかに演者の視界を遮り、演技のうえで最も有効な手段としての眼を能が捨て去ることで、独自の境地を築いてきたことを解説している[32]。眼ではなく瞳をくりぬくその小さな視界を、発声を優先する面当てがさらに狭める。四隅に立てられた柱は、本来野外でおこなわれていた能舞台の屋根を支えるものであったが、能が近年のように屋内で演じられるようになってからも、演者に舞台上の位置を知らせる幾何学的な情報として残されているのだという。それは、面をあてた演者にとって、ぎりぎりに切り詰められた視覚情報である。

能のシテはこの薄暗い空間のなかで謡曲に謡われる物語世界を濃縮化していく。儀式めいたその舞台の象徴性が絡み合い、影を強めるその世界にふと没入してしまうとき、観客は松を背景にした空虚な能の舞台に、シテの濃密な内面世界が展開されているのを見る。シテは演技の成就の証しとしてこのまなざしを獲得する。ある反転の出来事である。

対象が先立ち、まず情報としての感覚器である眼を通じて脳に届けられ、そこで視覚として解析されるというのが、通常の視覚の筋道である。能の視覚モデルではこれに逆行する。景色はまずシテの内面に発生する。強烈な象徴空間は面のペルソナの視覚としてその網膜に映し出される。観客は面の覗き穴を通して、この眼底のスクリーンを覗くが如く舞台を映像化する。内面と外界とが反転する。面の凹凸がペコリと反転するこの状態を夢幻能では、ワキが夢を見ていると表現する。透視図法が視点を全く幾何学的な点にまで凝縮したように、能も視覚自体を捨てる代わりに視覚モデルを選択したのだ。

以上のような〈消失点〉についての考察に基づき、本書では、小説空間に身を投じ、それを論じる方法の一つとして〈消失点〉を活用する実践を提示する。

二　国語教室のなかでの〈消失点〉

文学は言葉を用いて造られた芸術である。その表現するものは本質的に音楽性や絵画性を内包する。文学における絵画性とは本文中にある絵画の題名を意味しないし、同様に音楽性もまた曲名ではない。文学における絵画性とはあたかも絵を見ているかのように映写されることであり、音楽性とはあたかも音が鳴いているかのように響くことを意味する。その意味で文学とは五感を用いて味わう共感覚的な総合芸術である。

絵画は直接的に感覚を刺激するものであり、感性を豊かにするためには文学に先んじた存在のように考えられるかも知れない。確かに絵画は感性を豊かにするために有効な手段となりうるだろう。絵画は見る気がなくても目に飛び込んでくる、音楽は聴く気がなくとも耳に入りこんでいるのに比して、文学は読者が能動的に読むことなくしては、その世界を生成することができない。文字を介在しているが故に逆説的ではあるが読書を通じて聞こえた音、見えた映像は、より読者の内面世界に響く音であり、内面に訴える映像であると言いうるかも知れない。

ここで留意したいのは、絵画の受容を受動的な営みと述べたが、それは絵画の作用を感覚的刺激に限定するという意味であって、実際は絵画をただ見るという感覚作用だけでは鑑賞したことにはならない点だ。絵画鑑賞は象徴形式というコードを前提とする。換言するなら、視覚情報を理解するには身体的器官のみならぬ後天的な条件が必要であるということだ。

アーサー・ザイエンスは以下のような逸話を紹介する。[33]「今では夫婦になっている私の知人二人が、二十年前、アフリカの僻村を回って土着民族を相手に仕事をしていた。彼らのプロジェクトは、小児ケアを改善して、驚くほど高い幼児死亡率を下げようというものだった。友人の片方はプロの写真家で、小児ケアについてのスライドを作った。スライドが満足できる形に仕上がると、このハイテク出し物をトラックに積み込んで森に向かい、相棒の女性に合流した。二人は骨を折って工夫し、村の女性たちにスライドを見せた。終わった後、写真家である友人がスライドの上映はどうだったかと訊くと、とてもよかったという答えが返ってきた。色はきれいだったし、形はとても面白かったという。何人かと言葉を交わした後、あることがわかってきた。このスライド上映の夕べ、この人たちには、友人がスライド上に見たイメージがほとんど、あるいは何ひとつとして見えなかったのだ。色は素晴らしかった。だが、この人たちには幼児やいろいろな物や人々を表す映像は見えなかった。そうした映像は、文脈とスケールがこの人たちの経験とあまりにかけ離れていて、ほとんど意味をなさなかったのである。これと同じような事例として、初期の伝道師や人類学者、探検家が語った、頭を混乱させるような驚くべき逸話をいくらでも挙げることができる」[34]（傍点原文のママ）。

パノフスキーが遠近法の象徴性を鋭く指摘したことからも窺えるように、絵画もまた（文学における言語のように）象徴形式を用いた芸術と考えられる。「象徴形式（symbolische Form）」という概念はエルンスト・カッシーラーの造語[35]を利用したもので、「精神的意味内容を具体的感性的記号に結びつけ、この記号に内面的に同化することになる」と記されていた[36]のは前述した通りだ。

中島一裕は「広義遠近法の中で、透視図法だけが遠近法の名で呼ばれ、特別な位置を与えられたのはなぜであろうか。それは、つまるところ、人間の視覚が引き起こす現象に最も忠実な技法であったからに他ならない」として、線遠近法による純化が「人間を個別の主体性として捉えようとする見方の徹底である。そこでは、主体はあくまでも見る主体として純粋な視覚に化している。それは、視覚以外の感覚は拾象されるか、視覚に従属させられて、視覚人間というべきものになった主体である」と述べている[37]。確かに透視図法は特権的な位置を占めるに至った。ただし、線遠近法が視覚人間というべきものになった主体を導き出すとは、『〈象徴形式〉としての遠近法』の考えに反する。透視図法を〈象徴形式〉とするのは、まさにこのような錯誤を超克するための試みだった。人間の網膜は球面であり、それを平面で描こうとすること自体に無理がある。このパースペクティヴは繰返すが、周辺に向かうほど歪んでいるのだ。つまり、透視図法によって示されている事態は正反対に、純粋に視覚化され得ないことを示す。透視図法を利用することは、視覚の問題ではない。ひとが象徴化をおこない、それを受け入れる形式なのだ。

絵画は象徴形式に則って描かれている。しかも人間は視覚においてさえも象徴形式の網目をかけて理解している。カッシーラーは次のように述べる[38]。

人間は、いわば自己を、その環境に適応させる新たな方法を発見した。あらゆる動物の「種」に見出されるはずの感受系と反応系の間に、人間においては、シンボリック・システム（象徴系）として記載されうる第三の連結をみいだすのである。（中略）人間は、ただ物理的宇宙ではなく、シンボルの宇宙に住んでいる。言語、神話、芸術及び宗教は、この宇宙の部分をなすものである。

つまり、人間以外の動物がより生得的な本能に基づいて行動し、いわば「事物そのもの」の世界に生きているのに比して、人間は言語に代表されるシンボルの世界のなかで生きている。もしこの象徴形式を人間存在の条件とするならば、人間は象徴化された事物しか捉えることができない。そして、今、言語によって考察する我々もこの呪いから逃れることはできない。

感覚的な面が強いと思われがちな絵画は実際には象徴形式に則った芸術であり、論理や粗筋に単純化される物語内容が強調されがちな文学においても、それが想起する視覚的イマージュの力は見逃し得ない。伊津野知多は視覚的イマージュが物語生成に関わる理由は「視覚的イマージュの「認識」はまさしく「視覚的なものの効果」として見る者にもたらされるからであり、視覚的イマージュとは何よりも「視覚において読まれる」ものだからである。そこでの「知」は、純粋に言語的にもたらされる知に吸収されてしまうものではあるまい。視覚的イマージュにおいては、視覚的なものに物語が伴っているのではなく、視覚的な効果によって物語が生成するのであり、これは映画に限らず、視覚的イマージュ一般において特権的な、具体的なものと抽象的なもの、可視的なものと不可視のものとの表裏一体となった関係性に帰せられる性質である」と指摘している。[39]

一般にルネサンス期の遠近法の成立はブルネレスキがサン・ジョバンニ礼拝堂を描いたときとされる。諸川春樹は「彼がここで示した遠近法は線遠近法、すなわち画面に垂直な線を、消失点と呼ばれる画面の中の一点に集めることで、三次元空間を二次元平面にイリュージョンの形で表す一点消失遠近法である」「線遠近法で描かれた絵を定められた位置と固定された一つの視点から眺めると、そこに再現されたものは現実と区別できないほど確固たる現実性をもつに至る」と説明する。[40]

単純化するならば〈消失点〉はその世界を生成する一点と定義できるだろう。文字通り消失する点（Punto di Fuga）であり、無限に後退する奥行きの先である。世界が創られるための前提条件であるが故に、世界にある存在には意識化することが至難となる。大澤真幸は「超越論的な視点は、経験的な視覚の活動がまさに行われているそのとき、「すでに完了したもの」として、それ自身の現在に（論理的に）先立つ場所に措定されているのだ」とする。[41]自分自身の立つ世界の〈消失点〉を意識することは、表層的にではなく、より豊かに理解するうえで重要であるが、その世界にあっては、否、その世界にあるが故に至難となる。〈消失点〉は読者を世界《マトリクス》へ没入させる機能を有する。

しかし、小説空間において〈消失点〉は、突如、裂け目として世界《マトリクス》のメタ的世界の存在を啓示する。文学において〈消失点〉はその世界そのものが壊れる音、世界が壊れる音として、あるいはその世界の裂け目から溢れ出てくる光や水として触知されることがある。それは作品の源泉から響く音であり、その音を聞くことは読書を通じて生成された世界の根幹をなす音を聞く行為に等しい。

私たちは日常的にコップの割れる音を耳にする。小説のなかではそれが彼（彼女）の世界そのものが壊れてしまったことを意味することもある。〈消失点〉を利用して聞く音とは、いわばそのような音である。たとい「コップが割れるような音」と表現されていたとしても、実際に教室でコップを持ってきて割って聞かせても意味がない。小説のなかに響いている〈音〉を耳にしたとは言い得ない。では〈音〉をどのように聴き、聴いた〈音〉をどのように伝えればよいのか。

人間は自分の世界を直接的に伝えることはできない。額をつけ合えば他者にダイレクトに伝達できる生き物ではない。我々は内的世界を伝えるために何かを媒介としなければ伝達できないし、誰かの世界も何かに介在された形で渡される。言語は重要な媒介手段の一つだ。自分の内部世界でさえも、言語化されて初めて理解できるという考えもあるほど、重要な存在だ。

ひとは悲しみそのものを誰かに伝えることはできない。なぜ悲しいのか、どのように悲しいのかを話すことはできる。「肉親と死別して悲しい」「雨が降っていて哀しい」「食べ物も咽喉に通らないほど哀しい」などなど。だが、悲しみそのものを語ることはできない。しかし、文学の読みを通じては、感触や響きを差し出すことが可能となる。(48)

もちろん、作品において一つの〈消失点〉しかないわけではなく、まったく正しき唯一の〈算数的な〉解答があるわけではない。イーザーは「テクストの構造上、読者が視点を移動すると、テクストのさまざまな遠近法は相互にきわ立ってくる。それによって個々の遠近法は交互に地平を構成する。地平は、主題となったものに、両者の対応から生ずる特定の輪郭を与える。輪郭は形態を決定する前提条件である」「分節化された読書瞬間は、必ず遠近法の交替をともなっているが、この瞬間には、たえず相互にきわ立つ遠近法が、うすれ行く記憶の空白地平、現在行なわれている保有の修正、それから生じる予覚の構図、期待の空白地平といった形をとって、他の遠近法に解消することなく相互に結びついている」と書く。(43)

教室のなかで算数的な意味での唯一絶対の解としての〈消失点〉を求めることが目的ではない。読書によって立ちあがった世界の〈消失点〉を探し、作品の本文をたどりながらその合理性を表現し、その理由や妥当性を議論すること。そのことによって表現する力、分析する力や議論する力、加えて理解する力が磨かれていく。蛇足であるが、本文という答えがある限り、そこに議論の根拠があるのであり、いわゆる読みのアナーキズムに陥ることは決してない。

作品に〈消失点〉を探すことは読みの感動を損なうものだと考える向きもあるかもしれない。あまりにも知性を使うものであって、五感で味わう感動を損なわせるものだと。これについても否と主張する。読書によって生き生きと小説空間を生成させられなければ（それを五感で感じることがなければ）、――〈消失点〉はヴィジョンに先行するにも拘らず――その〈消失点〉は存在しない。そのために学習者は五感をフル活動させて、作品世界に入って行かなければならない。そして、その感覚を本文に照らしながら客観的にメタ的に吟味していくのだ。

ある小説を感動したとき、「感動した」と伝えあうだけでは交流を果たしたとは言い得ない。作品の〈消失点〉を探りだし、自分の発見した〈消失点〉を核として、自分の言葉によって、本文を根拠として物語を再構築してみせあうとき、ひとは作品を通じて交流を果たすことが可能となる。学習者たちは全く異なった意見や類似した考察を聞くことにより、作品内容や構造を詳細に検討することになり、また自分の考えを精査することになる。当然、インタラクティヴな授業が展開する。

授業者は学習者一人ひとりが考えた〈消失点〉をどのようにすれば実を結ばせることができるのか、学習者の発言に耳を傾けながら、適切な疑義を唱えたり、結びつけることのできる箇所を指摘したりしながら、より深く作品を理解できるよう支援することが求められる。そして、その〈消失点〉はほんとうに有効か――どのように有効と言えるのか？　有効でないならば何が不足するのか？――を常に反省、熟考するようにしむけることが大切である。

西郷竹彦は「走れメロス」の授業を参観したときに、ある学習者が「『初夏満天の星である』というところがとてもよい」と感想文を書いたという話を紹介している。その文はメロスの生き方にかかわっているわけでもないし、主題にかかわりがないと思われるので、クラスメイトも失笑したし、教師も「突拍子もないことを言うなあ」「変なところが好きなんだなあ」と言ってお茶を濁したが、同氏は「その一句にこだわってほしかった、そこからその生徒の読みを伸ばしてほしかった」と書いている。[44]「文学作品というのは、どこか一ケ所を突くと、突き方一つで作品全体がほどけてくる」ような、灸で云いうところの「つぼ」のようなものがある、と。同氏の比喩を使っていうならば、授業者は作品のツボを知り、経絡を知り、そして、それが響き合っている全体の構造を理解していなければならないということになるだろう。「初夏満天の星」がどのように作品のパースペクティヴを拓くのか、他の箇所とどのように有機的なつながりを紡ぎ、共振しているのか、本文を根拠に求めること。そのような姿勢によって、算数的な解とは別種の、国語的な「正しい」読みを学習者が能動的にアクティブに考えていけるように導くことができるだろう。

三．授業展開例――「あとかくしの雪」を題材に――

授業展開としてまず考えられるのは、対象となる文学作品の〈消失点〉は何か、小説を支えているという意味で重要となる語句を挙げ、その理由を述べる学習活動である。〈消失点〉は誰かが〈何かが〉生成した世界であれば必然的に内包するものであるので、文学作品のみならず、映画などを対象として活動することもできる。例えば民話の再話である「あとかくしの雪」を教材とした場合、その構造を把握し、[45]どのような語がどのように構築され、どのような五感を生み出して生成しているかに留意しながら、各自、重要と思う語句を挙げ、その理由を書く。

実践してみると、「雪」「貧乏」「足跡」などが多くの意見となるかもしれない。重要と思った理由は、題名にあるからというような発想ではなく、「世界が白色で作られているから」などと書く学習者も出てくる。その際、本民話において提供されるものがニンジンでもゴボウでもなく、ダイコンであることを指摘するとよい。すると、雪の白の色彩の響きを感じとれるだろう。また、雪の冷たさを想起し、冷たさ—温かさの構造に目をむけるように促すこともできる。あるいは、「貧乏」だけでなく、「なんともかとも貧乏」を挙げる学習者もいるだろう。この「なんともかとも」という表現できない、人間存在の重さは作品の主題ともかかわる部分であり、重要である。この人間存在の重さが「足跡」につながり、それを雪がすうっと消してしまう、この重さと軽さ〈重さの消失〉は教材のキモとなる。その意味で「足跡」ではなく、足跡をつけるさま、「とぼりとぼり」を重要語句とする学習者もいるだろう。文意からだけでなく、擬音語を重要とする学習者も出てくるはずだ。

話の筋を担う語ではなく、作品世界を生成するうえで重要となる一点や、五感に響く語、色彩感覚に訴える語を大切にし、物語世界を自己の内面に引き受け、またそれを表現し、互いに伝え合う力、分析する力などを伸ばす学習活動が期待できる。〈消失点〉を把握する試み、その議論ののちに、発展学習へと結びつけられる。これらの実践について続く章で報告する。

註

（1）アントニオ・マネッティ、浅井朋子訳『ブルネッレスキ伝』（中央公論美術出版、一九八九・一一）
（2）エルヴィン・パノフスキー、木田元監訳『〈象徴形式〉としての遠近法』（筑摩書房、二〇〇九・二）
（3）マーティン・ジェイ「近代性における複数の「視の制度」」（ハル・フォスター編、榑沼範久訳『視覚論』平凡社、二〇〇七・四）
（4）大澤真幸「〈精神=身体〉のパースペクティヴ——眼の近代的編成②」（『批評空間』一九九三・四）

（5）レオン・バッティスタ・アルベルティ、三輪福松訳『絵画論』（中央公論美術出版、一九九二・一〇）
（6）註（2）に同じ
（7）註（5）に同じ
（8）太宰治「東京八景」（『文学界』一九四一・一）
（9）マーティン・クレイトン、ロン・フィロ『レオナルド・ダ・ヴィンチ　人体解剖図――女王陛下のコレクションから』（同朋舎出版、一九九五・五）
（10）太宰治「雪の夜の話」（『少女の友』一九四四・五）
（11）ルネ・デカルト、青木靖三、水野和久訳『屈折光学』（『デカルト著作集　一』白水社、一九七三・五）
（12）ヨハネス・ケプラー、田中一郎訳「視覚論」（『エピステーメー』一九七八・九、一〇）
（13）註（11）に同じ
（14）註（4）に同じ
（15）註（12）と同じ
（16）註（5）に同じ
（17）太宰治「玩具」（『晩年』砂子屋書房、一九三六・六）
（18）中村三春は「捏造・収集・サンプリング――『玩具』」（『解釈と鑑賞』二〇〇一・四）のなかで、佐藤泰正「『玩具』論――『晩年』の中の一視点として」（『太宰治１』一九九四・六）について、「皺」を言語の比喩とし、根源回帰の否定を言葉の位相と結びつけた鮮やかな論であると評価しながら、「多義性」を有する「サンプル的断片の表象」について論じている。
（19）註（3）に同じ
（20）ジョルジョ・ヴァザーリ、平川祐弘、小谷年司、田中英道訳『ルネサンス画人伝』（白水社、一九八二・四）。但し当該書の訳出では、ウッチェロの口癖は「ああ、この遠近法《プロスペッティヴァ》は可愛い奴でなあ」となっている。本書では註（2）での訳出に倣った。
（21）岡崎乾二郎　『ルネサンス　経験の条件』（筑摩書房、二〇〇一・七）
（22）註２に同じ
（23）太宰治「思ひ出」（『海豹』一九三三・四、六、一〇）
（24）ゲーテ、木村直司訳「色彩論」（『ゲーテ全集　14』潮出版社、一九八〇・五）
（25）小林頼子『フェルメール論――神話解体の試み――』（八坂書房、一九九八・八）
（26）ジャック・ラカン、小出浩之・新宮一成他訳『精神分析の四基本概念』（岩波書店、二〇〇〇・一二）
（27）註（3）に同じ

（28）ノーマン・ブライソン、樽沼範久訳「拡張された場における〈眼差し〉」（ハル・フォスター編『視覚論』平凡社、二〇〇七・四）

（29）註（26）に同じ

（30）詳細については拙著『虹と水平線』（おうふう、二〇〇九・一二）、『太宰治　調律された文学』（翰林書房、二〇一五・一〇）を参照されたい。

（31）金剛巌『能と能面』（創元社、一九八三・一）

（32）増田正造「能面の眼」（『エピステーメー』一九七八・九、一〇）

（33）音楽について正反対の証言もある。例えば、エレナ・マレスは「認知されている社会にのみ音楽が見つかるわけではなく、世界中の音楽の間には驚くべき共通項も存在する」として、「アフリカのカメルーンの片田舎まで足を運んだある研究者は、そこに住む部族が西洋音楽を一度も聴いたことがないにもかかわらず、西洋人と同じように、そこに潜む感情を認識できることを発見した。」「音楽そのもの、つまり音の物理的性質や音楽的構造の中に時間や文化を越えた普遍的なものが存在する」と記している（柏野牧夫監修『音楽と人間と宇宙――世界の共鳴を科学する――』ヤマハミュージックメディア、二〇一二・七）。聴覚（音響）については、ジョナサン・スターンが「可塑性（plasticity）」や「可鍛性（malleability）」などに言及しながら、「直接的な経験の文脈を超える」「より根本的で総合的な、理論的で文化的で歴史的な問い」を示す試みをおこなっていて示唆に富む（中川克志ほか訳『聞こえてくる過去――音響再生産の文化的起源』インスクリプト、二〇一五・一〇）

（34）アーサー・ザイエンス、林大訳『光と視覚の科学』（白揚社、一九九七・九）

（35）カッシラア、矢田部達郎訳『象徴形式の哲学』（培風館、一九四一）

（36）註（2）に同じ。また、カラプレーゼ『芸術という言語』（而立書房、二〇〇一・三）には、「シニフィエを担った形式的諸要素の総体であり、これらを生成させる一つの目的や一つの使用と結びついている」とある。

（37）中島一裕「言語と「遠近法」」（『青須我波良』一九九九・一二）。同氏は、今井文男『表現学仮説』（龍二山房、一九六一・二）の内容を「視点と消点（本書でいうところの消失点、引用者註）を結ぶ線を視消線と呼ぶと、この視消線が文章の表現軸であり、文章表現では、個々の部分はこの視消線上に乗せられることで一行構造をもつことになり、文脈が生まれる、というのである」と解説し、「認識が表現の地平を拓き、その上に個々の文章作品特有の表現意図が展開される」とする。

（38）カッシーラー、宮城音彌訳『人間』（岩波書店、一九五三・三）

（39）伊津野知多「表象と表面――視覚イマージュについての一考察」（『早稲田大学大学院文学研究科紀要　第三分冊四五号』、一九九九）

（40）諸川春樹「15世紀における遠近法の展開」（『世界美術大全集　11』小学館、一九九二・一二）

（41）大澤真幸「〈精神＝身体〉のパースペクティヴ――眼の近代的編成③」（『批評空間』一九九三・七）。同氏は「もちろん『読者の視点』という表現は、比喩的なものである。しかし、読者の視点に相関して現れる普遍的な空間は、仮に超越（論）的な視点を想定した場合に、その対象として与えられるはずの空間にまさに対応している」ことを踏まえて論を展開している。

（42）〈消失点〉は水が流れ出る裂け目として表れる類型があること、それが涙と結びつくことから、ここでは〈源泉〉という語を用いた。フロイトはそれぞれの欲動の、特定の内的な起源のことを欲動の源泉と呼ぶ。原語はDie Quelle des Triebesで、源泉に当たるQuelleは、湧き水や泉、水源、転じて原典、出典、文献などを意味する。本稿の〈源泉〉とはフロイトの用語と直接対応するものではないが、「失われてしまっている」点において、〈消失点〉との関わりを指摘できる。

また、〈消失点〉から溢れ出る水が必ずしもネガティブな感触を伴うとは限らない。「走れメロス」から溢れ出る清水は、「走れメロス」でメロスが走っている世界（観）の外側を感じさせるメタ的な性格を有する（その意味で世界が壊れた彼方を感じさせる）が、物語内では生命力さえ感じさせる肯定的なものである。一方で、〈消失点〉とは文字通り、消え失われる点であるため、ここでは悲しみを例とした。大橋良介は『聞くこととしての歴史』名古屋大学出版会、二〇〇五・五）のなかで「共通感覚」を仏教的な「悲」と共に論じている。

（43）W.イーザー、轡田収訳『行為としての読書――美的作用の理論』（岩波書店、一九八二・三）

（44）『西郷竹彦文芸・教育著作集8――文芸の読書指導――』明治図書出版、一九七七・四）。同氏はこのように書く。「ある中学一年生の文芸の授業を参観しているとき、太宰治の「走れメロス」について教師が感想を求めたところ、多くの生徒たちがメロスの友情をえらいとか、りっぱであるとか答えている中に一人だけ、〈初夏満天の星である〉という一句がとてもすばらしいと述べました。多くの生徒たちがそれを聞いて失笑するなかに、私は心の中でその生徒に拍手を送りました。その生徒は、ある何か大きなもののために走りつづける主人公の姿をこのさわやかな一句のイメージのなかに包みこんでとらえているなと思ったからでした。／作品の中のある場面、あるイメージ、ある一句が、ふいに私たちの眼前にたちあらわれ、そこから眼をそらすことができなくなるということがあります。いや、あるというより、そんな体験をするような読み方であってほしいということなのです。作品の筋をいくらなぞってもそれは作品の奥ふかい生命にふれるものにはなりません。あたりまえのことですが、作品の生命にふれるためには、くりかえし味わい読むこと以外にありません。一つの作品をくりかえし読むことによって、ある一句がとつぜん、かがやきを発してきて、そこから作品全体がてらし出されてくるという感動をぜひ体験してほしいと思うのです。」

（45）「あとかくしの雪」に関する構造については、府川源一郎「民話の構造と語りを読む――「あとかくしの雪」（木下順二作）の授業構想――」（『横浜国大　国語教育研究』一九九四・一〇、のち『文学すること・教育すること――文学体験の成立をめざして』（東洋館出版社、一九九五・八に所収））に詳しい。本書第三章を参照のこと。

第二章 〈消失点〉を利用した指導法①——金子みすゞ「いい眼」——

一．文学教材と〈消失点〉

幾多ある文学教材を味わう方法のうち、本章では読みをパースペクティヴとして認識する方法を導入してみよう。その延長として、獲得できた個々の読みの底に消失点なるものの感覚を知ることを目的としたい。読みを通して他者の考えを理解し、自分の考えを伝達するために〈消失点〉を利用し、この論理の結び目となる超越論的反省点に立つことは「読み」自体を考えるうえでも有効な方法である。

〈消失点〉つまりはパースペクティヴを認識する試みは、表面的な物語内容（の粗筋）だけではなく、その世界を自分の内側から五感を通じて理解することにつながる。〈消失点〉は一般には絵画の遠近法における用語とされる。絵画は平面上に世界を拓く芸術であり、その際、線遠近法では三次元的空間を二次元平面に投射させる。手続きとしてまず彼方に一点〈消失点〉を措定する。その一点は画面の彼方にある。遠くにあるものが小さく描かれる遠近法にあって、彼方のその一点は永遠に無限後退する。感覚をすり抜け、はるか彼方の小さな針穴のようなもの、概念的対象である。その世界には直接的には表れることがないにも拘らず、〈消失点〉が措定されて始めて、世界は遠近法《パースペクティヴ》を有して眺め得る。裏を返せば、ある方向性をもって世界を眺めるとき、必ず〈消失点〉が措定されているということである。〈消失点〉はそれ自体、表象されないにも拘らず、世界を現象させる相関項であり、世界を生成する核となる中心点である。

二．金子みすゞの「いい眼」を読む

文学作品である教材は言葉同士の距離感によって特徴づけられる。その意味で教材にはある方向性が措定されているると言える。作品を読むこととはその方向性に沿いつつ、（文学）空間を体感し、かつ吟味することでもある。その空間には必ず〈消失点〉がある。
まずは小説に比べると分量が少ないことが多いために物理的に取っ付き易い詩を対象としてみよう。金子みすゞの「いい眼」などはどうだろうか。

いい眼

山のむかうの鳩の眼を、
ねらつて鉄砲《てつぽう》が射てるよな、
いい眼が私にあつたなら、

町のかあさんのそばにゐて、
田舎の、林の、木の枝の、

小鳥の巣かけもみな見える。

沖の、小島の、片かげの、
岩の鮑《あはび》もみなみえる。

空の、夕焼の、雲のうへ、
天使のすがたもよくみえる。

そんないい眼があつたなら、
いつも、母さんのそばにゐて、
いろんなことをみようもの。

授業では、詩の〈消失点〉を探す学習活動をおこなうが、〈消失点〉と唐突に言われても探しにくいと思うので、まずは意味内容のみならず、形式や構造、構成も考慮に入れたうえで重要と思われる語句を一つ選び、その理由を書くという課題に取り組んでみる。

例えば四六名の学習者を対象として実践してみたところ、「いい眼」を選んだ学習者が一九名、及び、それに準ずる語として「いい眼があったなら」が二名。「母さん」が一〇名、及び、それに準ずる語として「母さんのそば」が三名、「母さんのそばにゐて」が四名、「いつも母さんのそばにゐて、いろんなことをみようもの」が二名。「みようもの」が二名。そのほか「みえる」が四名。「みなみえる」が一名であった。学習者を替えて同じ課題に取り組んだ経験から言うと、多くの学習者が「いい眼」系、「母さん」系、「見える」系を取り上げる傾向は変わらない。

選んだ理由も同じような意見が多い。任意で引用してみると、「いい眼」を挙げた理由としては「作者が望んでいるものだから」「いい眼についての説明や、いい眼だったらどうなるかが書かれているから」「この詩で一番多く出てくる語句だから。眼がなければ見えるものも見えない」「いつも母さんのそばにいていろんなことが見えるから」「この詩は「いい眼を持っていたら、私は～したい」というような内容なのであり、その眼があったら大好きな母さんの側にいてあげられるという気持ちが感じられたからです」「そんないい眼があったらっていう思いが強く伝わってくるから」「題名になっているから」「この著者は、いろんなものを見てみたいと思っている。今まで見たことのないものなど」があった。

「いい眼があったなら」を挙げた理由としては「題名がいい眼ということで、自分には今ない、そのいい眼がほしいということが、この文の前に書いてあって、それを全部まとめていて、あこがれている気持ちが書かれている」「前半と後半に二回使われていて、作者が一番強調したい所なのではと思ったから」などがあった。

「母さん」を選んだ理由としては、「いい眼をもつことで母さんのそばにいたいという気持ちが重要だと思う」「いい眼を持って母さんのそばでいろいろ見たいと言っていると感じたから」「いい眼にどうしてあこがれるかというと母さんのそばにいたいから、母さんという言葉が重要である」「母さんのそばにいていろんなことを見たいということで母を大事に思う詩なのかと思う」「詩の中でさまざまな「いい眼」が出てくるが、そんないい眼があったらいつもかあさんのそばにいられるというくだりがあり、母さんの側にいつも居たいと思っている。そのために「いい眼」が欲しいと願っているため」「いい眼で見たいと望んでいる、いろいろなものは、全て母さんのそばだから」「小鳥の巣も、岩の鮑も天使の姿もみなみえるような「いい眼」が欲しいと思うのも、母さんのそばでいろいろなことを見ようと考えていることであるから」などがあった。

「母さんのそば」を選んだ理由としては、「いろんな事を見て、それを母さんのそばにいて、「今日はこれが見えたよ」と教えて会話したいのではないかと思ったから」などがあった。

「母さんのそばにゐて」を選んだ理由としては、「かあさんのそばをはなれずに、いろいろなものを見たがっているから」などが挙げられる。

「いつも母さんのそばにゐて、いろんなことをみようもの」を挙げた理由としては、「大好きなお母さんの側にいて周囲をいろいろな視野をもって見ていきたい、と言っていると思ったから」があった。

「見える」を選んだ理由としては、「「いい眼があったなら」という一文から、「見たい」という願いが強いように感じたから」「いい眼があったら、色々な素晴らしいものを「見るんだ」って事を表現した詩だと思ったので」などがあった。

「みようもの」を選んだ理由としては、「実際は持っていないいい眼がもしもあったらという気持ちがこの言葉ですごくよくわかる気がするから」などがあった。

「みなみえる」を選んだ理由としては、「「いい眼」とは何なのかを表している気がする。存在するものも、しないものも見える、見たいという気持ちがこもっていると思った」と書かれていた。

これらの学習者の回答から文意を読むことに集中している様子が伝わってくる。きちんと内容を捉えていることも伝わる。さらに、「持っていたら〜したい」「あこがれる気持ち」「今ない」などの表記から「いい眼」は存在しない、仮構の存在であることも的確に捉えられている。さらに〈消失点〉を捉える姿勢を持ち、その内容を生成しているのはどのような動きによってであるかを省みることは無駄ではあるまい。

〈消失点〉を探す活動においては〈消失点〉として語句を定めると全く同時に、その語句の〈消失点〉的性格を明らかにし、作品全体を構成して見せなくてはならない。後者の作業を欠かしては、選ばれた語句は〈消失点〉の質にまで深められない。なぜそれを〈消失点〉的な性格を有するという意味で重要な語句と考えたのかを明確に示し、作品世界（文学空間）に還元しなければ文意から離れて恣意的思惟を働かせるに過ぎなくなる。それでは他者理解を果たすことも、他者に了解を得ることも難しくなると言わざるを得ない。

例えば、Ａさんは「母さんのそばにいて」を挙げて、「親と離れて暮らしていて、会いたいという気持ちが伝わるから」と書いている。「親と離れている」あるいは「会いたい」とは詩句には直接的には書かれていない。この思惟をさらに本文によって示されている世界を分析しながら深め、なぜ親と離れていると考えたのか（どのように離れているのか）、なぜ会いたいと考えていると読んだのかを（本文のどのような語句によるどのような組み立てから感じたのか）分析していけば、〈消失点〉を捉えるのと同じ姿勢となる。「かあさん」と「母さん」の表記の違いに注意を促すことも一つの助けになるだろう。

また「みえる」を消失点としたＢさんは「現在、作者は目が見えなくて、色々な物が見えるいい眼が欲しいのではないかと思った」と書いている。「みえない」がゆえの「みようもの」「あったなら」という詩句世界、との発想からは、文意だけではなく、「いい眼」の詩の世界を捉えようとしている様子が伝わる。「見える」「みえる」の表記の違いや視点の動きなどに注意を促し、更に作品空間の吟味を期待したい。「作者の目がみえない」と単純に結んでしまうのはもったいない。〈消失点〉を考える学習活動においては、あくまでも作品が創り出している文学空間にとどまることが肝要である。

三.「鳩の眼」を〈消失点〉として「いい眼」を読む

本詩は「鳩の眼」を〈消失点〉とすることもできる。第一連、最初に「山のむかうの鳩の眼を、／ねらって鉄砲が射てるよな、いい眼」とあり、そもそも「いい眼」は「山のむかうの鳩の眼をねらって鉄砲を射」つことで仮想されていることが明らかにされている。

ここで、ルネサンス期の絵画理論に決定的な影響を与えたブルネレスキの実験を思い起こしてみよう。ブルネレスキは洗礼堂を描いた画を向かい合わせた鏡に映し、その鏡像を画に穿たれた穴から覗き込むとあたかも現実に洗礼堂を見ているかのような錯覚をもつという実験をおこなった。その覗き穴は〈消失点〉に穿たれる。覗き穴を開けて覗いているのだから、鏡像には穴から覗く自分の眼が見えるはずだ。しかし、眼前には覗く眼ではなく、現実と遜色のない生き生きとした世界が拡がる。まもなく確立する線遠近法において画面というスクリーンを挟んで対峙する視点と〈消失点〉がここでは奇妙な重なりを果たしている。〈消失点〉のその向こうで、その眼は洗礼堂の像全体を統御している。そして、〈消失点〉は絵画にパースペクティヴを与えて、全体を統御する虚空の点である。

本詩では、まず「あったなら」の繰り返し、「みようもの」という表現から、「いい眼」が実在しないことを確認する。では、「いい眼」はどのようにして創られているのか。「鳩の眼」を射つことで、と本文に即して読み取っていく。これだけの活動だけでも本詩が「いい眼をもって母さんの傍にいたいなあ」という幸せだけの感触の詩ではないと気付くであろう。

「いい眼」とはすべて（空も海のなかも、物理的には見えない天使までも）を見通せる眼、どこまでも世界を射抜くことのできる眼のことだ。このすべてを見通すような「いい眼」の先に「鳩の眼」が存在している。射抜く対象が「眼」である限り、射抜く前にその眼によって射抜かれているはずだ。ここに「いい眼」が鳩の眼を射抜くという表現の転倒がある（しかも「射てるよな」（傍点引用者）であって、実際に射ていない。「鳩の眼」を射抜くことによって始めて「いい眼」が措定されるのだ）。

最初に「鳩の眼」の表象があるのに多くの読者は「鳩の眼」を意識しえない。しかし、「鳩の眼」に世界は見返されている。そのまなざしは支配的で決定的であるが故に、詩の世界にその虚空からのまなざしは出現しない。かくして、現実世界に存在しえない「いい眼」と山の彼方にある「鳩の眼」は絶対的な仮定性において一致をみる。鳩は聖霊をあらわす鳥でもあり、その寓意をとれば「山の向こうの鳩の眼」は聖霊的にこの世を満たす眼とも考えられよう。詩の世界を満たしている眼が聖霊を担う鳩であることは、この詩の世界の色を決定していると言えるのではないか。これが、鴉の眼であったり、蝙蝠の眼であったりしたら、その世界は大きく印象を変えるだろう。詩句の「鳩」「小鳥」「天使」という有翼のイメージの韻も文学空間（詩の世界）の感触生成に一役買っている。

眼という器官を使用した物理的な動作「見る」からひらがな書きにひらかれる「みる」。同じように「母さん」と共にひらがな書きの「かあさん」が示されている。また、「いい」は性能の良さを示すと同時に、肯定されるべき（金子みすゞの重要な動機《モチーフ》のひとつである、いい子、悪い子も想起させる）「いい」（善）という意味も含有する。本文の語句と構成をしっかりと受け取り分析することで自分の受け取った感覚の根拠を明らかにする姿勢が大切である。

四．学習者の反応

〈消失点〉を利用した読みの第一回目として、金子みすゞの「いい眼」を取り上げた授業の後、「大変興味深い授業でした。自分の視点を動かすことにより、世界の観方も変わる！ということが実感でき、かなり感動しました」との意見を書いて渡してくれた学習者がいた。また、「消失点とはこういうものというのはなんとなくわかった気がしますが、文章の中でこれがというのはわかりませんでした。だんだんとわかるようになるんでしょうか」と不安を吐露した学習者もいた。「消失点の話、おもしろかったです。消失点の話ははじめて知ったのですが、詩や小説の中には、この消失点を感じさせるものがあったなあと思いました。その中のひとつをあげたいと思います。村上春樹の本にでてくる羊男です。羊男は実際、生活する中にひっそりといて、しかし、会いたくても会えない。でも存在はしている。そんな存在でとても似ていると感じました」と書いてくる学習者もいた。また、金子みすゞの創作姿勢についての考察を書いてくれた学習者もいる。これらは強制的に書かせたものではなく、自発的に書いて渡してくれたものである。

金子みすゞの有名な詩「私と小鳥と鈴と」は、「鈴と、小鳥と、それから私、みんなちがつて、みんないい」の詩句を中心に読み取られ、多様性や個性を尊重した肯定的な詩と受けとめられがちである。もちろん、それはその通りであるが、それに至る前の詩句にも留意してみよう。

私と小鳥と鈴と

私が両手をひろげても、
お空はちつとも飛べないが、
飛べる小鳥は私のやうに、
地面《ちべた》を速《はや》くは走れない。

私がからだをゆすつても、
きれいな音は出ないけど、
あの鳴る鈴は私のやうに
たくさんな唄は知らないよ。

鈴と、小鳥と、それから私、
みんなちがつて、みんないい。

この詩では、鳥はお空を飛べる、鈴はきれいな音がなる。私はたくさんうたを知っている。みんなちがって、みんないい、とは歌われていない。私は空をちっとも飛べない。小鳥は地面をはやく走れない。私はきれいな音は出ない。鈴はうたを知らない、というふうに「ない」という言葉を重ねているのだ。小鳥は地面を早く走れないのだ。私からはきれいな音は出ないのだ。鈴はうたを知らないのだ。私は空を飛べないのだ。この否定の語にも注意を払いたい。そして、みんなちがってみんないい。これはまた金子みすゞの世界の特徴の一つを象るだろう[1]。

最後に一人の学習者の書いてくれた授業の感想を紹介して本章を閉じることとしたい。

「見えたらいいのに、というものが、どんどん遠くへ行くことから、それによって世界観の奥行きにつながっていくような感じがした。故郷の母のそばを離れなくても、世界のことを知れるなら、離れたくないのに、という思いが感じられる。鳩の眼からどんどん小さく細かいものへ見たいものがうつり、最後は天使という眼で見えるか存在するかも分からないものへいくのが、ひきこまれていく感じがした。見ている対象に共通するイメージとしては羽があることだと感じました。「私」がどこにいるのかは分からないけど、その「羽ばたき」のイメージからそんな願望があるかもしれないと思います。言葉一つ一つの意味（なぜ鳩でなくてはいけないか等）を考えることで、その言葉のイメージも広がり、主題をただ考えるよりもより作品に迫ることができ、おもしろいと思いました。」

註

（1）金子みすゞの詩については、拙稿「神さまの見える硝子のお空、天使のようないい子のお瞳」（『金子みすゞ　永遠の母性』勉誠出版、二〇〇〇・八）や拙稿「メルヘン」（『金子みすゞの世界』勉誠出版、二〇〇二・七）も参照されたい。

付記

「いい眼」の本文は、『新装版　金子みすゞ全集Ⅱ　空のかあさま』ＪＵＬＡ出版局、一九八四・八）に、「私と小鳥と鈴と」の本文は、『新装版　金子みすゞ全集Ⅲ　さみしい王女』（ＪＵＬＡ出版局、一九八四・八）に拠った。

第三章　〈消失点〉を利用した指導法②
――木下順二「あとかくしの雪」――

一．物語の構造から読む

次に詩よりも比較的物語性をより強く伴った「あとかくしの雪」を取り上げて、その構造から読み、〈消失点〉を探す授業を紹介する。

「あとかくしの雪」は次のような話だ。


あるところに、なんともかとも貧乏な百姓がひとり、住んでおった。

ある冬の日のもう暗くなったころに、ひとりの旅びとが、とぼりとぼりと雪の上をあゆんできて、

「どうだろか、おらをひとばん、とめてくれるわけにいくまいか」

というた。

百姓は、じぶんの食べるもんもろくにないぐらいのもんだったが、

「ああ、ええとも。おらのとこは貧乏でなんにもないが、まあ、とまってくれ」

というと、旅びとは、

「そうか、それはありがたい。おら、なんにもいらんぞ」

というて、うちにあがった。

けれどもこの百姓は、なにしろなんともかとも貧乏で、何をひとつ旅びとにもてなしてやるもんがない。それで、しかたがない、晩になってから、となりの大きないえの、大根をかこうてあるところから大根を一本ぬすんできて、大根やきをして旅びとに食わしてやった。

旅びとは、なにしろ寒い晩だったから、うまいうまいとしんからうまそうにしながら、その大根やきを食うた。

その晩さらさらと雪はふってきて、百姓が大根をぬすんできた足あとは、あゆむあとからのように、すうっとみんな消えてしもうたと。

この日は旧の十一月二十三日で、今でもこのへんではこの日には大根やきをして食うし、この日に雪がふればおこわをたくもんもある。

話の筋を中心として考えるならば、読後の感想として次のようなことが議論となるかもしれない。この貧乏な「百姓」の行いは善行なのか悪行なのか、と。旅びとをもてなすためとはいえども、盗みは盗みであり悪なのではないかとの意見もあれば、自分が食べるためではなく饗応のためであるのだから悪行とはいえないという意見が交わされるかもしれない。そのようなことを考えることも確かに大切であろう。しかし、この話には「百姓」の行いが善行である悪行であるとの意見は書かれていない。

話の筋だけではなく、物語の構造をも捉えてみたら、どのようなことが見えてくるだろうか。「あとかくしの雪」の構造を考えてみよう。

府川源一郎が指摘するように、(1)「あとかくしの雪」は三つの課題と解決が繰り返される。一つの課題が百姓に課せられたかと思うと解決し、解決したかと思うと次の課題が生まれる。一つめは「おらをひとばんとめてくれるわけにはいくまいか」という台詞が要請する宿泊の提供である。これは「ああ、ええとも」と承認することによってすぐに解決を見る。しかし、次の課題が生まれる。「百姓」は泊めてやった以上、何かもてなしてやりたいと思うが、「何ひとつ」「もてなしてやるもんがない」。だが、これも解決する。「百姓」は「大根を一本ぬすんできて、大根やきをして旅びとに食わしてやった」。しかし、第三の課題が生まれる。盗んできたときの足跡が残ってしまっている。第三の課題、証拠の残存。だが、これも解決する。それは降雪によって「あゆむあとからのように、すうっとみんな消えてしもうた」のだ。

第一の課題と第二の課題は似ているようで質が異なる。第一の課題（宿泊の提供）は物理的に泊めるか否かの問題だ。それに対して、第二の課題は、旅びとがなんにもしなくてもいいと言っているのにも拘らず、「百姓」が何かもてなしてやりたいと考えたことから生じる精神的な、心理的に抱え込んでしまった課題だ。解決についていえば、一つめの解決と二つのめの解決は地上でおこなわれた行動によって解決されている。しかし、三つめの雪によって消されるという解決は、地上での解決ではなく、文字通り天から降ってきた解決法であった。いわば、一つめ、二つめは地上の論理によって解決され、三つめの課題は天の論理によって解決されたと考えられるだろう。

このように物語の構造を把握すると、物語の筋を追うだけでは見えにくい側面を考えることが可能となる。この物語が提供されるものが大根である必要性も感じとれるだろう。ニンジンやジャガイモやゴボウではダメなのだ。なぜか。もちろん、この世界が一面の雪、白で覆われているからだ。その白に大根は響いている。そして、雪の白さ、冷たさ、消えゆくものという性格に比して、大根の白さがあり、またそれを温かくして、食べる（消える）。その冷―暖の対比も効果的だ。大根は雪同様に食べられて消えたとしても、温かさという対比によって物語に残る。「ひとり」から「ふたり」、そして「ひとびと」へと作品が広がっていく。最初に「百姓がひとり」「ひとりの旅びと」と強調されていた「ひとり」が後半は文中から消える。

物語の構造を踏まえたうえで「あとかくしの雪」の〈消失点〉を考える課題に取り組もう。その際に、この世界はどのような色で作られているのか、どのような感触がするのか、など五感を利用してその世界を味わうように助言することを忘れてはならない。

二．学習者たちは何を〈消失点〉と考えたか

如上の課題に取り組むと次のような語句が〈消失点〉として挙げられることが予想される。参考までに実際におこなったときに挙げられた語句と人数（括弧内）を示しておく。

「雪」（一三名）
「貧乏」（九名）
「足あと」（七名）
「すうっと消えてしもうたと」（四名）
「大根」（三名）
「その晩さらさらと雪は降ってきて、百姓が大根をぬすんできた足あとはあゆむあとからのように、すうっと消えてしもうたと」（二名）

「ひとりの旅人」（二名）
「寒い晩」（二名）
「とぼりとぼり」（二名）
「おらなんにもいらんぞ」（二名）
「みんな消えてしもうたと」（二名）
「消えてしもうた」（二名）
「さらさら雪は降ってきて」（二名）
「大根やき」（二名）
「旅人」（一名）
「なんともかとも貧乏」（一名）
「もう暗くなったころ」（一名）
「もてなし」（一名）

もっとも多いのが「雪」であり、続いて「貧乏」であった。物語の筋において重要な語句を〈消失点〉として探す学習者も少なくなかった。

三．「雪」という語句と「雪」という語句がつくりあげる世界の感触

題名にある語句を題名にあるからという理由だけで〈消失点〉として挙げるのは論拠としては弱い。本作では、「雪」が題名にあるように、足跡を消すという重要な役割を担っているからという理由も残念ながら説得力に乏しい。〈消失点〉の指摘とは、単に語を選択するだけでは不十分であり、なぜそれが〈消失点〉と言えるのか、本文が構築する世界と結びあわせて、もう一度自分の言葉で語り直す行為が重要である。

たとえばIさんは「雪」を〈消失点〉として挙げた理由を「この話全体に白い雪のイメージが私には強かったので選びました。雪が降っていなければ、この話は生まれなかったし、又、「ぬすんできた足あと」の問題を解決したのも雪であったからです。また、この世界は雪・大根・冬など白の世界を想像しました。その中でも最も雪が印象的であったので、選びました」と述べている。粗筋からだけではなく、物語空間が真っ白であると感じたうえで〈消失点〉としている姿勢が感じられる意見だ。

同様にOさんは「「大根」「雪」という語句だと思いました。理由は、この語句で真っ白な世界を感じたからです。自分のためにではなく、他人のために悪いことをしたことや寒いこの季節を表しているのかなと思いました」として、真っ白と世界がどのように結ばれるのかを考えようとしている。冷たさなどを感じ取っている（そこから「なんともかとも貧乏」な百姓の存在に結びつけられている）点がよい。

「人の優しさや思いやりは空から降ってくる雪のようなものだと思う。思いがけないところにあり、重くなれば積もるが、目に見えるような形として残るものではない。そんな気持ちを表しているのではないか」と述べた

Sさんは、「あとかくしの雪」のなかの「雪」が与える感覚を自分の言葉で語り直そうとする姿勢が顕著にみられる。

〈消失点〉を「雪」と見なすというのは、決して読みの展開の可能性を閉じるものではない。指摘するだけではなく、さらに踏み込んで、その「雪」が「あとかくしの雪」の世界をどのようにつくりあげている要となるのかを考察する姿が求められる。

その意味で「雪」ではなく「すうっと」という語に注目した学習者は「雪」が「あとかくしの雪」のなかで与えている感覚を鋭く感受していると言える。例えばEさんは「雪がすうっと消えるような感じと、百姓がとなりの大きないえの大根を一本ぬすんだ証拠を雪が消すこととにかかっていたから。本当に何もなかったように消えた（大根が消えた）感じがこの文章に表れていると思ったから」と考えた。ここでは、「あとかくしの雪」が「すうっと消えるような感じ」として捉えられている。そのような感覚は「雪」がもたらすものであり、かつ、証拠が消えること、大根が消えることと響きあっているという細部とのかかわりを感じとっている意見だ。

Kさんも同様に「すうっと消えてしもうたと」を〈消失点〉とした。その理由として、「百姓の行動が悪いことなのか、善いことなのか、わからないけれど、さらさらふってきた雪はその百姓の行動をつつみ込むように包んですうーっとみんな消えてしまったから。この表現の仕方が題名の「あとかくしの雪」に通じるところがあるのではないかと感じたから。雪と一緒にみんなすべてがすうーっと消えてしまったという表現の仕方が印象的だった」と書いた。音感と表現に留意している。

「雪」に関しては、ただの「雪」ではなく、「さらさら雪は降って」を〈消失点〉として挙げる学習者もいるだろう。わざわざ「さらさら」を含めるところに、本人がまだ言語化できなかったとしても、「あとかくしの雪」の世界の感触を、言葉から五感を通して世界を感じようとする萌芽が見てとれる。

四.「貧乏」と「なんともかとも貧乏」の相違

すべての事件の原因は「百姓」が貧乏だったことにあるとして、「貧乏」を〈消失点〉として挙げる学習者も多いだろう。しかし、第二の課題は必ずしも貧乏故によって生じた物理的な課題ではない。何もしてくれなくてもいいと旅びとは言ったのにも拘らず、なにかもてなしてやりたいと考えた百姓が心理的に抱え込んでしまった問題であった。これをどのように考えるか。

Oさんは「貧乏であったから、この物語が展開されていると思ったため」と理由づけしながらも、〈消失点〉としては「なんともかとも貧乏」を挙げた。なぜ、「貧乏」ではなく、「なんともかとも貧乏」を〈消失点〉としたのか。両者はどのように違うのか。

「なんともかとも」とは言葉で表すことのできないという意味だ。ここに百姓の存在が逆説的に表されていると考えられるのではないか。「なんともかとも貧乏」は本文中に二度繰り返される。「なんともかとも」の表す、どうにも言葉では表すことができない感じが「とも」が繰り返されるリズムで示されている。言葉で意味を表すことのできない空洞な語句は、リズムとしてのみ存在するかのようだ。そして、「なんともかとも」という音こそこの百姓の痕跡、いわばこの世界そのものの響きなのだ。

百姓の存在の重さを世界に刻むものという意味では、「足あと」もまた、「なんともかとも」という語句と同様に説得力がある。Sさんの言うように「足あと」は「人のためにぬすんできた大根を食べさせる行為を象徴する形跡」なのだ。別のSさんは言う。

「「足あと」ではないかと思いました。その理由は、証拠は足あととして形になっていたけれど、天の力により解決されることになり語り継がれてゆくことになりました。「足あと」は貧乏なお百姓さんの精一杯な思いが形になったものであり、それは天の力により全てを昇天させる神がかり的な、神秘なものにしているキーワードだと思いました。」

このSさんもまた先のSさんと同じように「足あと」が百姓のした行いを象徴する形と捉えている。そして、それを物語全体の「奇跡」を説く基になっていると考えている。

Iさんもまた〈消失点〉を「足あと」ではないかと考えた学習者のひとりである。Iさんは〈消失点〉を「足あと」と指摘したうえで、次のように述べる。「この百姓がした、大根を一本ぬすんだのは悪い事だけれども、どうしても旅びとに食べさせてあげたいという気持ちが雪にもわかったのか、雪が百姓の罪を消してあげようというふうに雪で足あとを消したのだろうと思いました。」

Kさんは以下のように考えた。「貧乏な家にとりあえず泊まった旅びと。なにもいらないと言いながらも、大根やきをうまいと食べている。それは百姓がぬすんできたものとは知らない。なんだか様々な矛盾が生じている。また百姓は旅びとに食べる物を出してやりたく仕方がないからぬすみをした。仕方がないこと、人の為にぬすみをしたことを足あとがきえてしまうことで、せつなさが出ているから。」

文脈は乱れているが、この物語に「せつなさ」を感じとり、その「せつなさ」を生み出している源泉として「足あと」を指摘している卓見である。〈消失点〉を探しだすことの意味を、あるいは探しだす方法を理解している様子が窺える。

五．感覚を生かして〈消失点〉を探す

その他として、「大根」を〈消失点〉としたAさんの意見を紹介する。Aさんは以下のように述べている。「この話をよんで全体がぼやっとした淡いイメージなのに大根という言葉だけキリッとうきあがってみえた気がしたから。夢の中みたいな世界に一つだけ現実を感じたから。」

この意見からは、語が与える現実感覚を〈消失点〉を考えるうえでポイントとしている姿勢が窺える。

「大根やき」を〈消失点〉として挙げたSさんからも「雪や大根、雪の上の足あとなど全部真っ白なイメージだが、一つだけ色があるような気がしたから」というふうに色彩に注目して〈消失点〉を考えようとしている姿勢を窺うことができた。

両者に見られる、物語の筋からではなく、語で積み上げている世界全体から自分に響いてくる感覚を生かして〈消失点〉を考えようとしている姿勢は、〈消失点〉を探す方法を自分なりに理解していることを示していると考えられる。

「旅びと」「ひとりの旅びと」を挙げた学習者のなかでもKさんは「まず、旅びとはひとりというところで、哀しいあわれな旅びとという感じがして、何かしてあげたくなってしまう気持ちにさせています。旅というところから世界をあらわしていて、その旅びとがどこを旅してきたのかというような想像をふくらませることができると思います。その旅びとが現れたことによって、平凡に暮らしている百姓の生活に変化がおこり、物理的にも心理的にも天の論理にも問題を起こしています。つまりその旅びとがこなければ、何も起こらなかったということ

とになります」と書き、外部からの侵入者つまり物語世界の異物を「旅びと」から感じ取り、それを〈消失点〉と考えている。

その他「寒い晩」「もう暗くなったころ」「もてなし」を挙げた学習者がいたが、すべての事件に共通しているとの理由である。〈消失点〉としては申し分のない語句を挙げながらその論理化が不十分である点は課題が残る。

六．〈消失点〉を基にして物語を再構築する

独創的な意見を二つ紹介したい。一つめは「とぼりとぼり」を〈消失点〉と考えたSさんの意見である。

「私がこの文の世界をあらわしていると感じた語句は「とぼりとぼり」です。なぜそう感じたかというと、全ての問題の始まりの点がこの歩みをしている旅人だし、その足あともその晩さらさらとした雪で埋もれてしまうので始まりの点でありながら終わりにも関係しているのではないかと思ったからです。」

世界の全体を把握しようとしている姿勢が窺え、かつその世界の核となる言葉を話の筋を担うという側面だけから重要と考えられる語ではなく、擬態語に注目して探している。消えてしまう足あとは百姓のもので、始まりの旅びとのものではないが、世界の始まりの点を見出し、世界の全体を視野にいれたうえで〈消失点〉を探そうとしている。

いまひとりの意見は「おら、なんにもいらんぞ」を〈消失点〉としたSさんの意見である。

「この旅人のひかえめな「おら、なんにもいらんぞ」というせりふが百姓になにかもてなしてやりたいという気にさせたと思う。旅人がこのように謙虚でなければ、盗みまでしてもてなしたり、さらには泊めてやったりも

していないかもしれないと思ったから」と書く。

面白い着眼点だ。意見が独創的であればあるほど、それを〈消失点〉とする論拠は説得力のあるものでなければならない。小説空間にしっかりと入り込み、分析を深め、論拠を強めれば説得力のある意見となる。

七．発展学習として結末の二行を考えてみる

〈消失点〉を考え、自分の意見を論理立てて説明し、また他の学習者の意見にも耳を傾けることにより、創造的な論理を展開する力となる。その成果をはかるためにも、〈消失点〉を探し、それについて論じあう時間の後に、「あとかくしの雪」の最後の二行を考えてみる学習活動を置くことも可能である（その場合〈消失点〉を考える活動時には、最後の二行「この日は旧の十一月二十三日で、今でもこのへんではこの日には大根やきをして食うし、この日に雪がふればおこわをたくもんもある」の部分は伏せておく。）

実際にどのような話がつくられたか紹介しよう。〈消失点〉を考える過程で、「明るさ、暗さ、寂しさや暖かさ、白さや黒さなど多くの対比の表現が見られた。構造として課題がどんどん難易度があがっていっているように感じました。最後、百姓や旅びとなどの人の力ではなく、自然（雪）の力によって解決されたということは何か意味があると思います。」という作品分析や「語り手は過去の話を伝聞の様子で話していて、口語でききやすかったです。」などの感想が聞こえてきた。この語り口も本作の忘れてはならない特徴の一つであろう。あるいは、

寂しさ　冬の寒い日　→　雪　　大根やき　　温かさ
二人　←　大根　　白さ　　静けさ　　百姓の優しさ　しんからうまそうに
暗くなったころ、晩　←→　　とぼりとぼり
盗み　　黒さ　　疲れ

と作品を構造化してまとめる学習者もいた。また、数字の一が最後に消えることに気付いた学習者もいたし、「対比で見たときに、雪や大根と夜（盗み）の黒と、雪の冷たさと大根焼きの暖かさ、オノマトペのとぼりとぼりという重たさとさらさら・すうっとの軽さがあるが、外の動きで唯一盗んだときの擬音が描かれていない」と指摘した学習者もいた。このように学習活動を通じて、冷たさから温かくなる（暖かさの感覚や、重さと消える軽さ）について思いいたり、とぼりとぼり（あしあと／なんともかとも）と「すうーっと」の対比を感じとることもできるようになるはずだ。

温度　寒い晩（寒い）↔ 大根やき（熱い）
色彩　晩（黒）↔ 大根（白）（↔ 大根やき）
晩（黒）↔ 雪（白）

という対比。そして、「前半で人の表現が「なんともかとも」「とぼりとぼり」と重いことに対し、後半の雪はさ

らさら」「すうっと」と軽い。」や「全体的に暗さ、モノクロの世界観の中で、人間の温かみ、体温が際立っている気がする。」「外の寒さと心の暖かさが対比になっている。「ない」という言葉が繰り返されている。前半は「とぼりとぼり」など重い感じで、後半は「さらさら」など軽い感じがする。」「「なんともかとも貧乏」を二回用いて百姓の貧しさを強調している。しかし、この百姓はあたたかいもてなしの心理を持っているという対比がある。更に、冬で寒い晩であるのに対して、あたたかい大根やきを食べさせることによって、この物語のあたたかさが一層増している。貧しさや冬という冷たいイメージを感じさせない。」などの意見に耳を傾けながら、物語のもつ傾きに従い、結末を創造してみよう。創造といっても、突飛なものでなければならないということではない。平成二八年一二月の中教審答申でも国語科は、創造的思考とそれを支える論理的思考の側面、感情・情緒の側面、他者とのコミュニケーションの側面という三つの側面から言葉に対する考え方を働かせ、自分の考えを形成し深める能力の育成が求められている。「あとかくしの雪」の形式や構造を吟味し、五感と関連づけ、物語の論理に従うように努めながら結末に相応しい世界を創ればよいのだ。それが論理のうえに積み重なる創造的な論理力である。より論理力、表現力を鍛えるために、自分がなぜそのような結末を考えたのかも、あわせて書いてもらおう。

「百姓」は「なんともかとも」どうしようもなく貧乏なのだ。そのうえ、冬はある。雪は降る。自然だ。どうしようもないのだ。生きているという重さ。人間として抱えてしまう課題。この物語はどこにむかって伸びていくのだろうか。

Aさんは「その後、雪はさらに降り、百姓の家もあしあとのように、すうっときえていきました。」という結末を考えた。その理由として「さらさらと降る雪は足跡を消した。その後、さらに雪が降ることにより、景色はより白く、濃いものになる。そして、足跡よりも広く高い百姓の家さえも見えなくなり、やがては雪にまぎれて消えてしまいます。家の外がより冷たくなるにつれ、大根やきのあたたかさも際立たせることができます。」と述べている。大根やきへの着眼は木下順二の結末と軌を一にするものであり、木下順二の本文の理解を助けるだろう。

Bさんは、「雪の白さの中に百姓の温かさだけが残った。」とした。そして、「雪・白い・貧乏」から寒さが連想され、強調されます。物語が進むにつれ、寒さの中でうまれた百姓の心の温かさは際立っており、その優しさ、温かさを守るように雪は百姓のあしあとを消してしまいます。大根もあしあとも消えてしまったあとに残るものは百姓の温かな気持ちであり、消える⇕残る　と対照的に表現したほうが面白いと思ってこの終わり方にしました。」と説明する。

Cさんは「それからもこの百姓はこの冬の日に大根を用意して旅びとを待っておったとさ。」と書き、「お互いが貧乏で食べる物も無い。2人がこの雪の日に食べる大根であたたかい気持ちでいっぱいになりました。この話はずっと冬の白いイメージしか出てこないので最後に暖かくなる言葉がほしいなと思ったので、自分がこれからこうあってほしいという願望も含めてこれにしました。」と説明する。

Dさんは「雪は百姓も旅びとも助ける命づなとなったのであった。」とし、「雪というものが単なる自然のものという形ではなくて、人々の命をつなぐための命づなになったように感じたから。雪がなければ、百姓は追いかけ回されたりしていたと思う」と説明する。

Eさんは、「すうっとみんなきえてしもうたが、貧ぼうな百姓は毎日となりの家へ感謝して過ごしている。」とし、「こんなに悲しく寒い物語の中に温かい要素があったら読んだ人々の心に残ると思った為、感謝の心を忘れないで欲しい為、このような結果にしました。また、主人公の立場だけでなく、となりの大きな家の立場になって自分の家の大根が1本とられたことによって2人も幸せな気持ちになったと感じてほしいと思います」と書く。

Fさんは、「なにしろ寒い晩なのに、その日はなぜか寒さを忘れていた。」という結末を考え、その理由は「寒くて白い世界観の中で「唯一あたたかい大根」という存在と、貧しい百姓の心優しい「あたたかい気持ち」が寒さを忘れさせてくれると感じたからです。」とする。

Gさんは、「旅びとは百姓に感謝と別れを告げ、しんしんと降る雪の中へ歩いて行ってしまいました。」という結末を考え、なぜなら、「旅びとについてその後を書いて、旅びとが泊まった後、どうなったのかを表したかったので、旅びとに焦点をあてました。また冷たい大根を食べ温まった旅びとの心も温かくなったことを表現したかったので、「感謝」というワードを加え、さらに外は「雪がしんしんと降る」と物理的な寒さを入れ、物語を寒→温→温→寒という形でまとめたかったので、この一文を考えました。」と書く。

Hさんは、「雪は降り止むことはなかった。」とし、「外の世界一面を白くすることで、（読者に「大根」を印象づけさせる）大根を取ってきた百姓の心の暖かさを強く示すと同時に、世の中は冷たいと対比させるため。」と説明する。

以上の結末は、物語を展開させる要素を木下順二と類似した形できちんと捉えた結果、生み出されたものである。

木下順二とは異なるが、ある物語の定型や、「鶴の恩返し」などを参照して結末を考えた例もあった。

Iさんは「その朝ふわふわと飛んでいて、すうっと旅びともきえてしもうたと。」という結末を考え、「「さらさら」「ふわふわ」で雪と鳥の関係を持たせて、鶴は白いし、なおかつ「鶴の恩返し」のような神秘的な鳥の代表であるから。盗み自体なくすように旅びともあしあとと同じく消えてしまうと貧乏な百姓は罪人にもならないと思える。」と書く。

Jさんは、「旅びとは神の使いでお礼として百姓に食料などをわたした。」と書き、「神の遣いの獣は白いものが多いから。お礼として何もしてくれないのは想像ができなかった。「鶴の恩返し」の鶴も白い着物、雪の中だった。」とする。物語をメタ的な位置から考えている様子が窺える。

「鶴の恩返し」以外でも、例えば、Kさんは「翌朝、旅人のすがたはどこにもなく、にっこりと笑顔をうかべた百姓が布団の上で冷たくなっていた。」という結末を考える。つまり、「百姓は病気で寝たきりで死ぬ前に見た夢の話で、生きてるとき本当に良いひとだった百姓の最期に誰かと会って話したいという願いを神様が夢という形で叶えてあげた。」というような、ある種の物語の型から考えた学習者もいた。

「あとかくしの雪」自体が、民話であり、旅びとがお坊さんだったという変奏もあり、大師講とも説明される[2]話である。その点を考えれば、これらのメタ的な視点から論じる力もまた言語感覚をつけるためには有効であったと考えられる。

Lさんは結末を完成することができなかった。「ふたりが眠りについてから、夜のあいだに雪はやみ、あくる日の朝辺りはいちめん雪がおおっておおった。旅びとは、礼を告げるとそのうえを――あゆんでいったとさ。」と書き、――の部分の横に「さくさく×」「のしりのしり」と記し、試行錯誤をしてしっくりくるオノマトペを探しつづけていた様子が伝わってきた。このような学習者の姿も、言語感覚を磨くために有効であったことの証左となるだろう。

註

（1）「あとかくしの雪」を構造的に読む授業は、府川源一郎「民話の構造と語りを読む――「あとかくしの雪」（木下順二作）の授業の構想――」（「横浜国大　国語教育研究」一九九四・一〇）のち『文学すること・教育すること――文学体験の成立をめざして』（東洋館出版社、一九九五・八）所収）に依拠する。同氏の論文は、「あとかくしの雪」に見られる民話の「構造」をプロップの『民話の形態学』を参照系として論じ、「難題（試練）が順次解決される話」とし、「宿泊の懇願」「饗応の不可能」「証拠の残存」という難題の解決という構造を持ち、最後の解決は「人の世界から離れた別の原理」でなされ、「一般の人間が意図して行える行為ではない」「人間以外の魔法によるもの」であると指摘している。また、本文にある、最後の二行の前の一行あきに注目し、「語り手の視点」からの考察もおこなっている。「あとかくしの雪」を構造的に読む方法だけではなく、物語の背後に、この物語を語り継いだ人々の心性という観点から拡がる世界があることも教示された。

（2）たとえば谷真介作『あとかくしの雪』（佼成出版社、一九九一・一〇）の解説。註（1）でも、木下順二の「あとかくしの雪」は『とんと昔があったげど――越後の昔話――第一集』（未来社、一九五七）所収の話の再話であり、原話では「旅びと」は「こじきぼんさま」と表され、弘法大師であったと明示されていた経緯が記されている。

付記

「あとかくしの雪」の本文は、木下順二『わらしべ長者　日本民話選』（岩波書店、二〇〇〇・八）に拠った。

第四章　〈消失点〉を利用した指導法③

——村上春樹「1963／1982年のイパネマ娘」——

一．学習者たちは何を〈消失点〉として挙げたか

本章では村上春樹の「1963／1982年のイパネマ娘」を取り上げて〈消失点〉を想定しつつ、自分なりの読みを展開してもらう授業について論じる。

ここでも参考までに実際に授業をおこなった際に学習者が挙げた語句とその人数（括弧内）を示しておく。

・「レコード」（五名）
・「ビール」（四名）
・「鏡」（二名）
・「足の裏」（二名）
・「つながり」（二名）
・「奇妙な場所」（二名）
・「少なくとも僕の記憶の中では廊下は大抵いつもしんとしている」（一名）
・「缶ビール」（一名）

・「人間科学」（一名）
・「イパネマ娘」（一名）
・「連想」（一名）
・「曲」（一名）
・「青春」（一名）
・「意識の井戸」（一名）
・「海」（一名）
・「傍点」（一名）
・「複合性」（一名）
・「物質と記憶とが形而上学的深淵によって分かたれていた時代」（一名）
・「結び目」（一名）
・「廊下の先のプール」（一名）
・「高校の廊下」（一名）
・「廊下」（一名）
・「水と地」（一名）
・「イメージの中」（一名）
・「形而上学」（一名）
・「形而上学的」（一名）
・「コンビネーション・サラダ」（一名）

・「僕自身は僕である」（一名）
・「針」（一名）
・「脈絡なんてまるでない」（一名）
・「太陽はぴくりとも動かなかった」（一名）
・「地下鉄の車両中」（一名）

「1963／1982年のイパネマ娘」では、文中にない言葉を〈消失点〉として挙げている学習者が見られた。それは〈水と地〉を挙げたSさん。また、母胎回帰を想起する学習者やレコードの回転に注目する学習者もいた。

二　個性的な読みの根拠としての本文

本文中に見られない語句を〈消失点〉に選ぶことは学習者が作品の文意に縛られることから自由になる傾向を示すが、問題としたいのは、その語句によって、その想起によって、学習者が作品から何を読み取り、その読み取ったことを自分の言葉で語り得ているだろうか、という点である。

例えば、「ビール」を〈消失点〉とした学習者は複数いた。その理由は、「ビール」を飲んでいるときにだけイパネマ娘が「僕」と話すこと、「奇妙な場所」に「ビール」があればいいと「僕」が言っていることなど様々であるが、そのなかでもKさんは次のように記している。

「イパネマ娘が泡とすると、本人は泡じゃないところ。泡があることで、ビールがすごく美しく、美味しそうに感じる。でも、時間（時）が過ぎることにより、泡は消える。」

独創的で興味深い意見であるが、Ｋさんが感じた感触の根拠となり、それをほかのひとに理解させることができるのは「1963／1982年のイパネマ娘」の本文の介在抜きにはあり得ない。つまり、イパネマ娘を泡と喩えたのは、本文のなかのどのような描写からか。たとえば、イパネマ娘はヴィーナスを彷彿とさせるような形容で語られているのか、白が付着しているのか、などである。この「ビール」の喩えには、時間が関係しているが、「1963／1982年のイパネマ娘」では時間はどのように経過しているのか、あるいは経過していないのか、などを考察し、そこから自分の感覚の正当性を証明していくしかないのである。どこに〈消失点〉を求めるかを問う活動は、独創的な読みを提示するために行うのではない。個々が有する個性ある読みを他者に対して、自分に対して何がその根拠となっているのかを省察するために有効であるからである。あるいは、いかに本文の世界を自分の内面に立て上げてイメージできているのかをはかるために有効であるからである。

三、〈消失点〉の根拠、あるいは本文をどのように味わったのか

〈消失点〉を二つ挙げたＡさんは次のように書いた。

「「廊下の先のプール」と「レコード」である。「廊下の先のプール」については「廊下が産道でプールがお腹の中の羊水で、主人公が本当に帰りたいのは（主人公が意識しているかは不明だが）母胎そのものではないかと感じた。（生命というところから人生を考えてみると……）。」「レコード」については「レコードをまわすという行為にも「輪廻」的なものを感じます。レコード自体は円という形状で始めも終わりもないように見えるが、そこに

線が刻まれていて、実は始まりと終わりがある。輪廻もいつまでもつらなっていく「螺旋」のようなつながりであるが、その中にはいくつもの人生（動物かも知れないが……）があり、人生があるということは始めがあって終わりがあるということである。」

この小説には形而上学的世界と「僕」の記憶という似て非なる世界が描かれている。その意味で二つの〈消失点〉を挙げている点は鋭い。また、形而上学的世界を立て上げ、かつ「僕」の記憶を手繰らせるという二つの役割を担うレコードは「螺旋」という一義的な意味を担うものではない。その意味で、円という形状だけではなく、線が刻まれているという特徴について考察している点は興味深い。

同じく「レコード」を〈消失点〉としたKさんは次のように書く。

「人と人、記憶と記憶、人と記憶はどこかでつながっているもの。それを表しているのが丸いものであると思った。他にも、この作品の中にはトマト、輪切りのたまねぎ、ビーチパラソル、汗、太陽……と連想させる言葉が多く羅列されている。丸という形は、どこをたどってもつながっていて途切れていない。循環していることを思わせるものだと思った。私は自分の周囲に存在しているもの（人、記憶、物など）全ては、何らかの状態で関連しているということだと思った。」

また〈消失点〉として「水と地」を挙げたSさんは次のように書く。

「出てくる場面は必ず水と地が出てくる。イパネマ娘の出てくる場合はビーチ（海辺）で、まわりは海である。高校のシーンでも、プール、ビールとしての水と地の象徴の野菜を示していると思う。水と地のようにいつまでも、どんなに時間が経過しても変わりのないものとしてイパネマ娘を示してるような、そんな印象を受ける。」

この作品世界に水と地を感じとっている様子が窺えた。形而上学的世界そして記憶という現在の現実とは異なる世界が描かれている本文のなかから、「水と地」の感触を味わい、そのことを本文から的確に説明している。

Iさんは「結び目」を〈消失点〉として挙げ、次のように書いた。

「イパネマ娘に始まり、高校の廊下→コンビネーション・サラダ→昔ちょっと知っていた女の子と連想していくが、結び目はその連想の矢印の部分にあたると思われる。その連想、想像の中でイメージの中の人物であるイパネマ娘と会話を交わすことで、バラバラになった自分（僕と僕自身と言っている）に気づき、その「心と体の結び目」をイパネマ娘に求めているのではないかと思う。「1963年と1982年のイパネマ娘」は全然変わっていないのに、自分は少年から大人になるにつれ、何と変わってしまったんだろう。あの頃は良かった……というような思いがあるのではないかと思う。」

作品を「連想」から読みとく姿勢がみられ、その「連想」にあたる部分として本文のなかにある「結び目」という語を鋭く指摘している。

Sさんは「鏡」「レコード」を〈消失点〉とした。

「鏡は、イパネマ娘がレコードであり、僕は二十年年をとっていて、まるでそれが現実（＝物体）を写すもののように感じさせるものである。鏡の中はレコードに入っていくのと同じように、物体とは離れてすべてイメージである。僕が感じる全て＝主体が実は人間をつくっているということもいっている。」

きちんと説明が展開できているとは言い難く、文意はとりにくい面もあるが、卓見である。「鏡」と「レコード」がそれぞれ作品のなかでどのように機能しているのかを考え、そこから、この作品がどのような世界を描いているのかを捉えようとしている様子が窺える。

同様に「鏡」を挙げたSさんの意見である。

「海、井戸、（レコード）、プールなど写しだすという鏡と同じ役割を果たせるモノが所々に描かれていました。その鏡を通して、今の自分と過去・空想世界の自分を見ているのではと感じました。「どこかにきっと僕と僕自身をつなぐ結び目だってあるはずなのだ」の「結び目」が鏡であると考えられます。「結び目」というのは、ただの線に区切りをつけるものだと思うので、鏡という区切りと自分と過去・空想世界の自分とを区切ってみているのではと感じました。」

作品のなかにある幾つかのものが「鏡」を想起させることを感じとり、その感覚が作品世界をどのように広げていくのかを示す考えである。

Kさんは文字の横に打たれている点「傍点」を〈消失点〉と考えた。

「点がなければ、気にもならない文字・言葉がつくことで読み手に興味を与えるから。また「すらり」は傍点がつけられることで、僕の感じているイパネマ娘の美しさを強調しているし、「しん」は傍点がつけられることで、ただの廊下の様子に深みを与えているように感じる。そして、一番気になったのが「もも」である。なぜ「もも」に傍点をつけたのだろう。わかりづらいから付けただけなのかも知れないが、私には何かもっと深い理由があるように思えた。」

文字に対して物質性を感じている様子が窺える。文字を単なる意味内容を伝えるだけのものと捉えるのではなく、文字自体が力を有していることを感じている様子が窺える。

Kさんは「足の裏」を〈消失点〉として挙げ、次のように述べた。

「イパネマ娘はレコード（曲）の中だけに存在するのに、この話の中ではいかにも現実に存在する娘として出てくる（レコードをかければ、イパネマ娘は姿を現す）。「僕」がビーチパラソルの下に寝転んでビールを飲んでいるとき、イパネマ娘に話しかけ、会話を交わしているシーンがある。「砂浜を歩いていて、足の裏は熱くない？」の問いにイパネマ娘は「形而上学的にできているから」と答えている。足の裏に触れている。現実には存在しないはずなのに、会話をかわし、イパネマ娘や一部分（足の裏）にも触れている、ということから〈消失点〉は「足の裏」だと思った。」

現実には存在しないはずのイパネマ娘だが、その「足の裏」は重い存在感を我々読者に与えている。「足の裏」を感受し、その矛盾について作品から考察している様子が窺える。

「意識の井戸」を挙げたKさんは次のように書く。

「井戸というものは底を覗いても外から見ることができないぐらい深いもの。当然、放り込んだ小石は簡単に見る事ができない。意識の井戸に放り込まれた小石（記憶）もなかなか見ることが出来ないはず……。なのに、この「僕」というひとは断片的に見る（思い出す）ことができる。井戸という大きな筒、なにかにコーティングされた思いや記憶を少しずつ引っ張り出す（溢れる）感じがした。」

自分の感覚をまだ明確に言語化し得ているとは言い難いが、しかし、この作品を読んだときの「引っ張り出す（溢れる）」感覚を捉え、本文の何がその感覚を与えるのかを考察しようとする姿勢が窺える。

Sさんは「レコード」を〈消失点〉とした。

「レコードをかけると、いつでも年をとらないイパネマ娘が現れる。イパネマ娘は「人間の本質は複合性にある」と主人公に言う。イパネマ娘は形而上学的なものなので、年をとらない。人間と同じように複合性であることはできないものである。イパネマ娘は主人公にどこかできっと僕と僕自身をつなぐ結び目があるということを教えてくれた。そして、それがわかるまでレコードを聞くと思い出す。」

まだ本文の概要のような印象を与えるが、しかし、「レコード」を〈消失点〉として作品世界を味わっている様子が窺える。

「ビール」としたOさんは次のように書いた。

「缶にぽっかり開いた穴を眺めるという文を参考にした。話の内容を一枚の絵にするとビールが中央の後ろにあって消失点だと思った。遠近法を使ってイメージすると見えてくる。ビールを飲んでいる時しか彼女と話しをしていない。この二人を同じ空間に置いているのは、ビールであると思う。彼女はレコードの中にいる僕のイメージ像。」

まだ文章は明確ではないが、〈消失点〉というものから作品を捉えようとしている様子が窺える。

同じく「ビール」を〈消失点〉としたKさんは次のように書く。

「1963年の頃はイパネマ娘に声すらかけられなかった。でも1982年の今、ビールをきっかけに声をかけることができた。レコードが擦り切れるまで、休むことなく歩きつづけているイパネマ娘をひきとめる事ができた。形而上学的な女性なのに、ビールを飲む。そんな奇妙な世界なのに、妙に現実味を帯びている。熱い砂浜を歩いても、熱くないと感じるのに、冷えたビールを飲む。人間らしくない部分と人間らしい部分が混じっていると思う。「ビール」が僕とイパネマ娘の共通点なのでは、と思った。レコードに針を落とす事でイパネマ娘は現れる。しかし、ビールを一緒に飲んでから、地下鉄の車両の中で時々出会うようになる。ビールによって現実世界と架空の世界がつながったのでは、と思った。」

作品内の架空の世界と現実の世界の「結び目」として「ビール」を捉えている。そして、そこからイパネマ娘の存在を感じている様子が窺える。

「少なくとも僕の記憶の中では廊下は大抵いつもしんとしている」を挙げたIさんは次のように書く。

「この文章の中で「1963／1982年のイパネマ娘」「コンビネーション・サラダ」など、いろいろな人が出てきました。その人たちの世界はいろいろな音を持っていて、例えば、コンビネーション・サラダを思い出す「知っていた女性」の思い出には「バリバリ」という事を思い出すと書かれています。「僕」の記憶の世界は音にあふれていると思いました。そこで消失点には、「少なくとも、僕の記憶の中では、廊下は大抵しんとしている」という事を考えました。「僕」は今、誰もいない、何もない暗くて湿った廊下に一人で立っていて、音はない。教室のトビラを開けると、記憶が音と映像でよみがえり、又、気づくと廊下に戻る、というイメージがこの文章を読んだ時に感じられました。」

作品世界に溢れている音や映像を〈消失点〉から感じとっている様子が窺える。

「物質と記憶とが形而上学的深淵によって分かたれていた時代」を〈消失点〉としたTさんは次のように書く。

「彼の記憶は実際に起きたことではない。海を見つめているイパネマ娘もサラダを食べている女の子も存在していない。1963年に会ったイパネマ娘は彼にそのこと（存在しない記憶）を伝えようとしている。つまり、彼が自分自身でそのことについて気づこうとしている。」

作品世界を〈消失点〉から把握しようとする姿勢が窺える。「イパネマ娘」が言うということはつまり、自分自身による気づきであるとの指摘は鋭い。なぜなら、「イパネマ娘」の世界は「鏡に入る」と表現されているからだ。そこから更なる作品のひろがりの可能性が感じられる。

Hさんは「結び目」を挙げ、次のように書く。

「消失点だと思うところは、「結び目」である。どこか遠い世界にある奇妙な場所にあると思われるその「結び目」は目には見えないけれど、文章の中で高校の廊下やコンビネーション・サラダに、あるいは菜食主義者の「いちご白書」的女の子につながっている、と書かれています。もちろん1963年のイパネマ娘にも1982年のイパネマ娘にも、また僕や僕自身にもつながっていると思います。何の脈絡があってもなくても、いろいろなことにつながっているその「結び目」を、私は消失点だと思います。理由は「1963／1982年のイパネマ娘」をもし絵に描いたとしたら、結び目の中心を中心として（たぶん、その中心は僕と僕自身かも）「結び目」を「結ぶ線」が放射線状につながっていて、本当は見えないけれど、目で見て消失点だと思うからです。」

作品世界の全体を〈消失点〉を基として把握しようとする姿勢が窺える。

「針」を〈消失点〉に挙げたMさんは次のように書いた。

「作品全体を通して円や波線といったような曲線をイメージするものが多い。レコード盤や砂浜にできる波線、足の裏の指紋などである。これらは、どこが始まりで、どこが終わりなのか見つけにくい。そのような観点から消失点はレコードのターンテーブルの「針」であると思った。作品の中で針を落とすことで、現実の時間が未来に向かって回転し始める。それと同時に高校の廊下➡コンビネーション・サラダ➡女の子というように過去に向かっても時間が流れ出す。針を落とすことで、時間の流れという線が生み出されている。この線もどこが始まりでどこが終わりか見えにくいものである。人はそういった流れの中の自分と現実の中の自分を持っていて、それらをつなぐ結び目を探して生きている。そういうことを実感させるきっかけとして、「針」があるように思った。」

作品に見られる細部を「曲線」から感じとり、それがどのような世界観を生成しているかを考察している。説明的な語句ではなく、「針」を〈消失点〉として挙げ、「実感」を作品の世界の味わいから考察している様子が窺える。

「脈絡なんてまるでない」を挙げたTさんは「人の思い出などの記憶は脳の神経細胞につながって機能を果たしているように、思い出も脳の中でつながっている。思い出とか記憶とは、関連づけられて、脳に記録されている。そして、脳は無意識で働いている。だから「脈絡なんてない」。つながっているが、何が関連しているのかは解らない。思い出に限らず、いろいろなことがそうなっている。だから、「1963／1982年のイパネマ娘」も

「高校の廊下」も「コンビネーション・サラダ」もつながっている。」と書いた。

「複合性（暖かい場所と冷えたビールなど）」＝「奇妙な場所」を〈消失点〉としたSさんは「話の中に暖かさと冷たさを連想させる物、場所が対照的に出てくる。暗くて湿った高校の廊下とそれからコンビネーション・サラダを間に挟んで連想された女の子（暖かいイメージ）、ビーチ、冷たいビール、そしてそれらの間にある奇妙な場所では、僕は「僕」ではなく、「僕自身だ」と言っている。また、その間にはすきまなどない、とも言っている。つまり、そこは僕＝僕自身と二つの隙間を埋める場所「本当の僕らしい僕、自然な僕」でいれる場所であると思ったから。」と書いた。

「レコードの針」としたKさんは「なぜならイパネマ娘を歩かせ続け、そのたびに「いちご白書」的女の子はサラダをバリバリ食べ続け、そこが振り返るたび共通して戻る点だと思うからです。」と書き、「一九六三年、一九八二年の間に随分対照的なイメージや変化があるのにイパネマ娘は歩き続け、「いちご白書」的女の子は思い出の中でサラダを食べ続け、筆者は生き続けており、共通する一点であり、それを思い出し、繰り返させているのはレコードの針だと思ったため、消失点だと思いました。」と結ぶ。

「太陽はぴくりとも動かなかった」とするAさんは「この話を読んで何だか一枚のガラスを通して見ているような感じをうけました。それはきっと作者の思い出と頭の中の出来事のひとつひとつ（結び目）をつなげたものを見ているからだと思いました。原色のビキニや冷えたビール、ビーチパラソルの下の影すら思い浮かぶのに、そこの砂からジリジリ上がる熱気とかムンムンした空気が感じられませんでした。太陽がギラギラしている感じも受けなかったので、「太陽はぴくりとも動かなかった」という言葉は、この世界を表していると思いました。

「同じ場所で同じ時間」で会っているのにも関わらず「あの頃……」と言っていることとか、現実さを感じない所もこの言葉で表していると思いました。レコードがくるくるだんだん大きな円を描いていくうちその円も少しずつゆがんできます。くるくるまわっているのに、どんどん大きな円になって同じ円を通りません。ここの点が彼にとって結び目であると思いました。」

「地下鉄の車両中」を〈消失点〉としたUさんは次のように書く。

「まず、『電車の車両の中』という表現を用いず、「地下鉄の車両の中」という具体的に示す表現を用いたのは何故だろうと疑問を感じた。『地下鉄』からイメージされるものは、車両から見えるものといったらコンクリートの壁ぐらいで、車両の外は暗く、静けさに満ちた空間とイメージできる。この作品の中で『地下鉄』の世界と同じ世界を表現しているのが『高校の廊下』だと思った。作者の思い出す『高校の廊下』は暗く湿った廊下、しんとした所であり、『地下鉄』の世界と共通点を持つ。だから、イパネマ娘のレコードを聴くと、『高校の廊下』という空間に入った時、イパネマ娘に出会うことができるのだと思う。『地下鉄の車両の中』がイパネマ娘とつながっていると感じられる空間で、遠い世界にある奇妙な場所に通じる、出発点ではないかと考える。」

四．形而上学的な深淵と〈消失点〉

「まるで鏡の中に吸いこまれてしまった」と本文にあるように、「イパネマ娘」がいる世界は鏡の中に入ったかのように反転した世界である。自分自身が鏡のなかに入って現実を、現実の自分を見返すのだ。Mさんが「空想のなかのイパネマ娘は、「僕」の中の空想の世界なので、イパネマ娘の言っていることも「僕」自身が自分に言っている事なのかと思った」と書いているのを筆頭に多くの学習者がこのことに気づき、指摘している。海、プールなどが鏡と同じようなイメージであることも指摘している。

そして、鏡の世界から自分を見返すことによって（「イパネマ娘」の台詞から）、自分が複合性をもった存在であることを知る。鏡の世界とは、「形而上学的」な世界から自分を見るということである。自分の複合性を知ったという「複合」という語感は、もちろん、「コンビネーション・サラダ」のコンビネーションに響いているであろう。「複合性」や「コンビネーション・サラダ」を〈消失点〉と挙げる学習者や、そのなかのたまねぎのスライスなどに注意を惹かれる学習者もいたのは既述したとおりである。

サラダとは大地に水を撒いて育ったものである。つまり、コンビネーション・サラダとは自分が複合であることを象徴すると考えられるのではないだろうか（その意味で「大地と水」とを〈消失点〉として指摘する意見は的を射ている）。逆に言えば、「イパネマ娘」は形而上学的な娘であり、統一体である。それは複合という形で示されるような分離をしていない存在だ。分離がなければ複合できないのだから。分離以前の幸せな感覚を示唆するものとして、コンビネーション・サラダを食べる「いちご白書」的な女の子が存在する。

五．水平線とエクリチュール

「つながり」を〈消失点〉としたIさんは「思い出すたびに次から次へと新しいものが連想されていっているから」とし「つながりにより、この文章は広がりをみせていると思う」と指摘する。この「つながり」は「結び目」や「高校の廊下」などを〈消失点〉とした多くの学習者の指摘に類する考えだ。

ところで「1963／1982年のイパネマ娘」には「1963年」と「1982年」の二人の「イパネマ娘」がいる。しかし、二人の容姿はまったく変わらない。ひとりの学習者が指摘しているように、1963年には「僕」に気づきもせずに海を見ていたが、1982年の「イパネマ娘」は「僕」と一緒にビールを飲んでいる。1963年にも1982年にもそれぞれに出来事があり、その意味では形而上学的ではない。この二つの年を結ぶスラッシュ（／）が形而上学的な深淵であり、「イパネマ娘」がいる形而上学的な空間である。「鏡」の中に入るという比喩からも窺えるように、そこは自己反省的な世界である。

「水平線の上には何も見えない。潮の匂いがする。太陽はひどく暑い」「太陽はぴくりとも動かなかった。時間さえもが止まっていた。まるで鏡の中に吸いこまれてしまったようだ」。

ここは水平線という彼方に「まるで鏡の中に吸いこまれてしまった」かのように存在する「僕」の姿が描かれている。そこは物質と記憶との間に存在する「形而上学的深淵」である。そこは時間性がない。だから「太陽はぴくりとも動かない」のだ。そここそが「1963／1982年のイパネマ娘」と「僕」とがビールを飲む場所。題名の「／」が示す、あるいはレコードの側面が示す線に響く「奇妙な場所」である。

「足の裏」とはむしろエクリチュール的であり、コンビネーションとは言葉の群れを示す。比喩に「鏡」を用いていることからも窺えるように、〈深淵〉である言葉の形而上学的な世界に自分の存在を没入することは、「私」の死を意味する（だからイパネマ娘は「生きろ」と言うのだ）。そのような「私」の姿を描く〈私〉は、「私」から疎外されてしまう。「私」の鏡像を眺める〈私〉のように。そのような事態が、本作では「僕」と「僕自身」とに表現されている。しかし、「私」の鏡像は「私」を示す記号ではない。それは影絵のように全存在が投影されたものだ。

「1963／1982年のイパネマ娘」では、「井戸」という暗い闇に投げ込まれた石の響きが明らかに闇（＝黒）と音において「レコード」と重ねられている。片や「記憶」であり、片や「形而上学的な世界」であるにも拘わらず。しかし、その「レコード」が生み出す形而上学的な世界は、もう一度、「レコード」として物質化されて、読者の前に示される。このミニマリスティックな手法は、小説全体の世界観を示すものであり、世界のトーンを決定している。その意味では「レコード」を〈消失点〉と指摘する多くの学習者の読みは的確で、的を射ていると考えられた。独創的な意見も多く、自由な発想で〈消失点〉を利用して、作品をより深く味わい、その世界を言語により再構築している様子が窺える。

また、本文には見られない語句を〈消失点〉として挙げる学習者もいた。ただし、〈消失点〉とは自由な発想で独創的な意見を言えばいいということではない。それが全体とかかわることを説明しうる整合的な根拠が求められる。常に作品にフィードバックして考えていかなければならない。自分の〈消失点〉を示すということは、自分がどのように作品世界に触れているかを示すことでもある。そのような考えに立てば、相手の〈消失点〉についてて耳を傾けるということは、他者を受容し、自己の変容さえも促す行為となるはずである。学習者が自由な発想や独自な視点をもったことを肯定的に捉えながらも、単に思いつきを言うだけではなく、その思いつきを支える論理的な解説が求められることを考えなければならない。

付記

「1963／1982年のイパネマ娘」の本文は、『村上春樹全作品1979～1989⑤短編集Ⅱ』（講談社、一九九一・一）に拠った。

第五章　〈消失点〉を利用した指導法④——映画「マトリックス」——

平成二九年度版の新学習指導要領では、「主体的・対話的で深い学び」の実現に向けた学習・指導の改善のためにＩＣＴの活用が効果的であるとする。そして、「読むこと」の指導に偏っている傾向を、言語活用を通じて資質・能力を育成する授業となるように教材の改善、充実を図ることが求められている。また、学習者の実態を考えたとき、活字よりも映像のほうにより親近感を覚える生徒が一定数いると想像される。〈消失点〉を探す授業は、文学作品だけではなく映像作品を対象としてもおこなうことができる点でも有効な教育方法と言い得よう。そのことを考えるために本章では映画「マトリックス」を対象とした授業について記す。

一．デカルトの疑いと「仮想現実」

「マトリックス」はコンピューターによって人間が支配された世界を描いた映画である。人間はコンピューターの動力源に過ぎない。カプセルの羊水を彷彿とさせる液体のなかで膜に包まれて眠る人間にその現実（人間がコンピューターの動力源にすぎないこと）は隠され、彼らは夢を夢と気付かず、コンピューターによって生み出された夢（「仮想現実」）に生きている。睡眠中の人間は、視聴者である私たちと同じような（寝て、食べて、喋って……という）生活を送っていると信じている。しかし、その「現実」的な生活はコンピューターが見せる夢（非「仮想現実」）に過ぎない。一部の人間だけが、〈羊水／仮想現実《マトリックス》〉から抜け出し、船で移動しながらコンピューターと戦っている。そして、〈マトリックス〉から目覚めた人間にとって救世主と目された人物（ミスター・アンダーソン。後に救世主として復活してネオとなる。キアヌ・リーヴスが演じる）が、コンピューターを打破するために立ち上がる。

物語の前提に、私たちは〈仮想現実〉と〈現実〉とを区別できるのかとの疑惑がある。他にこのような世界観をもつ映画として、ハリソン・フォード主演の「ブレードランナー」（一九八二年）、アーノルド・シュワルツネッガー主演「トータル・リコール」（一九九〇年）、アレハンドロ・アメナバール監督「オープン・ユア・アイズ」（一九九七年）、サルヴァトーレ監督「ニルヴァーナ」（一九九七年）などが挙げられる。これらの映画に共通するのは、登場人物たちが現実だと思っている世界は誰かに仕組まれた幻覚であり、仮想現実にすぎない点である。

人間は外界からの現実刺激を情報化する。情報は視神経を通じて伝達され、脳で理解される。このような知覚モデルにおいて、直接、視神経や脳に情報を与えられたら、それを現実刺激と区別することは可能であろうか。「マトリックス」での舞台が近未来に設定されているように、これはコンピューターが人間の脳にとって代わるかもしれないとの恐怖を抱くようになった現代特有の疑いと考えられるかも知れないが、そうではない。疑い続ける主体として、自我の絶対的な基盤の確立を目論むデカルトは、現実と思っている世界が、ある高次の存在に統治されているとしたら、自分はそれを見破ることができるだろうかとの疑いから省察を始める。(1)

私はそこで、真理の源泉たる最善の神ではなくて、或る邪意にみちた、しかもこの上もなく力能もあれば狡智にもたけた守護霊が、その才智を傾けて私を欺こうと工面してかかってきている、と想定しよう。すなわち、〔われわれに見えている〕天空、空気、大地、色、形、音、ならびにその他の外物の全部が、この霊が私の信じやすい心を誑《たぶら》かそうとするため〔に用いているところ〕の夢、その夢の愚弄にほかならない、と考えよう。私自身を、手をもたぬ、目をもたぬ、肉をもたぬ、血をもたぬ、何らかの感官をもつことのないもの、しかしまちがって、それらのすべてをもっていると想っているもの、と見なそう。

このように、仮想現実と現実、それに関わる自我の問題は、哲学においても古くから問われている。

二　映像での繰り返しと詩のリフレイン

「マトリックス」で私たち観客が見せられている映像をコンピューターの見せている「仮想現実」であると感じさせるのはどのような場面であろうか。「仮想現実」のなかを動き回る登場人物たちが、今いる場にコンピューターの操作が加わったと、どのように見破るのか。

私たちにはまず画面いっぱいに表示される数列によって「仮想現実」性は示される。登場する人物たちが「現実」世界と信じている、実はコンピューターが作り出し、彼らに見せている「仮想現実」は、数字の配列によって解析される映像にすぎない。

映画の冒頭において、出演する俳優の名前が示される画面とコンピューター画面に表れる電光文字とが重ねられている。物語内でも、〈マトリックス〉から目覚めた人たちは「仮想現実」をコンピューター解析して、コンピューター言語として画面で見る。映画の冒頭部分は、そのコンピューター解析の画面と重ねられている。更に言えば、ミスター・アンダーソンが救世主ネオとして復活を遂げたとき、彼は「仮想現実」の内部に存在しながら、その自分の存在する世界をコンピューター画面として見ることができるようになる。

「仮想現実」へのコンピューターの操作（書き換え）は、「仮想現実」の内部にいるとき、救世主ネオとなる以前のミスター・アンダーソンを始めとする――コンピューターと戦っている――人物たちには、デジャヴとして体感される。黒猫が横切る場面を見たアンダーソンが、続けて全く同じような猫が横切るのを見る。それにより彼らは、コンピューターが「仮想現実」を書き換えている徴を発見できるのだ。

「マトリックス」に限らず消失点を探す課題に取り組むと、繰り返される語句を挙げる学習者は多い。デジャヴは、自然な状態ではそれほど起こりえない。それはときに再生産を意味する。言語によってつくられた物語においても、再び「生産されている」との意味において、それは操作の痕跡だ。繰り返されるから重要なのではなく、世界の再生産の徴を見るがゆえに、重要なのだ。

三．細部の映像が結びあうイメージの韻

「マトリックス」は、アニメのコマ割に影響されたと言われるカットに、カンフー映画の技術を移入したワイアーアクションが売りの映画であった。そして、「マトリックス」のアクションシーンは、娯楽要素としてのみ存在するのではなく、この映画が示す世界観と密接な関わりをもっている。

「マトリックス」の美術上のコンセプトについて考えてみよう。「マトリックス」では、〈膜〉と〈断片〉が幾度となく繰り返され、対立させられている。この対照関係のクライマックスに当たるのが、ヘリコプターがビル

にぶつかる場面であろう。ヘリコプターがぶつかったビルは、（膜を彷彿とさせるように）一度、大きく波打ち、断片となって弾け飛ぶ。

まずは、〈膜〉から確認してみよう。コンピューターが人間に見せる「仮想現実」は〈膜〉のイメージで描かれている。これは、人間が生きていると信じている「現実」が実は「仮想現実」で、自動車のウィンドウやサングラスに映る町並みのように、スクリーンに映った幻影に過ぎないことを示している。なによりも〈マトリックス〉の白血球として働くエージェント達が、「仮想現実」内で暮らす人々の顔に、〈膜〉の歪みを引き起こしての り移る（ひとの顔に歪みが起こったかと思うと、その「仮想現実」内の住人はエージェントへと代わっている）。

授業では、予言者の部屋にいた子どもが曲げるスプーンを〈消失点〉と挙げている学習者がいた。あるいは、そのときにその子がアンダーソンに言う台詞「スプーンを曲げようと思うと曲がらない。スプーンはそこにはない。自分を曲げようと念じれば、スプーンは曲がる」を〈消失点〉と捉えた学習者もいた。この子どもの発言は、人々が現実と信じて疑わないものが実はマトリックスであることを言い当てた台詞と考えられ、的を射た意見である。この考えを進めるならば、スプーンが曲がるときの映像――周囲を映し出すスプーンが固体でないようにぐにゃりと曲がる絵は――エージェントが他の人間にのり移るときの映像、更にビルが〈膜〉のように銀色に波打ってから爆発する映像と照応している。そのようなイメージの韻が見られるがゆえに、曲がるスプーンは大切な場面であると言える。

この〈膜〉としての世界を人間に与えているのは、コンピューター言語である。換言すれば、この〈膜〉を形成する材質はコンピューター言語である。「仮想現実」内の町並みは、コンピューター画面に流れる数字として解析されている。

一方、〈断片〉は、ビルが破壊して砕け散る大理石として、中心人物たちにむけて飛んでくる無数の弾丸、或はその薬莢として、繰り返し描かれていた。いくつもの弾丸が横に飛んでいき、薬莢が下に零れ落ちていく。この場面に重ねられて、「仮想現実」内の町並みなど〈マトリックス〉を解析するコンピューターの画面が映し出される。横に並ぶ数列が、どんどん画面の下に零れ落ちていく。つまり、弾丸がつくる〈断片〉は、コンピューター言語の寓意なのだ。〈マトリックス〉を創るコンピューター言語が弾丸と重ねられるのは、この映画がアクション映画であるという、その質を決定しているだろう。

学習者のなかにも〈消失点〉を「弾丸のカス」つまり「薬莢」であると指摘して、「撃てば要らなくなり、落ちていくところが仮想現実の世界と同じ。弾丸の飛ぶ速さが人間の動きより遅い。現実ではありえない」と書く姿が見られた。

アンダーソンは、〈マトリックス〉から覚醒する（羊水を彷彿とさせる液体から〈膜〉を破って誕生する）。そして、救世主となるべく超人的な特訓を受ける。このような超人化した人間の出現によって、〈マトリックス〉の「仮想現実」の世界は速度が落ちて見える。スローモーションは速いスピードで自由自在に動く彼を通して見た世界だ。言い換えれば、彼の出現によって何度も繰り返されるスローモーションの世界が展開できるようになったのだ。物事がスローモーションで動くがゆえに、弾丸が見える。つまり、〈マトリックス〉から覚醒し、世界が幻影に過ぎないと気付く（コンピューター言語を解析する）こととと、世界がスローモーションになることとは、類比的関係にある。

四．「救世主」の物語と〈消失点〉

「マトリックス」の背後にキリスト教的な物語を見ることができるのではないかと考えた学習者もいる。そのうちの一人は〈消失点〉として「赤の薬」を挙げていた。そして、「この薬を飲んだために彼は「マトリックス」を抜けて「現実」の世界を見たのだから、この薬が〈消失点〉と考えられる。そう考えると、この「赤い薬」は禁断の知恵の木の実（林檎）と重なるのではないだろうか」と指摘した。別の一人は、「〈消失点〉はわからないが、物語の最後のほうで、女の登場人物（トリニティー）が弾で射貫かれて心臓が停止してしまったアンダーソンを抱き上げてくちづける場面は、マリアがキリストに口づけする場面と重なるような気がする」との指摘をした。

確かにキリスト教の世界で救世主と言えばイエス・キリストを想起することが可能であり、ミスター・アンダーソンはアンダーソンのほかに救世主としてのネオという名前がある。イエス・キリストも、人間的な側面を話題とするときはイエスと、救世主としての側面が強調されるときにはキリストと呼ばれる。

「聖ゲオルギオスの槍」または「聖ジョージの竜退治」と称される、絵画で繰り返し描かれる場面がある。竜を人間が刺し殺しているこの場面は、理性が混沌を制圧する寓意だ。[2] 日本では、槍ではなく、弓矢をもって語られることもある。例えば、太宰治「東京八景」の結末で、物語を語る準備の整った姿勢が、弓矢をきりりと絞る寓意によって語られることは前述したとおりだ。遠近法《パースペクティヴ》とは一般的には「物の見方」を意味する語として用いられる。つまり、遠近法とは文字通り、理性の網の目をかけて、ある立ち位置から方向性をもって見ることにより世界を確立することだ。そして、そのときに措定される〈消失点〉は無限に後退していく点であるために、槍や弓で貫かれるが如く〈穴〉としても捉えられる。

キリスト教の世界で言えば、キリストの聖痕《スティグマ》に注意が及ぼう。キリストが処刑されたときに穿たれた五つの傷——手足に釘を打ったために開いた穴と、脇にロンギヌスの槍によって開けられた穴——をめぐって、復活を遂げたイエスを信じ得ない使徒たちがイエスの手に空いたそれらの穴に指をいれる逸話が聖書には描かれている。[3]イエスに空いた〈穴〉によって弟子たちはキリスト教的な世界観を獲得できた。その意味でキリストに空いた穴（聖痕）は、〈消失点〉である。

このキリストに起きたことと重なる出来事がアンダーソンの身の上にも起こる。エージェントによって弾丸でその体を撃ち抜かれ、アンダーソンは心拍停止して、死ぬ。そして、トリニティーは彼の遺体を抱きかかえながら、悲嘆にくれる。この場面の構図は学習者も指摘したように、キリスト教的世界を描く絵画や彫刻で頻繁に見られるピエタを類推させる。

このとき、今まで物語上、矛盾を起していた設定が圧縮され、ある大団円をもたらす。予言者はアンダーソンにはあなたは救世主ではないと告げていた。一方で、アンダーソンを愛しはじめるトリニティーに対して、「あなたの愛する者こそ、救世主である」とも言っていた。その矛盾が解決をみる。弾丸によって口を開けた死の淵で、予言者の何気ないつぶやきが重要な意味を帯び始める。「あなたには何かあることは感じるが、残念ながら、来世のことかしらね。」

弾丸によって穿たれたアンダーソンの内で、ある決定的な変化が起きる。それはちょうど〈消失点〉を設定されたばかりの絵画のように、彼の内に新しいパースペクティヴを開く。弾丸は今や彼の目には止まってさえ見える。スローモーションという漸次的な動きは、今やその極に達しているのだ。彼は何の苦もなく、その弾丸を手にすることができる。弾丸はコンピューター言語と重ねられていた。その弾丸を手にすることができるということは、ただ受動的に解析するだけの世界をみずからの手で操作できるようになったことを意味するのではないか。そのとき、彼の視界に映る世界そのものがスクリーンに映し出される。それは他でもなくコンピューターが作り出す情報（言語）の群れである。

コンピューター世界から弾丸を打ち込まれることによって、コンピューター世界を〈理解〉するだけではなく、世界の外部とさえなるのだ。〈マトリックス〉は人間をある独立した存在とは見なさない。人間は〈マトリックス〉という（超）有機的な存在に属した部分、もしくは異変を起した癌細胞のようなものである。〈膜〉によって「仮想現実」を形成するコンピューターにとって、人間はその〈膜〉に映る「仮想現実」を形作る一つの要素に過ぎない。コンピューターにとっては、人間が個別の意識をもっているなどとは思いもよらないだろう。ところが、物語のラストでは異物化されたものが不気味な声でもって彼に話し掛けてくる。ネオが受話器からコンピューターへと語りかけるのだ。このとき、〈マトリックス〉は何を思うだろう。かつての自分の創造主からの疎外感のようなものであろうか。

物語の始まりに、流れ落ちる言葉の切れ目を潜り抜けて現れた暗闇はそのまま主人公の眠りの場面へとスライドしたが、コンピューターも主人公が救世主として目覚めたあのとき、軽い眩暈を感じたかもしれない。

五．学習者たちはどのようなものを〈消失点〉と考えたか

全員で一度、映画を観たのちに、「マトリックス」の〈消失点〉を指摘し、その理由を述べ、映画の解説をす

る授業をおこなうことも想定できよう。その際は事前には筆者の「マトリックス」の解釈は一切告げない。以下、実際に授業をおこなったときに学習者たちがどのようなものを〈消失点〉として考えたかを紹介しながら考察を加える。

消失点はその世界には明示されないが、その世界を生成する。その概念性を考えると、この映画の〈消失点〉を「予言者がアンダーソンを救世主と予言しなかったこと」とした指摘は的確である。「しなかったこと」が、この映画の世界を生みだしている事実を突いている。同様の理由から、「無の世界」との意見も的を射ている。ただその説明がなされていなかったので、どのような考えから「無の世界」を指摘したのかは残念ながら判然としない。〈消失点〉ではないがと断ったうえで、世界観を示す美術効果として三六〇度の世界を挙げている学習者もいた。

遠近法（透視図法）とは通して見るという語源をもち、窓やスクリーンなどを通して世界を見ることと解される。その意味でも「画面」を消失点としている意見は興味深い。「画面」を挙げているMさんは、以下に引用するように、私達観客が映画を見ているという次元までも視野に入れた意見を提示している。

「「マトリックス」の消失点は、コンピューターの画面であると思う。コンピューターの画面の中でマトリックスの世界は繰り広げられている。それを意味するように弾丸がスローモーションになったり、ストップモーションになったりしている。またヘリコプターがビルにぶつかった時、ビルの壁が一瞬歪んだようになる。画面の中の世界を画面の外で操作し、それを見ているのだと思う。主人公が銃で撃たれて一度は死んだにもかかわらず、再び生き返ることが出来た。これはコンピューターの箱の中で、画面の外から支配（操作）されていたのが、自分の意志で自分をコントロールできる存在になったからである。映画の中では主人公は救世主であるが、コンピューターの世界（マトリックスの世界）では、彼はコンピューターに侵入して、中味を破壊していくコンピューターウィルスであると考えられる。「画面」を通してマトリックスの世界を見ている私たちも「画面」を通していることで、私たちの姿もどこかの「画面」で見られているような、映画の世界を見ているような、幾重もの世界が重なり合っているような感覚を起こさせる映画である。」

「画面」を〈消失点〉と挙げた点ではなく、それを基にしてMさんなりの「マトリックス」の世界を捉えている点が素晴らしく、傾聴に値する。殊に「マトリックス」の内部だけではなく、「マトリックス」を観る私たちの見方までもを視野に入れた意見を述べていて、〈消失点〉をめぐる考察を深くしている様子が窺える。

Uさんは以下のように述べる。「予言者の言葉をネオは信じて、自分は救世主でないと悟り、自分には人を救う力はないと感じる。しかし、仲間が窮地に陥ったとき、ネオの本当の力が発揮される。モーフィアスの言葉の中に「知る道を歩むことではなく、実際の道を歩むことだ」があった。決められた道（将来）の上を歩くのではなく、自分が決めた道を選ぶことが現実で、何かに支配された世界が仮想現実なのではないだろうか。本来、予言者などは存在しないのではないだろうか。未来を決めるのは、自分自身であって、誰かに決められるものではない。」

Uさんは、モーフィアスの台詞を心に留めている。一文に感動して心に留めるのは〈消失点〉を考えるうえでも肝要だ。「マトリックス」は現実と仮想現実とが物語の中心線となり、それらに人間とコンピューターとが絡みあう。そのため、「マトリックス」の世界を考えるためには、まず、「マトリックス」の世界において、〈現実〉と〈仮想現実〉とがどのような物として描かれているのかを考えなくてはならない。Uさんは、感動を機軸として、自分なりに現実と仮想現実の定義をしている。世界を自分のことばで解説をしようとする姿勢が窺える。

エージェントはコンピューターによって生み出されたＡＩである。ならば、人間とはかけ離れた存在であるはずだ。しかし、エージェントは人間が臭いと言い、人間に憎悪の感情をぶつけ、「人間的」な振る舞いをする。それに対して、アンダーソンは人間の救世主で、人間のなかの人間と言えるだろう。それでいながら、とても人間とは思えない、超人的な側面を見せる。

そもそも、「マトリックス」には仮想現実と現実の対立が見られるが、〈仮想現実〉のほうが、私達が考える人間らしい生活のように思える。〈仮想現実〉のほうが〈現実〉よりも現実らしいならば、私たちは何にリアリティーを求めたらよいのだろう。現実と仮想現実、コンピューターと人間。これらがそれぞれに前述のような矛盾した性格を有しているのは、一体、どういった訳なのだろうか。

Aさんは以下のように書いた。「ミスター・アンダーソンがネオに生まれかわる時の映像が消失点だと思う。たくさんの人間がカプセルのようなものの中に入っていて、死んだ人間の養分を得て生きているという真実を知ったとき。「マトリックス」＝仮想現実の世界というのは、コンピューターでつくられた世界であって、一見、完璧のように思えるが、現実の世界と違うところは、人と人との愛情があるかどうかというところだと思う。ネオがエージェントに殺されても、人を信じ、愛を信じて、ネオを信じた仲間がいたおかげでネオは生き返ることができた。特にトリニティーの愛によって、マトリックスの世界にはない愛の力によって、奇跡が起きたんだと思う。マトリックスの世界のエージェントも、おそらくその力を少なからず恐れていたように思える。なぜなら、モーフィアスがつかまって、薬を打たれた時のエージェントの台詞、やや取り乱した様子が、この映画の中で唯一マトリックスが現実世界に対し、恐れを見せた場面だからだ。そう考えると、この場面が消失点のような気もします。」

人間とコンピューターの違いを愛から考えた意見である。そのうえ、実は愛がないはずのコンピューターが人間を恐れていたのではないかと考える。その逆説的に思える場面。それが〈消失点〉ではないかとは鋭い考察だ。また、アンダーソンが寝ているものを「カプセル」と表記している。これは赤い丸薬〈カプセル〉とイメージとして重なっている。イメージの韻を踏む可能性を示唆する表現といえる。

Sさんの意見。「マトリックスの世界は仮想現実の世界であり、現実として起きているわけではない。ゆえに銃で撃たれても仮想現実では生きられるはずである。これを示している場面がミスター・アンダーソンが撃たれたが生き返る場面である。これにより、この世界がマトリックスによって作り上げられている世界であり、本当の世界とは異なることが実感できる。」

文字通り、ネオは体を射貫かれる。この実感が世界を支えているというのは、重要な指摘である。Sさんは、世界を作り出している核となるものの感触を実感し、〈消失点〉を捉えて、体感している。

Hさんは次のように書く。「消失点だと思うところ。ネオがエージェントに銃で撃たれて、一度は死ぬけど、また生き返るところ。その理由。銃で撃たれたこと自体がコンピューターによるもので、「現実」ではないので、本当は死なない。この映像が、「仮想現実」の世界が実はコンピューターによってつくられていることを強く示していると思う。」

Aさんはアンダーソンの復活を奇跡として捉え、SさんとHさんは「仮想現実」で起こったことであるから当然であると考えている。アンダーソンは心拍が停止して実際に肉体的に死亡しているので、Aさんの言うように、生き返るのは奇跡である。また、一方で、弾で射貫かれたのは「仮想現実」の世界であるから、復活は当然であるとも考えられよう。このような対立した二つの意見の両方が正しいと考えられる矛盾もまた、「マトリックス」の世界の特徴とかかわるのではないだろうか。この一見、矛盾した世界を表すものとして、〈赤〉があると考えられる。

六．色彩からのアプローチ――「赤」という〈消失点〉

色彩に関するもので〈消失点〉として学習者に挙げられたのは、「赤い服の女性」「赤い血」「赤ちゃん」「赤のカプセル」という赤。「緑（青）のカプセル」。「白と黒」「黒猫」である。

カプセルについては、いずれを飲むのか、その選択を迫られる場面がある。もしも日常（実はコンピューターが見せている「仮想現実」の世界）へと戻りたければ青（緑）のカプセル、真実が知りたければ赤を飲むように、と。つまり、「赤のカプセル（丸薬）」を飲んだがゆえにアンダーソンは〈マトリックス〉から覚醒し、〈現実〉を見る（真実を知る）こととなるのであるから、その後、アンダーソンの身に起こったことは、この赤い薬によってつくられたとも言える。ゆえに、赤い薬を〈消失点〉と指摘するのは的を射た意見である。

キリストとアンダーソンを重ねたときに「赤い薬（カプセル）」が「禁断の木の実」にあたるのではないかとの学習者の考えは前述した。ほかに「赤い服の女性」「赤い血」「赤ちゃん」の系列で、この赤の薬でつくられた世界を考えることが可能である。つまり、〈消失点〉として〈赤〉を挙げられる。

Mさんは言う。「『マトリックス』の映画の中には二つの世界が存在している。一つはコンピューターの支配する仮想現実の世界。もう一つはコンピューターの支配の及ばない本当の現実世界。このふたつは作り出されている嘘と本当だが直視するには辛い隠さなければいけない真実である。そしてこれらの世界を表現しているのは黒と白である。映画の中でも主人公や主要な登場人物は黒と白を着ていてこれらの世界を暗に表現している。」

Kさんは書く。「消失点。赤い服を着た女の人。ネオがこの世界は「マトリックス」であることを見破った場面だったし、こういう女の人もコンピューターでプログラムすることが出来るのだと理解する原因となった人だから、というのと、映画の中で何回か暗示的に出てくるから。」

Sさんの意見。「消失点。赤い服の女性。映像がごちゃごちゃしていたが、赤い女性だけが輝いてみえたから、現実っぽかった。」

また、別のKさんも「消失点。赤い服の女性。仮想現実の世界の中に現実的な色（赤）がでてきたと思ったから。」と言う。

更に別のKさんの意見。「消失点。赤い服の女性。白黒の世界の中で、唯一、赤い服を着ていた。仮想の世界の中での現実の部分をその女性が表現しているのではないかと思った。仮想の中の一つの現実。それが「マトリックス」＝仮想現実の謎を解くポイントではないかと考えた。」

コンピューター上でシミュレーションとして見せられる「仮想現実」の世界。そのなかで誰が敵なのか、何が「現実」なのか、そのときのアンダーソンはまだ見分けることができない。白黒の「仮想現実」のなかで赤色が際立っている。

赤いカプセル。赤い服の女性。確かに、「マトリックス」において〈赤〉は「現実」にまつわる色として出現している。

これらの意見を更に進めて、Sさんは言う。〈消失点〉は「赤い血」である、と。「赤い血。コンピューターは血を流さない。人間は本来生態系の一部（哺乳類）という前提のもとに↓情報化においてコンピューターはなくてはならない存在にあり、又、人間以上の能力。世界を作り出せるかも知れない。↓しかし、それはプログラムされたものであり、1か0にすぎない。人間は信じること、愛するということ、を可能にする。自分が自分である。生々しい血の流れ、五感を持つ人間であるということを気づかせる、それが本来のリアリティーである。」

「現実」「仮想現実」が錯綜するなかで、なにが本当のリアリティーであるのかをSさんは考察している。では、コンピューターの世界である〈仮想現実〉と人間の世界である〈現実〉と〈赤〉とは映画の細部とどのようにつながり、世界を展げていくのだろうか。

別のSさんは〈消失点〉を「赤ちゃん」ではないかと考える。「コンピューターにつくられた「仮想現実」の中で〈現実〉と信じて生きている人間たち。しかし、実際はマトリックスの中で夢を見ているだけ。本当の現実は人間がコンピューターのエネルギー源となり、眠らされている世界であった。世界の動力が人間であり、新しい生命＝赤ちゃんが未来を生み出す。」

「人はどうやって生殖しているのか」という疑問を書いてきた学習者もいた。そのような疑問について独力で考えた先のSさんの意見は、コンピューターが作り出すほんとうのような世界と人間がリアルだと信じられる世界の相違が一体どこにあるのか、映画がどのようにそれを示しているかの解答を模索している。

Iさんは「現実」とは何か、「人間存在」とは何かということをこの映画はどのように描いているかを考察しようとしている。「消失点→救世主。映画全体を通してCGを使ってつくりだした仮想現実のなかで、自分が現実であると信じていたからこそ人間には不可能であったこと（銃弾を止める。一度停止した心臓が再び動きだすなど）を可能としたという意味で救世主であるが、非現実的な世界の中で、自分が（周囲のひとたちはネオが）救世主であると信じること、運命を切り開くというような極めて人間臭い部分を強調していることを考えると映画の世界と救世主は対照的なものであると思う。」

〈消失点〉を「エージェント」であると考えるSさんは次のように書く。「この映画の世界観をつくり出しているのは、現実においてはカプセルに入った人間を支配し、仮想現実ではマトリックスに入り込んだ人間達を殺そうとしているエージェントを作りだしたAIコンピューターであるはずだが、マトリックスにおいてエージェントはＡＩに支配されて動いているというより、むしろ自分の意志でアンダーソン達を追いかけている。」

別のＳさんも言う。「エージェントはＡＩということだけど、エージェント・スミスは、人間くさい欲望や怒りを持っていて面白い。」

モーフィアスを拷問しているときに、エージェントの一人が耳にしているイヤフォンのような器具を外し（そうすると彼は〈仮想現実〉で起きていることが聞こえなくなる）、人間の臭いに対しての不快感、人間への嫌悪を述べる場面がある。コンピューターの一部である割には「人間臭い」行動だ。「ＡＩ」は「あい」つまり「愛」と変換できる。このような人間とコンピューターとの転倒がこの映画の主旋律とも考えられるのではないだろうか。その意味では、先に紹介した「赤ちゃん」を〈消失点〉とする考えも「エージェント」を〈消失点〉に挙げる考えも、「救世主」を挙げる意見も同じ一点（「マトリックス」の本質）を感じ取っている。

Ｈさんは書く。「マトリックスには世界が三つありました。一つは仮想現実（夢の中の世界）、二つ目は人間は眠っているという世界で、この二つはいずれもコンピューターの中のことでありました。そして、最後の一つはコンピューターの世界から抜け出した人たちの住む世界です。この中で客観的に見て人間らしく生きているのは、夢の中の世界の人たちですが、この裏にはコンピューターがいて、その現実は〈夢〉でしかないのです。眠って夢を見ていることが真実なのです。そしてもう一つの真実が船に住む人たちです。彼らは一見、全然人間らしくないです。すごい力（パワー）をもっていたり、電話を使って、世界と世界を行き来したり、コンピューターの中で訓練したり。でも、まずい飯を食べ、すごく重いものを背負い、自分の命をかけて生きています。そしてその中で人を愛し、自分の弱さに負けたり、また何かのために強くなったりしています。そして運命を自分の手でつくっていっています。私は最初、何が幸せなんだろう、何が人間らしいのだろうと（たとえ夢の中でも、幸せに暮らしているほうが幸せだし、人間らしいのかとも悩みました）分らなくなってしまいましたが、やはりコンピューターから離れた〈船〉に住む人たちがBEST OF 人間らしさだと思いました。私はコンピューターが消失点であると考えます。幸せな仮想現実がコンピューターによるもので、自分たちの力で生きていて、運命を開いていく彼らがより輝いて見えるからです。」

このHさんの意見には、自分たちの力で生きているひとたちの〈消失点〉としてのコンピューターという転倒した発想が見られる。

また、Nさんはこのように書く。「仮想現実の世界はコンピューターで示されていると分った場面は、銃で撃たれるたびに現実の世界の人間にも撃たれた反応が出ている所（現実の人間が口から血を流したり、体が振動したりする場面など）。」

「仮想現実」であるから、そこで撃たれても死ななくて当然との考えもあるが、この映画では〈仮想現実〉で受けた傷に対しては、その反応が出ていた。モーフィアスの拷問も〈仮想現実〉でなされていたが、生身のモーフィアス（船に残された肉体）も苦しんでいた。それはどういうことなのだろうか。一方で、ネオが〈仮想現実〉において銃で撃たれたとき、一度は心拍が停止するが、復活してくる。このような「奇蹟」を「マトリックス」のどのような種《トリック》が可能としているのだろうか。

Iさんは次のように「マトリックス」を解説した。「私は「痛み」に弱い。病院に行っても痛みを伴う処置をされると、つい騒いでしまい、看護婦《ママ》さんに叱られる（だから、日本の看護婦《ママ》さんはキライだ）。この映画では痛そうな、いやものすごく痛いに決まっている場面が実にしばしば表れる。特にサソリがお臍にもぐりこむ場面やうなじに電極を突っ込まれる場面は体の奥までぞくぞくするほどの感覚＝痛さが伝わってくる。『マトリックス』を太宰治の小説『桜桃』風に読んでいくと、主人公のネオを「救世主＝キリスト」とするならば、トリニティーは死せるキリストに口づけするマリアになる。一方、赤い丸薬と青い丸薬を選ばせ、結局は「赤い丸薬＝

知恵の実・りんご」を飲ませてしまうモーフィアスを「蛇」と考えると、マトリックスは「エデンの園」、そしてコンピューターはそれを司る「全知全能の神」ということになる。全知全能の神＝コンピューターは、人間のイメージを操り、支配しているのであるから、そのなかでの戦いは当然イメージ上の戦いということになり、イメージ・コントロールをマスターした人間はコンピューターと互角に戦うことができる。

しかし、一方、人間にはイメージの飛躍を妨げる大きな障害がある。肉体である。「心が死ねば肉体も死ぬ」という台詞があったが、同様に、肉体が死ねば心＝イメージもまた滅びてしまう。訓練によって際限なく進歩することが可能なイメージに比して、モノを食べなければならない肉体は旧態依然として何と進歩がないことだろう。とは言え、イメージの表象は、やはり肉体という形をとるしかない。一九世紀では憧れにとどまり、二〇世紀になってようやくその入り口に達した「仮想現実」の世界のなかで、この映画の舞台となっている二三世紀になっても、闘いのほうはやはり肉体のぶつかりあいである格闘技になるというのが、なんとなくおかしい。

イメージ上の肉体が闘いでダメージを受けると、痛いのは現実の肉体である。痛みはイメージ上の感覚に過ぎないものを現実の感覚として認知する、最も鋭いものにちがいない。映画の一場面に過ぎないサソリの場面や電極の場面でゾクゾクしてしまうのもそのためである。さて、コンピューターに痛覚はあるのだろうか。

そして、もう一つ、この映画の重要な点である、「信頼」および「愛」という感情も、肉体抜きには考えられない。仲間の信頼を裏切らぬために肉体的苦痛（脳内の戦いであるから、イメージ戦でもあるが）に耐えるモーフィアス。血まみれになったネオの唇にキスをするトリニティー。これらはコンピューターの持ち得ぬ感覚であり、世界である。この感覚の世界を認識し、この世界に立ったネオ達にはコンピューターは勝つことはできない。

イメージばかりが膨らみ、肉体は繭にくるまれてまどろんでいるマトリックスの世界を突き破り、本物の世界に到達するには、もっと自らの肉体感覚に目覚め、研ぎ澄ましていかなければならない。」

〈赤〉に消失点を求めたとき、この〈仮想現実〉である〈マトリックス〉の世界が、肉体性、血を彷彿とさせるものによって生成されていると考えられることを示す意見だ。

〈仮想現実〉であるはずの〈マトリックス〉が、そして、「仮想現実」の世界で超人のように活躍する人間が、実は肉体性、血によって生成されていること。それが「マトリックス」を矛盾の抱えた世界と思わせ、またアンダーソンを救世主として復活させるという奇蹟を起こさせた種《トリック》である。

Kさんは次のように記した。「マトリックスの世界を人間の体だと考えます。エージェントは癌細胞で、人間が癌と戦っていく様を表していると思いました。電話は神経伝達物質で脳から指令を送っています。映像効果として両側を壁で挟まれた所を移動するシーンや両側を武器で固めるシーンなどから血管の中にいるような感じを出していると思いました。最後にまだ敵を全滅させていないことから、癌は目に見えにくくてもひそんでいることをにおわせていると思いました。」

映画での電話の役割を「神経伝達物質」とする比喩には説得力がある。そのうえで、エージェントが人間を癌細胞と呼んでいたことに着目し、エージェントこそが癌細胞なのではないかとする発想の転回が面白い。Kさんは「マトリックス」の世界を反転して見せた。

更に、「現実に引き戻され、船の生活もまずい食事も嫌になり仲間を裏切り、仮想現実で生きることを望んだひとりの船員を見て、人間の幸せとは一体何だろうと思った。仮想現実は植物人間の夢の世界と同じだと思った。人は何をしたという事実がなくても仮想で幸せでいられたら、それが幸福といえるのか、それとも現実を見て戦っていき、幸せと自由を勝ちとることが幸福といえるのか。そのような視点から見て消失点だと思った所は、仮想現実で生活する人達の感情をつくる数字の暗号だった。

心と体はつながっていて、あたかも現実のような世界の幸せでも、それは機械にあやつられているだけで、つくりものでしかない。実在しない事実である。仮想現実での幸せもつくりものでしかない。仮想現実では、現実の自分の存在（エネルギーとしての使われるだけ）でしかないという事実からの逃げ道だと思った」と書いた「仮想現実で生活する人達の感情をつくる数字の暗号」を〈消失点〉とする考えをするMさんの意見もそれに連なるもので、個性的で説得力の高い意見であった。

七．三つの世界と〈消失点〉としての「ザイオン」

Tさんは〈消失点〉をザイオンとして、以下のように映画を解説する。「映画「マトリックス」の世界には三つの世界が存在している。一つは「仮想現実＝マトリックス」、二つ目は「コンピューター支配による現実世界」、三つめは「人間によって産まれた人間のいる世界ザイオン」である。この三つの世界にはそれぞれ「枠」がある。マトリックスはコンピューターの数字の羅列でできた世界、現実世界では液の中の人間を包んでいる「膜」、ザイオンでは「自由な世界」と表現されている。また「仮想現実」と「現実世界」の共通しているのは、「拘束」である。「仮想現実」ではコンピューターのつくった世界に閉じ込められているためであり、「現実世界」は「膜」によって拘束されている。以上の事から、コンピューターの支配の永続のため、人間をマトリックスに閉じ込め、「自由」を与えないようにしたいと考えており、逆に主人公達はマトリックスの中にいる人間に新しい世界を見せ「自由」を与えたいと考えている。これらのことから、この二つには「自由」というものが双方の考えにあり、互いにぶつかる点がある。そして「自由」を象徴する存在として「ザイオン」が挙がる。よって、「ザイオン」が消失点である。」

同様にYさんは次のように書いた。「消失点→ザイオン（現実世界の唯一の人間の住む町）。理由。この映画はコンピューターに支配された仮想現実世界が舞台となっている。コンピューター自身が人間をエネルギーとしてコンピューターを操作している。しかし、元々は、このコンピューターを扱っていたのは人間であった。人間が発端で、コンピューターを支配し、この物語が拡がっていったのだと思う。ところがその唯一の人間の住む町が名前以外に存在していなかった為に消失点だと思った。」

名前以外に〈存在していない〉ものを〈消失点〉とする指摘は鋭い。また、「マトリックス」の世界を〈現実〉と〈仮想現実〉の二つと定義分けするのではなく、三つに設定しているのも独創的である。ザイオンは神話に登場する名前である。それを、映像と重ねあわせたときに、映画のどのような細部が立ち上がり、物語として結び合っていくのだろうか。更なる考察をすれば、更に説得力を増すだろう。

八．電話・プラグ系列を〈消失点〉とする意見

「電話」や「電話回線」などの系列を〈消失点〉として挙げる学習者も多かった。確かに、電話は登場人物たちが船と〈仮想現実〉の世界を行き来するために利用しており、物語の冒頭でミスター・アンダーソンにモーフィアスらから電話がかかってくる場面もある。また、結末ではネオとなったアンダーソンがコンピューターに電話をかけている（余談であるが、デカルトは脳の松果体を心身の接合箇所と呼んでおり、プラグを想起させて面白い）。電話や電話の回線は、〈現実〉と〈仮想現実〉の境界であるとも考えることが可能であり、これらを〈消失点〉とする考えも肯ける。そのなかで、単に境界であるから、物語の冒頭と結末に出て来るからとの理由からだ

けでなく、自分の言葉で世界を捉えている意見があった。それはMさんの以下のような意見である。

「この「マトリックス」という作品を見て、ポイントだと感じたことは「線」である。「線」のイメージとして「つながる」「逃げられない」「操る」「支配する」という四つがある。まず「つながる」から考えると、現実と仮想現実が電話線によってつながっていて、この電話線によって行き来ができる。そして、仮想現実に入っていく時は、頭の後ろにプラグを刺し込んでいる。「逃げられない」から考えると、コンピューターによって支配されている人間は、カプセルの中で、コンピューターの動力源として、つながれ栽培されている。「操る」は、映画全体のアクションシーンが紐で吊られた感じがして、操られている。また、印象に残るシーンとして、女の人がヘリを操縦して、ヘリが爆破するシーンで、ネオが女の人をロープで助けるところや、仮想現実の中で、皆が壁の中を伝って逃げるシーンは、線の中を移動しているかのように、画面の中央に道があり、両側は真っ暗になっている。この映画の支配者は実はコンピューターである。しかし、救世主であるネオが仮想現実であることを見抜いて、支配者であるコンピューターを破壊あるいは支配してしまう。私たちの生きている世界は全てのことが影響しあっていると思う。自分の好きなこと、やりたいことのみを自分の力で決めていっている気がするが、実は意識をしていない（気づいていない）何かしらの枠の中で考え、行なっている。まず、その気づいていない枠があるということに気づく。そして、それを意識した上で決断を下し、実行していくことで、「マトリックス」でいう支配者の交代になるのかなと思う。」

映画で示される世界観、世界を構成する細部・イメージなどを巧みにつなぎ、「マトリックス」の世界を把握し、論を進めている。

九．なぜ〈消失点〉を考えるのか

今回の課題は、「マトリックス」の〈消失点〉を探し、その根拠を述べ、それを踏まえて「マトリックス」の解説をする、というものだった。ただ〈消失点〉を見つけ出すことを目的化してはいない。それによって「マトリックス」の世界を把握し、その視点から世界を自分の言葉で読み直すことが肝要である。

「マトリックス」において、ミスター・アンダーソン改めネオはそれをする。〈消失点〉を得た彼は、ただ世界を理解するだけではなく、世界に話しかけ、世界を変える。「マトリックス」を観ている観客である私たちも、そこから抜け出し、「マトリックス」の世界を理解し、自分の言葉で語り直していくことが求められているのではないか。

文字は、「マトリックス」で言えばコンピューター言語と重ねられる。それは活字で書かれていながら、私たちにはある世界をつくって見せる。私たちはそれをあたかも「現実」であるかのように受容する。私たちはその〈消失点〉を探すためには、まずその世界に没入してみなければならない。その世界に浸ったうえで〈消失点〉を探す作業をする。文字を体感したうえで、〈消失点〉を探し、世界の細部を組み上げて再構築する一つの訓練として、今回紹介した授業ではすでに映像化された映画の世界から〈消失点〉を探す作業を試みた。〈消失点〉を活用することで、自分の感じたことを述べることに終始することもなく、あらすじだけを表層的に羅列することにも留まらない、能動的で論理的かつ創造的な学習活動を計画することができるのではないだろうか。

註
（1）ルネ・デカルト「省察」（『デカルト著作集2』白水社、二〇〇一・九）
（2）中沢新一『イコノソフィア――聖画十講』（河出書房新社、一九八九・一〇）など。
（3）「ルカ福音書」（二四章三八・三九節）、「ヨハネ福音書」（二〇章二〇節）

第六章　教材作品と〈消失点〉

一．言語による空間の構築と文学教育の意義

説明的な文章の、極力読者の誤解を招かないように、簡潔に、一つの（書き手が定める）意味へと文章を汲み上げるという側面を強調するならば、その究極的な（到達不可能の）理想は、誰が書いてもまったく同じになる文面を構成する技術であり、誰が読んでもまったく同じ意味に解せる文章と言えるだろう。

一方で、文学教材は物語を展開する筋やプロットに制約は受けるものの、使用される言語の意味を一義に定めようとする傾向は（説明的な文章に比して）弱い。そのため、読者はテクストと対面するときに一つの言葉が意味をまとって生成する、まさにその現場に立ち会える。無論、文学教材においても、物語の筋を支える文学的な空間を構築するために、たくさんの言葉から一つの言葉が選択されている点は、説明的な文章となんら変わることのない操作がなされている。だが、文学においては、一つの結論にむかって文章を傾けていくのではない。説明的な文章の主題を捉える手続きが、書き手の論理を的確に短縮して掴む（短文の概要を示す）のとは対照的に、文学的な文章の要約は、書き手の選んだ言葉の背後にそこから落とされた豊穣の言語の海があることを髣髴とさせるものが理想であろう。

千田洋幸は谷川俊太郎の「さる」[1]について「文字が文字として立ちあがる寸前の、名状しがたい幻惑的な感覚

が喚びおこされてもくる。『さ』というありきたりの平仮名が、文字以前の奇怪な図像、あるいは単なるインクの染みのように見えてしまう、誰もが味わったことのある不安感である」と指摘し、「そこに、たんなるインクの染みが文字――言葉へと変貌する飛躍の瞬間が示されているともいえるだろうし、また逆に、我々が言葉として認識しているものの隠れた〝物質性〟が露呈しているともいえるだろう」とする。そして、「こうした記号の生成をめぐる出来事」は「文字テクストとして受容したときでなければ、感知することができない」と結ぶ。[2]

千田氏がここで表明する「言葉の記号性そのものに触れる、というラジカルな目的を掲げ」る授業とは、どのような方法によって展開すれば可能となるのか。この趣旨を延長するなら、そのような文学作品が教材として選ばれているのかはもとより、どのように学習者たちに立ち会わせるのかを議論せねばなるまい。授業者が文字として立ち上がる状況や過程を説明し、感知するように指示し、黙読させれば事足りるわけではあるまい。

小論文の授業で、報道に基づく小論文を作成する課題に取り組んでいるとき、ある容疑者が整形手術を繰り返して逃亡しているとの報道を受けて、学習者のひとりが「スゴイ」という感想を書いた。それはすごく悪い、すごく怖いという否定的な意味なのか、それともふつうの状態ではない状況や物事にたいしての肯定的な意味も含むものなのかを確認したところ、「両方！　とにかくスゴイ！」との返事が返ってきた。このような状況は、語彙力の低下傾向だけではなく、「自分」を支える言語空間の狭さをも示唆しているのではないだろうか。小論文の課題において、「事実の報告」と「事実から導き出される意見」と「事実からその意見が導き出される説明」の三つを必ず入れるように指示すると、まず意見の根拠となる「事実の報告」を書くことができない学習者も目立つ。

「描写」について『文芸研・教材ハンドブック』では「描写は情景や人物の心を眼に見、耳に聞こえるように描いているところ」と説明している。[3]「事実の報告」を書く際には、解釈をしないように留意する。「スゴイひとだった」と書くのではなく、読み手に「それはスゴイひとだね」と思わせるように具体的な「スゴイ」の内実を表す事実を描写したほうが、「スゴイひと」と直截に書くよりも説得力が増す。そのような「描写」をすることに困難を感ずる学習者が必ずいる。

　現代の「自己」をめぐるパラダイムにおいて「我々が『自己』と呼んでいるものは、外界に存在するさまざまな情報によって構成されている構築物」であり、「自己」は「自身の思考そのものがが〈外部〉＝他者の思考のコラージュによって成り立って」おり、『自己』なるものがきわめて脆弱な、確固たる基盤や根拠など持ちえない存在である」とする[4]ならば、そうであればこそ、「確固たる基盤や根拠」のない「自己」を構成する言語空間が空間として脆弱であることは、場合によっては語彙が少ないこと以上に問題と考えなくてはならないかも知れない。

　言葉は他者であると同時に比類なき自己を表すという矛盾に満ちている。「自己」に根拠や基盤はなく、「引用」の累積物に過ぎないと言われる、その意味で「自己」とは仮想《フィクション》である。しかし、「自己」は確かに存在する（と感じる）。デカルト哲学によって明確化された「自己」の問いを本書に引き付けていうならば、「自己」は仮想《フィクション》だが、確かに「自己」自身であるとのだ言える[5]。高木まさきは以下のように言う。「日常の中にも、すでに十分な説明が施されたかに見える自然や事物と説明する言語との間にある、ささやかなズレに気づく経験は誰にでもあるだろう。そしてもし、そのズレに意味を見出すことができれば、たとえそれがささやかなことではあっても、創造的な営みと呼ぶことができるのではないか。すなわち、存在と言語とのズレは、言語から見ればその限界を露呈したこととなるが、存在にとっては豊かさの証しであり、私たちには創造の源泉となるのである」と[6]。そして、このズレは自然、事物との間のみならず、「自己」においても見られるだろう。

「自己」において、「好き」もあれば「嫌い」もある。それが未決のまま存在することもある。二つが両立するということではなく、「好き」という言葉を貼り付けた瞬間にざわめく感覚。「好き」「嫌い」のいずれかを選択してしまうことなく、ましてや「スゴイ」と単純化してしまうこともなく、自己の言語空間として奥行きをつけて、より大きく精密に構築すること。[7] その目標を見据えることにこそ、文学を対象とした授業の一つの意義を見出せるのではないだろうか。[8] 以下、今江祥智の「野の馬」の教材研究と実践の報告をしながら考えてみたい。

二．授業展開例──「野の馬」を題材に──

今江祥智の「野の馬」は小学校六年生用の教材として取り上げられているファンタジー小説だ。「とうちゃん」が大切にしている家宝の、馬が描かれている屏風に、緑色のクレヨンで地平線を描くことによって、太郎がその馬とともに屏風のなかの草原へと走り去っていくという内容を含むため、「とうちゃん」と太郎が対比的に捉えられ、太郎が馬への愛によって自由となる、夢を実現する物語、あるいは「とうちゃん」からの太郎の自立の物語と評価されることが多い。[9]「自立の楽しさと寂しさについて書きなさい」との発展学習を促す実践例もあった。それは「とうちゃん」と太郎の価値観の違いとしても捉えられ、一例として挙げれば、摺れた権威に弱い一般的なおとなと美しいものは美しいと感じる素直さをもつ子どもが対比される。そして、本当に理解してくれるものに出会った「とじこめられた」(「生きようとして生きられない」) 馬が、太郎の愛の行為によって動き出すと解釈される。最終的に「他者を生かすことが同時に、自分自身をも生かすことになるという愛の姿」との思想が描き出される。[10]

本文を精読してみよう。本文において指摘しうるのは、視点がまず太郎に合わせられている点だろう。登場する馬は、屏風に描かれた絵に過ぎないが、太郎には本物のような生命を有している存在のように捉えられていて、太郎を通して馬が本物のように感じられる。また、「とうちゃん」が太郎を屏風から引きはがす行為によって、太郎の気持ちが強まる。だからと言って「とうちゃん」と太郎が対立しているわけではない。換言すれば「とうちゃん」はおとな代表ではないし、太郎も子どもの代表ではない。大人代表と一般化する前に、[11]「こいつは先祖代々のたからものでだでなあ……といい、年に一度の、花まつりのときにしかかざらない」という箇所から「とうちゃん」の存在を考えたい。太郎についても然り。馬についても、「とじこめられて」いて「生きようとして生きられない」のか、本文に即して考えなくてはなるまい。馬の気持ちは一切、地の文では語られることはない。「太郎をのせて走れないのが、ほんとうにざんねんそうだった」とあるが、「そうだった」と書かれていることを掴んでいれば、馬の気持ちを直接描いたのではなく、太郎の目にそのように映っただけであることが確認できる。唯一、馬になんらかの感情が読み取れるとすれば、「そのやさしい目は、ほんものの馬の目のように、太郎をまっすぐ見つめていた」とある、「見つめる」行為であろう。この「見つめる」行為は、馬が登場する度に繰り返される。先に挙げた太郎が初めて屏風を見たとき、次の年の花まつりで再会を果たしたとき（「まっすぐ太郎を見つめていた」）、そして結末近く、真夜中の倉のなかでも「馬はひっそりと太郎を見つめ」る。その点に留意するならば、走り去る太郎の気持ちを想像する前に「そんなとうちゃんと、びょうぶの中から、太郎はじっとみつめていた」と馬と同様に「とうちゃん」を見つめる太郎の眼差しが描かれている構造に目を向けなくてはならないだろう。

　加えて、地平線は消失点から左右に拓かれる線であり、この線を根拠として世界を創る。であればこそ、太郎の拓いた線は太郎の世界を描きだし、馬はその海原のような草原で自由に動き出す。太郎は地平線を書くことで新たな自分の世界を描き出したのだ。

当初、太郎の「地平線」を「とうちゃん」は「地平線」とは判じない。「上のほうに」引かれた「線」で、「そこんとこはりかえりや、なんとかおさまる」ものでしかない。しかし、最終的には「太郎の力いっぱいひいた」という太郎のエクリチュールを感じさせつつ、「みどりいろの、クレヨンの線」として「ぼうぜんと立ちつくすとうちゃん」の眼前に存在する。読者の網膜にもこの「クレヨンの線」が残る。その作用をこそ、問いたい[12]。

先行研究でも指摘されるとおり、結末で太郎から「とうちゃん」へと視覚が変化する。屏風の馬の現実化は、本物のように思い込む太郎の眼差しと、それを目撃する「とうちゃん」の眼差しによって生み出される。この太郎から「とうちゃん」への視覚の変化は、屏風の位置関係でいえば屏風の外であり、常に一定だ。太郎の眼差しに寄り添いつつ、「とうちゃん」は屏風のなかには入れない。学習者はこれと似た感覚を味わったことはないかを考え、どのように類似したかを話し合う活動も可能であろう。

授業では、初読の感想を自由に記述し、次にその感想が本文のどのような語や構造、比喩などから導きだされたのかを考え、一般化すること、思想化することをなるべく制限し、「地平線」の作用や、「みつめる」語の繰返し、「あの」という指示語の多用、太郎から「とうちゃん」への視点の変化などの「野の馬」を構成する言葉の傾向や要素をできるだけ見落とさずに作品の分析をして、自分の感想に修正を加えていく活動が考えられる。

学習者たちが自分の変化を書いた文章を二つ紹介する。

「太郎の視点が変わった。私は十一段落あたりから、馬の存在する屏風と実際の世界がシンクロすると思っていたが、よく読んでみると六段落あたりから、馬が屏風の馬ではなく、実際の馬のようになっていたのではないだろうかと思った。なぜなら、「あの馬の前から動かなかった」という表現、「びょうぶ」ではなく、わざわざ「馬」という語を使っている所と「同じかがやきですくっと立ち」という表現は、絵には使えないと思う。この事から考えると太郎は一人きり、屏風ではなく、白い世界にいるのだと考えられる。だが、その白い世界がなんだかまだよくわからない。その世界にいたからこそ、緑の線ではなく、緑の線の地平線という表現を使っているのだと思う。父ちゃんに叱られて現実の世界に戻ったのだと思う。父の表現では「上の方に線を引きよった」となっている。」

この学習者からはどうにか物語の分析をしようと試みて奮闘する様子が窺える。

「見事な馬、くり色の体、ひきしまった腹、やさしい目、具体的に書かれた馬の様子。太郎の目が馬に引きつけられているのがわかる。父ちゃんは、馬から太郎を離したが、なぜ落書きすると思ったのか。馬に引きつけられる太郎を馬から離したことで、太郎の馬への執着心が高まったと思う。それは、「二度とはなすまいとたてがみを手首にまきつける」というところで、太郎の馬への思いがわかる。そして、太郎を乗せて走れないのが残念そうだったのは、太郎が感じたことなのだろうか。はなすまいと思ったとは対照的に、緑のクレヨンで地平線を書いて自由にさせてしまう。でも、馬にとって「太郎と共に走る」ということが「自由」なのかもしれない。というのが、太郎を乗せて走りたいにつながってくるのだろうか？　そうしたことで太郎の感じる馬がリアルになっていく。なま温かい馬の手触りなんか、文章的には現実から夢にむかっている感じがするけど、太郎からの感じだと、夢から現実な気がする。くり色が何回も出てくるうちにだんだんリアルな色に変わっていく感じがする。そして、父ちゃんを見つめる目は、私には優しい目に感じた。「少しずつ少しずつ」という表現でそう感じました。でも、ふりむかなかったのは、屏風の中の太郎になってしまった、存在した太郎ではない感じがしました。小気味よい速さになったところでそう感じた。最後に残ったクレヨンは、何か太郎が自分の存在を残したように思えます。」

「小気味よく」と最後に登場する感覚が誰にとっても「よい」ものであるのか。「とうちゃん」か、「馬」か、太郎か、などすぐに結論に飛びつくのではなく、読みを広げようとする姿勢が窺える。(13)

一般化する前に文学作品を形作る言葉たちの一つ一つを吟味し、その作用を考えること。自分の読みを内省すること。シンプルなことだが、難しい。そして、このことに文学作品を読み、教材とすることの意味があるのではないか。

三．言葉と小説における水平線モデル

〈消失点〉は、無限の彼方に〈消失点〉があると仮定することで初めて世界が生成されることを示唆する。つまり、自分の意見とは、〈消失点〉という彼方の点を内部に措定することで初めて生成される。作者が言いたいことは何なのか、教員（授業者）が求めていることは何なのかということを考えるのではなく、その作品から自分はどのように世界を生成させるのかを考えていくために、〈消失点〉を利用することは有効である。そのためには読書を通じて世界に深く入りこむことと、同時にその世界を外から眺めて生成させる姿勢が求められる。本書で紹介した授業は、筆者にとって、自己規定することの難しさ、そして、〈消失点〉を介在として交流するとはどのようなことなのかを作品を通じて考えさせられるものとなった。

〈消失点〉とは彼方にすべてが収斂する一点があると措定することだ。彼方の一点、それは無限の先である。つまりは、画面上の全ての平行線は無限の先でしか交わらない、ということだ。彼方の一点を無限の先で交わると仮定して、画面にその点を置く。そのような概念化された点を置くことによって初めて、その世界は生成される。そして、逆説的ではあるが、そのようにして自分の内部に世界を生成すると、そこには他者の眼を抱える。

陰陽の世界観をあらわす太極図を考えてみよう。そこには黒の勾玉と白の勾玉の組み合わせにより円が描かれ

ている。これは黒（陰）と白（陽）との二極が世界を生成していることを表現しているのではない。黒の勾玉のなかにはその渦の中心に白の点が、白の勾玉のなかにはその渦の中心に黒の点が穿たれている。これもまた〈消失点〉だ。白は黒が極まって生まれるものであり、黒は白が極まって生まれるものなのだ。

水平線にも同様のことが言える。水平線とは空と海とが触れ合う点である。しかし、空と海とは触れ合うだろうか。水平線（地平線）は人間の立っている位置と目線とが交わる彼方に生まれる。ひとが立って何かをみるとき、その対象を必ず水平線（地平線）が横切る。それは概念化された線なのだ。空と海とが無限の彼方で交わると仮定して、その裂目に線を引く。このように水平線は〈消失点〉と同様に彼方で交わると仮定して引かれる概念化された線である。

「1963／1982年のイパネマ娘」のことばを借りて言うならば、「物質と記憶との間の形而上学的深淵」であり、あるいは画布上の裂目なのだ。ひとはそこに線を引く。つまり、その線は深淵であり、裂目だ。物理的な線がそこに存在するわけではない。それは存在の影に過ぎない。この線は漢字を操るための〈初めての線〉であったと言えるだろう。ひとは水平線を線として記すことができたことによって初めて世界をつくりだすことができた。その線に存在を全面的に投影することで、世界を生成することができるようになる。その線は文字を書くために引かれた初めての線である。特に漢字を用いる文化では複数の目を持つ蒼頡が鳥の足跡を見て漢字を創ったとする伝説がある。文字は物質を体現するものではなく、足跡という世界につけられた刻み目、あるいは影に過ぎない。甲骨文字とは文字通り甲羅のひび割れを意味する。そのような刻み目にひとは存在を投影する。

四．浮かび上がる虹あるいは小説のハーモニー

文学に用いられることばは単に何かを指す記号ではない。水平線が示唆する線によって形づくられる文字はその裂目に全存在を投影している。唐突であるが、ここでTransubstantiation（全質変化）について触れておきたい。全質変化は狭義では、イエスがワインを「これは私の血である」、そしてパンを「これは私の肉である」と言ったことを指す。ここで見られるのは直喩ではなく、換喩表現だ。つまり、この全質変化もまた本質的な象徴化を示す。ルネサンス期に画家が個性を持ち、覇権を握る以前、ワインとパンを前にして揺れるろうそくのもと静謐な教会のなかで、それは絵画という象徴空間に起こっていた。描かれたイエスは絵画に埋め込まれた生命そのものであった。だからこそ、イエスは言う。「私は生命であり、私は復活である」と。

周波数によって確定される現代の音階とは異なり、ピタゴラスは張った弦を分割することで音階を導き出した。また中国の黄帝が分割した笛によって生み出された音階は、そのまま暦をあらわしていると考えられた。これらの、いかに世界の換喩として表象していることか。

文学を絵画や音楽と同じ俎上に載せるためには、その象徴化が研究方法の一つの指標となるだろう。その一つのモデルとして色相環という色の空間化が示す色彩のハーモニー、その調和的なモデルをつくるために基とされた音楽の螺旋的な円環構造を指摘できる。ここでは、〈消失点〉と〈音〉とは決して無縁ではなく、強く結びついていることを確認してひとまず筆を擱く。

註

（1）谷川俊太郎『ことばあそびうた』（福音館書店、一九七三・一〇）

（2）千田洋幸『テクストと教育――『読むこと』の変革のために――』（溪水社、二〇〇九・六）

（3）『文芸研・教材研究ハンドブック11　今江祥智＝野の馬』（明治図書出版、一九八六・六）

（4）（2）に同じ。

（5）西村清和は、詩と絵画のパラゴーネについて歴史的変遷をおさえつつ論じながら、ロックを踏まえ、リチャードソンが説く「観念」とは「個々人がそのつど知覚した個物のイメージである」とする。そして、「他者への伝達と知識の進歩のために、われわれは個々人が心に持つ個物の観念から特殊性を抽象することで一般的観念を得て、これを『一般的名辞（general terms）』によって名指す。それゆえ一般的観念の記号であり『恣意的な』記号であるかぎりは、ロックにとっても、ことばが表示する一般的イメージと絵画における個別のイメージとは異なるはずである」（『イメージの修辞学――ことばと形象の交叉――』（三元社、二〇〇九・一一）と続ける。絵画における鑑賞、文学における読書行為によって獲得されるものを「イメージ」という語で括るのとは異なるアプローチを本書では試みたい。

（6）高木まさき『「他者」を発見する国語の授業』（大修館書店、二〇〇一・六）

（7）小田迪夫は、文章には「書き手の視点」が存在するという前提に立ち、その視点は「思考のなかに、ある遠近法的な構成された空間をつくること」であるとする。更に「言語表現は、人為的記号である科学言語を除けば、すべて、対象認識とその伝達の過程で、表現者と理解者の個性、立場、状況などの差異によって、その表現↓理解にずれや障害を生じることを本質とする。レトリックは、そのことをふまえての、そのことの確固たる認識の上に立っての、有効な表現↓理解をめざす言語実践である」とする（『説明文教材の授業改革論』明治図書出版、一九八六・五）

（8）山元隆春は「文学の授業のための『基礎論』とは何か――読書反応理論の検討――」（『国語科教育』一九八八・三）のなかで、「空間的に配置された文字記号の群れを、時間の経過を伴いながら読み進めるにつれ、私たちの内部にはなんらかの凝集体が生じていく感覚が芽生える。そういった私たち読者の内部感覚のなかに芽生えた凝集体を」《一貫性》と名付けている。読者の《一貫性》が困難であればこそ、「読者はこのテクストを『文学作品』として成立させるために、苦闘しながらも『読み』を進めていくのである。私たちが文学テクストを『読む』ということは、そのような苦闘の中で発見するよろこびを見出しながら、自分なりの《一貫性》を形成していき、『文学作品』を成り立たせていくことに他ならない」とする。

（9）萬屋秀雄「今江祥智――今江文学の魅力と特徴をさぐる」（『解釈と鑑賞』一九九六・四）、府川源一郎「一本のクレヨンの線――『野の馬』（今江祥智作）――」（『月刊国語教育研究』一九八三・五）、高木まさき『「他者」を発見する国語の授業』（大修館書店、二〇〇一・六）など。

（10）（3）に同じ。

（11）西村清和は前掲書で「心が受動的にうけとるだけの観念」をロックは「単純観念（simple idea）」と呼び、人間の知性がそれを材料として多種多様に反復し、合一することによってつくりだされる「複雑観念（complex idea）」と区別されると指摘している。『文芸研・教育教材ハンドブック11　今江祥智＝野の馬』（前掲）には「子どもの感想に自立と愛を学んだというのがあるのは、教師がそのあたりを強調して授業をしたからでしょうね。／そう考えたら、授業をするっておそろしいですね」と書かれている。

（12）千田洋幸は前掲書で「走れメロス」を対象とした授業で教師が「ひとりひとりの読みを成立させる」授業努力をおこたり、学習者が「友情は大切である」などの「社会一般に流布している規範的・通俗的な観念しか読み取ることができなかった」ならば、それは「走れメロス」の読みを通じて「自己の内部に刷り込まれている通念＝制度的思考を追認したにすぎなかった」のだとし、それでは「学習者主体」の授業とは呼べないと指摘している。

（13）前掲の『文芸研・教育教材ハンドブック11　今江祥智＝野の馬』のほか、『西郷竹彦教科書指導ハンドブック　新訂・小学6年の国語』（明治図書出版、一九九六・四）など示唆に富む先行研究、教材研究を参照した。山本茂喜は「「野の馬」（今江祥智）の読みの構造――多義的な読みの分析」（『香川大学国文研究』一九九三・九）のなかで、今江祥智の他作品を根拠に「太郎の馬への執着の理由のわかりにくさには」「今江祥智の与える女性的・恋人的・母親的なイメージの基底」があるとし、「馬は、孤独な、疎外された少年の憧れの象徴である。その憧れは、自由への憧れとともに、女性的・母性的なものに包まれ、癒されたいという願いと重なっている。馬の女性的なイメージには、少年のこのようなアンビバレントな願いが投影されている」と読む。どのような本文の根拠からこのような魅力的な読みが可能となるであろうか。

第七章　自己反省としての風景と音

一．山川方夫「夏の葬列」

「夏の葬列」は一九六二年八月発行の「ヒッチコック・マガジン」にショート・ショートとして掲載された。ミステリー仕立ての作品であり、そのような作品の性格上、犯人は誰か（whodunit）、あるいは、彼は犯行をおこなったのか、どのように（howdunit）が物語の中心線となり、その語りには、読者を驚かせる、構成上の仕掛けが施されている。[1] そのような語りの巧みさが評価され、「表現の魅力」の単元のもと、一九七八年には『中学国語3』（教育出版）に採録された。北原保雄はその点につき、「『夏の葬列』——計算された表現」のなかで「山川方夫の『夏の葬列』は、いろいろの面で、計算された表現であるといえる。巧みな表現というものは、いずれの場合でも、偶然にできあがるものではなく、表現者のぎりぎりの努力工夫によって完成されるものであり、表現者の計算がそのすみずみにまで行き渡っているものであるが、それにしても、『夏の葬列』は、その点が顕著である」と賛辞を送っている。[2]

しかし教材として教室で読まれ続けるうちに、表現の巧みさよりも舞台となっている戦時下の状況が前景化され、そこで罪を犯してしまった主人公がその罪を真摯に受けとめる姿を読みとることが優先され、単元も「平和の願い」、更には、「人間の生き方」へと移される。[3]

このように定番教材となったため、先行研究でも教材研究としての読みに焦点を絞られることが多い。「学習指導要領」は情景描写から登場人物のこころの動きを読むことを目標としているが、それについて論じる際に先行研究では「情景」「光景」「風景」という語を定義の曖昧なまま使用しているように見受けられる。「最初の一文は、作者という第三者の眼に映った客観的風景ではなくて、主人公の眼に映じられた情景なのである」のように。[4]「客観的風景」とはどのように定義されているのか、主観的風景が別に存在するのか、「風景」と「情景」とは異なるのか、など必ずしも明確にされているとは言えない。該当論文は「化石した記憶」の語彙の来歴を本作の描写、叙述と共に論じた示唆深い論評であるが、風景と情景については如上の疑問が生じる。なぜ、このような重箱の隅を突くような指摘をするのかと言えば、本作の構成を考えるとき、また、主人公である「彼」の存在のありかたを捉えるために、「風景」の内実が重要であると考えるからだ。

本作は、戦時下の事件が話の要となっているが、戦争の悲惨さを主題に据えた作品ではない。「ヒッチコック・マガジン」に掲載されたショート・ショートであり、「私」は殺人を犯したのか、「私」は殺人犯なのか、つまりは「私」とは何者なのかという問題が、仕掛けられた語りとその構成によって明らかにされる作品だ。そこで「私」が何者なのかを示唆する「風景」とは、西村清和が「西洋近代において内面とは、たんに良心と情欲との葛藤にひきさかれた古典的な「心」ではなく、なによりも自己意識と自己反省の領域である」と指摘した[5]ような「風景」であり、木岡伸夫が論じた[6]世界認識としての「風景」であると考えられよう。

教科書において、本作の収められる単元が「表現の魅力」から「人間の生き方」へと変更された理由は、「彼」が罪を認識し、受け入れたと読まれてきた、結末部分の解釈に関わるだろう。「彼」の罪意識は、ヒロ子さんを突き飛ばしたことに端を発しているので、当然、その部分の読みともつながる。結末箇所を確認しておこう。

彼は、ふと、今とは違う時間、たぶん未来の中の別な夏に、自分はまた今と同じ風景を眺め、今と同じ音を聞くのだろうという気がした。そして時を隔て、おれはきっと自分の中の夏の幾つかの瞬間を、一つの痛みとしてよみがえらすのだろう…。

思いながら、彼はアーケードの下の道を歩いていた。もはや逃げ場所はないのだという意識が、彼の足どりをひどく確実なものにしていた。

このように、本作は閉じる。指摘している先行研究は寡聞にして知らないが、ここで「おなじ風景」が「おなじ音」と併置されている点は留意すべきだ。彼が冒頭で、数十年前と同じ夏の葬列を芋畑に見る場面、つまり「十数年の歳月が宙に消えて、自分が再びあの時の中にいる錯覚にとらえられ」る直前には、「遠くに、かすかに海の音がしていた」。しかし、その海の音は消える。なぜ消えていたと判るのかと言えば、彼が「あのとき」から抜けだし、如上の「おなじ風景」「おなじ音」について思うとき、「海の音が耳にもどってくる」と書かれるからだ。つまり、それ以前の彼の回想ではその音は遠く、消えていたと指摘できるだろう(7)。

『「夏の葬列」の読み方指導』では、導入部の最後「遠くに、かすかに海の音がしていた」までは「説明的な表現であり」、以下は「描写的な表現に変っている」と指摘されている。いわば、ただの日常的な「風景」から、「彼」にとって、アクセントのある、意味をもつ「風景」へと変化する。そして、そのように「風景」が「描写的」に作りかえられる際に、通底音として響いていた「海の音」が「遠く」消えていく。つまり、この「海の音」が「無限遠の消尽点(8)」となって、「風景」が生成されていると考えられるのではないか。遠近法の原理から言って、その風景には傾きが生じ、ある意味をもつ。物語が調律されたと言ってもよい。

物語が進行する「風景」には「芋畑」が大きく描出される。そしてその「芋畑」は「海」の比喩をもって描かれる。「真昼の重い光を浴び、青々と葉を波立たせた広い芋畑」、「芋畑は、真っ青な波を重ねた海みたい」というふうに。それは、青という色彩と、そして、その青が風によってさざめくとき、あたかも白波立つかのように（「芋の葉を、白く裏返して風が渡っていく」）、白によって表象される。[9] 換言すれば、「無限遠の消尽点」となって消えた「海の音」は、青と白の色彩となって「風景」を作り出しているのだ。そして、そこには永遠に繰り返されているような過去の「風景」が拓ける。

その、描かれた「風景」の中心にあるものは何か。

芋の葉を、白く裏返して風が渡っていく。葬列は彼の方に向かってきた。中央に、写真の置かれているそまつな柩《ひつぎ》がある。写真の顔は女だ。
（傍線引用者、以下同様）

それは写真だ。青と白によって生成された「海」の表象に代わる「芋畑」に風が渡り、彼の方に葬列が向かってくる。その中心に写真が据えられている。

この写真は、彼は殺人犯なのか、つまりは、彼は何者なのかを示す証拠であり、その意味で重要性は著しく高い。物語の核心とさえ言えるだろう。[10]

その写真を見て、自分は無罪であると信じたとき、ヒロ子さんを突き飛ばしてしまった罪意識によってもたらされた空間は瓦解する。そして、「彼」は青の空間に溶け込み、「幸福」と化す。それが、「彼は、青空のような一つの幸福に化してしまっていた」との一文が意味する事態であろう。

しかし、実際はヒロ子さんではなく、ヒロ子さんの母親のものであった。写真は、彼が何者であるかを示すものであり、その意味では彼の姿を写す鏡のような役割を果たす。彼はそれを見る。そこに映し出されていたのは、他者であるヒロ子さんの母親であった。そして、彼女は告発する。彼が何者であるかを。

この事態は、鏡を見ているようで実は鏡ではなく、鏡越しに自分を眺めている人物を見る猫を（猫である必然性は特にない）想起させる。猫は決して自身の姿を鏡に見ない。一見、鏡を見ている姿に見えても、猫は鏡を見ているのではなく、鏡を通して、猫を眺めている人物を見ているため、鏡越しに猫と人物とは目が合う。この猫の様子を写真で撮れば、写真を見ている人間と、写真内の被写体である猫とは目が合う。同様に、「彼」が見た、「彼」を写すはずの写真にはヒロ子さんの母親が写っており、「彼」は彼女によって見返されているのだ。

以上のような、自己反省としての「風景」あるいは世界認識としての「風景」、つまりは「風景」と「自己」との関係と、更に言えば、そこにある「音」との関わりについては（本作に限らず）従来の（特に教室での）読みでは重要視されてこなかったのではないか。このことについて考えるために、以下、浅田次郎の「蝉の声」に触れておく。

二、浅田次郎「蝉の声」

「蝉の声」は光村図書の中学三年生用教科書『国語3』の「読書と情報　時代を伝える」に掲載された、教科書用に書き下ろされた小説である。『学習指導書』（光村図書、二〇一三・二）に教材提出の意図として、「自己の立ち位置を確かめ、自分の考えを形成するために」と説明されており、「読書への展開」として、「家族の物語」「戦争の物語」「耳の記憶」が示され、なかでも「耳の記憶」においては、二年生の「旅する絵描き――パリからの手紙」では、「絵描きの目を通して描かれた絵や手紙、つまり視覚的な刺激に導かれて読み進める体験をしてきた。それに対して「蝉の声」は、まさに「蝉の声」、耳の記憶が忘れがたい印象を残す作品である。絵描きの目と少年の耳というフィルターにより、読者は性格の異なる読書体験をしているはずである。こういったことを意識して、音や声を印象的に描いた作品や、音声の記憶をたどる随筆などへと読み広げていくのもいいだろう」とされている。

「夏の葬列」と比せば、同じく戦争が背景となって描かれた作品である点が共通している。「蝉の声」の結語は「桜の葉むらの先には、たぶんその日とどこも変わらぬ夏空が広がっている」である。「夏の葬列」では如上の「よく晴れた空が青く、太陽はあい変わらずまぶしかった。海の音が耳にもどってくる」となり、「未来の中の別な夏に、自分はまた今と同じ風景を眺め、今と同じ音を聞くのだろう」という結末へ向かう。変わらぬ夏の空を示す結末は類似していると言えるかもしれない。そのとき、「夏の葬列」では「風景」とともに「音」が見逃せない要素として描き込まれているにも拘らず、教室の読みにおいてはそれが軽んじられてきた。一方、「蝉の声」においては、「蝉の声」すなわち「音」が重要な要素として取り上げられている点が異なる。

「蝉の声」は、和男が祖父と老人ホームを探しに散歩にでかけた折に、祖父が蝉の声を「やかましい」という。そして、「桜の枝がトンネルのように空を覆う遊歩道」に入ったところで、戦争期の回想を語り出す（小説では、祖父の一人称語りの回想が挿入される）。「夏の葬列」ではアーケードが昔と今をつなぐトンネルの役目をはたしていたが、「蝉の声」では桜の枝のトンネルがその役目を果たす。

続いて、『学習指導書』では、「象徴的な情景描写」として、蝉の声について、「題名にもなっている「蝉の声」は、祖父の体験の象徴であるとともに、二人の関係の変化を象徴的に表すキーワードにもなっている。冒頭、「あふれ落ちる蝉の声」を見上げる祖父の姿は、話を聞き終えた和男が「ふり落ちる蝉の声を見上げながら」この先を考える場面と重なる。蝉の声にまつわる祖父の体験や思いが和男に受け継がれ、未来へとつながっていくことが象徴的に示されている」とする。確かに、表層の物語の筋を追うならば、「現在とのつながりの中で過去を鮮やかに想起することを通し、和男は未来への視座を獲得した」と言えるだろう。

だが、終戦を告げるラジオ放送を祖父が聞いたときに「何一つものを考えられなくなった頭に、それでも油蝉の声だけが、わんわんとこだましていた」と書かれている、「油蝉の声」を和男は聞いていない。象徴的な意味でも聞いていない。結末の場面において、「蝉の声」は聴覚刺激の音としては表象していないことがこれを示唆する。

向こう岸の橋のたもとに、琴風園の看板が見えた。降り落ちる蝉の声を見上げながら和男は、この先自分ができること、自分がしなければならないことについて考えた。

桜の葉むらの先には、たぶんその日とどこも変わらぬ夏空が広がっている。

和男は蝉の声を聞かずに、視覚的刺激としてそれを見ている。琴風園という、おそらく祖父が入居するだろう老人ホーム、しかもとても強く音を想起させる名前も聞くことはなく、その看板を見ている。そこには聴覚刺激がない。本作は「蝉の声」という題名が冠され、「蝉の声」は祖父の戦争の記憶に結びつく、そして、そのような祖父と和男とをつなぐ、重要な「音」でありながら、結末部分では「蝉の声」が和男の聴覚を刺激する様子は描かれない。第三者として物語を眺めるとき、祖父の思いは和男へと受け継がれたと読めるかもしれないが、和男が聴覚的にその思いを受容する直接的な記述はない。このようなあり方は、本作において、和男の一人称語りの形式が採用されなかったこととも関わるだろう。和男では、「降り落ちる蝉の声を見上げながら」とは書き難い。

本章では、従来はあまり注目されてこなかった、世界認識としての、自己反省としての、「風景」を捉える読みの、特に教室内での有効性を示す試みをおこなった。また、そのような「風景」を論じる際に、「音」は、一つの大きな鍵となる点も確認した。但し、音を題材に描かれているからと言って、そのような「音」について描いているとは限らない。逆もまた然りである。

三．授業展開例――「夏の葬列」を題材に――

まず、「夏の葬列」が回想形式であることをおさえる。サラリーマンになった「僕」が小学生だった頃の「芋畑」での出来事を、「芋畑」で思い出す小説であると。すると、作品内には、語りの現在の「芋畑」と記憶によってつくられた（過去の）「芋畑」とが描かれていることになる。

では、記憶によってつくられた「芋畑」はどのように描写されているだろうか。その特徴を確認してみよう。このように発問し、該当する描写部分に教科書に線を引くように指示する。「芋畑は、真っ青な波を重ねた海みたいだった」「芋のつるが足にからむ柔らかい緑の海の中を」と本文にあり、「海」と重ねて描写していることが確認できる。緑とはつるが直接反映した色だが、海はどのような色彩で描かれているかというと、「真っ青」、そして、後に「芋の葉を、白く裏返して風が渡っていく」とあり、「青」と「白」の色彩が浮上する。「海」。色彩で言うと「青」と「白」。これらは舞台となっている「芋畑」を作り出しているものなので、本作について考えるうえで重要と言えることを確認する。
「では、物語のあらすじではなく、この「海」や「青」「白」の色彩のように形式や構造、物語（の場、舞台）をつくりだすという点から考えて大切なものにはどのようなもの、ことがあるか考えてみよう」と指示し、学習活動をおこなう。それぞれ自分が気づいた点を箇条書きで記し、議論に加われるように準備を整えておく。その後、そのメモをもとに四人程の班に分かれて自分の気づきを述べ、考えを深める。各班から一人代表者を立てて発表してもらい、他の班の話しあいも共有する。
学習の手引きには「「白」という色が含まれている文を抜き出し、気が付いたことを説明してみよう」ともあるので、「白」には注目する学習者が多いことが予想される。その際には、ヒロ子さんの「真っ白なワンピース」と共に、「自分は何者なのか、自分は殺人犯なのか」を考えるうえで重要な出来事となる（また、過去と現在の結節点でもある）葬式が「白く裏返して風を渡って」自分の方にやってくる、その中心に「写真」があることを指摘する。この「写真」は、ヒロ子さんであれば、自分が犯人でないことを証明する証拠となる。「自分は何者であるか、殺人犯ではない」ことを表す、自分の姿を映し出す鏡のような役割を果たすのだ。一度はヒロ子さんであると思ったが、ヒロ子さんではなかった。ヒロ子さんの母親であった。肖像写真であるからには、そこには顔、顔には目があり、こちらを見ている眼差しがある。この世界を見つめている眼、視線。あるいは如上の海の音がずっと続いていながら消失している（戻ってくる、そして芋畑が「海」に喩えられている）点、線路と踏切の役割についてなど、授業者は各班を回りながら、その班での議論にあわせた働き掛けをおこなう。[11]
グループワークの後、考えをまとめて各自、文章に書く。以上のような授業を（大学の教職課程に在籍し、教員を志す一四名を対象に）おこなったときにどのようなメモを残し、最後にどのような文章をまとめたか、一例を紹介しておく。

構造や形式などから考えて大切な点として、「夏」、「白い服」、「記憶」、「写真」を挙げた学習者は次のようにまとめている。

「私が「夏の葬列」を読んで大切だと思ったものは、彼の罪を告発するまなざしだと思います。冒頭から「真昼の重い光」等で表現されている「ヒロ子さんを殺してしまったのではないか」という彼の重い罪の意識は、一度葬列の写真から溶かされていきます。しかし、その写真の女性はヒロ子さんのお母さんであり、ヒロ子さんはあの時死んでしまっていたことを知り、彼は再び深い罪悪感に捕らわれます。彼の罪を告発するまなざしとしてのヒロ子さんのお母さんがあることにおどろき、大切だと思いました。」

構造や形式などから考えて大切な点として、「呼吸、白→服、葬列の位置、音（海→現実に戻ってくる）、赤、列車の音、アーケードに戻る」と書いた学習者は次のようにまとめている。

「他の班で「まなざし」を見るというところがあった。私は最初「太陽」がそうなのかと思っていたが、遺影の中の「まなざし」と聞いて、「なるほど」と思った。同時に描写されていない思い出の中のヒロ子さんの「まなざし」についても考えさせられた。」

構造や形式などから考えて大切な点として、「海の音」「太陽」「日ざし」「夏」「罪の重さ」を挙げた学習者は次のようにまとめている。

「構造を見たとき、大切になるものは「海の音」と「一」と「二」という数字かなと思った。最初から最後まで出てくる「海の音」は主人公に罪を犯した夏を想起させるものであり、だからこそ、「この傷に触れたくない一心で海岸のこの町を避け続けてきた」のだと思う。また、作中については「一」という数字が多く出てくるが、「一つの夏」に「二つの死」が重なる。過去と現在という二つを重ねて見ているると考えられるのではないかと思った。」

構造や形式などから考えて大切な点として、「「真っ赤」はヒロ子さんが打たれた時に出てくる赤と白の鮮やかな対比⇕青・緑、覚悟を決めた時に海の音が戻ってくる、過去―現在―未来の描写、汽車、「同じ」……海の音、汽車の単調な車輪のひびき、芋畑に風が渡る音、アーケードの下を歩く」を挙げた学習者は次のようにまとめを書いた。

「駅からアーケードをくぐって芋畑へと向かう、回想を経て芋畑から駅へと向かい、アーケードの下をくぐる。これは過去への回想と現実への回帰を表しているのではないか。また、これは汽車のように行きつ戻りつするような行為や時間の流れであり、ひいては押して引き返す波のイメージと重なるのではないかと思われる。たばこの煙が出てくる。細く立ちのぼる白い煙はもしや線香では……？　この時点での葬式のイメージ。夏の下で原色のような濃い青、緑、黒に対し、鮮やかな白があるが、更にそれに、ヒロ子さんが彼をかばって撃たれた血の赤は感触の世界に刺激的なインパクトをもたらす。」

構造や形式などから考えて大切な点として、「色彩（青、白↑海、青空のような幸福／赤／黒）、足（足どり、大腿、はだし）、海の音（遠くかすかに海の音がした。／海の音が戻ってくる。写真（棺の上の）―眼差し）」とメモした学習者は次のようにまとめている。

「遠くかすかに海の音がして、過去の場面である海のような芋畑、そして最後に海の音が戻ってくる。ここから考えても、全体に海が示され、その色彩（青、白）は大切である。唯一出てくる赤はヒロ子さんの描写で真っ青な顔色から真っ赤へという表現はとても激しく印象深い。また、「彼」の罪を告発する眼差しは死んだヒロ子さんの母親写真。娘を亡くした母の断罪の念が伝わってくるようで怖いなと思った。同時に太陽も「お天道様が見てる」と言うくらいだから、ある種の眼差しかもしれない。色彩や音によって記憶が呼び起こされることは明らかで文学でもそれを中心に見ると気づけることが多くて楽しいです。難しく感じることもあるけれど、それが意味内容とつながっていて面白いなと思いました。」

構造や形式などから考えて大切な点として、「海の音（記憶→罪を知る→音が戻る）」、「描写（「海の音」は罪を思い出させるものなので避けるべきもの。だから音は消えないけど、聞こえないことにしている。だから、罪を知ると戻る）」と書いた学習は次のように書く。

「小説の中だけではなくて、「音」や景色は記憶と大きく関わってくるものではないかと思います。その音に導かれるように話が進んでいくと思いながら読むと、話がはっきりと見えてくるように感じました。」

構造や形式などから考えて大切な点として、「「呼吸」。出てくる描写が気になった。「真っ赤」→ヒロ子さんの様子、ここだけ「赤」。ヒロ子さんの「白」のワンピース。「白」い着物。」と書いた学習者は次のようにまとめる。

「罪の意識は、「母の死」「母の存在」によって意識される。この場面は、この話の山場であり、真相解明の場面である。ヒロ子の母という家族の中でも最も時を共にしていたであろう母と娘の関係であるということも、彼の罪を最も重くし、しかも一瞬は無罪ではないかと思った罪の重さを思いしらされる配役だと思った。そこに、色彩や重さ、過去の現在の描写や音が加わり、より際立たせている。青空の中の重く、まぶしくめまいのする太陽、海の音や畑までの描写は、現在から過去、過去から現在をつなぐ、空間だと思った。「千と千尋の神隠し」のあのトンネルのような役割を果たしている。小説では、作者が作り上げる世界が、何なのか、何を表しているのか、考えることの面白さに気づいた。心情を考えるのではなく、そこにはたくさんのヒントや証拠がかくされていて、それを全て回収すると、その物語の本質が見えてくるのだと思う。」

学習者自身が気づき、より深く考え、また創造的な交流活動がおこなえるような働きかけを心掛けた。このときは四人、五人、五人の三グループでの活動をおこなったが、三つのグループすべてが違う要素について挙げて議論を深めていた。授業者の読みを押し付けるようにならないように配慮し、それぞれの班が別々の要素を深めていた点ではある程度成功したと判じられるが、一方で、複数の学習者たちが挙げているにも拘わらず、議論では深められていない項目（「呼吸」など）もあったので、その点については、更に学習者たちが主体的、創造的に深められるような工夫を考えたい。

以前、教職課程の学生たちと句会を開いたことがある。実作の句を出し合い、まずは作者の名前を伏せたまま、自分が惹かれた句を選び、発表するという句会の手順を踏んでおこなった。自分が選んだ句がどのような状況・情景を読んだ句と考えたかを説明し、次にどのような点に惹かれたのかを発言することになっていたのだが、その二つの違いが理解できないと言った学生がいた。そして、どこに共感したかという感想だけを述べた。選んだ句がどのような場面であると想像したのかを尋ねたところ、「そのまんまです。言葉のとおりです」と答えた。言葉が「そのまんま」であるというのは、言葉の奥行について思いをはせたり、その空間を体感したりできない、あるいはその想像や体感を表現できないということではないだろうか。これは授業内のことではないが、先に論文を書く授業において描写を苦手とする学習者が多いことと軌を一にしている事態のように思う。西郷竹彦は「何よりも視点を通して、ある遠近法のある世界として表象化（イメージ化）し、切実な体験が形成されなければならないのです。」と書いている。[12] 言葉に奥行を感じ、世界を体験するために、いままで論じてきた〈消失点〉や、これから述べる〈文学サウンドマップ〉の活用は有効であると考えられ、このような読書活動を通じて表現力もまた磨かれるであろうと期待する。

註

（1）本作の〈技巧〉について論じた先行研究としては、馬場重行「『夏の葬列』におけるショート・ショートの〈力〉」（田中実・須貝千里編『文学の力×教材の力　中学校編2年』（教育出版、二〇〇一・六）などもある。

（2）『教科通信』（一九八六・六）のち『ことばの教育――北原保雄トークアンソロジー』（勉誠出版、二〇一一・七）所収。

（3）単元の移動については、清野隆「『夏の葬列』の作品理解と教材の位置付けの歩み」（『語学文学』、二〇〇二・三）に詳しい。また、同時代のショート・ショートとしての受容と教材として読みの乖離については、小林真二が「感覚と道徳――定番教材指導への問題提起（一）」（『函館国語』二〇〇六・一一）で論じている。

（4）勝田和学「化石した記憶」（『月刊国語教育研究』一九八四・一）

（5）西村清和『イメージの修辞学』（三元社、二〇〇九・一一）

（6）木岡伸夫『風景の論理――沈黙から語りへ』（世界思想社、二〇〇七・六）

（7）例えば大西忠治編小林義明著『教材研究の定説化13　「夏の葬列」の読み方指導』（明治図書、一九九三・九）では、「遠くに、かすかな海の音がしていた」について「静かな情景」との説明がある。馬場重行は「場面ごとに区切り、取り出した一文一文に解釈を張り付けていくというここでの「言語技術」のやり方では、作品の文脈そのものまで分断されてしまい、プロットの面白さというこの作品の最も肝心な魅力が半減してしまうのではないか」と指摘する（註（1）に同じ）。

（8）木岡伸夫は前掲書で「空間の統一性、さらに世界の統一性が主観の構成によるものだという思想は、一八世紀に至り、カントの超越論的観念論によって理論的な完成を見た。空間の幾何学と遠近法は、このように二元論的な知覚図式を基盤として、近代世界に浸透していった。この二つの理論が交錯し、融合し合ってたがいにつよめ合う地点に、視知覚の実践である近代的風景の成立を見とどけることができよう。じっさい、無限遠の消尽点といったモチーフは、風景画から宇宙空間に至るまで、近代世界を普遍的に覆っていたこの図式に伴うものである」とする。

（9）柿谷浩一の「隠された〈白〉と〈大人〉――山川方夫「夏の葬列」のナラトロジー」『日本文学』二〇一三・九）では、今まで注視されていなかった、もう一つの白、葬列の最前に立つ人物の着物の白を捉えて、本作を読み説いており、示唆深い。従来、ヒロ子さんのワンピースのみが脚光を浴びがちだが、白については、葉の裏の白とも響かせて論じることが可能だ。

（10）写真の重要性については、中西達治が「「夏の葬列」を読む――文学作品の教材化の視点について――」（『名古屋市立女子短大研究紀要』一九八四・三）のなかで、「この写真との邂逅がなければ、この作品は成り立ち得ない。そういう点から見れば、この部分は作品の要である」とし、また、西原千博は「「夏の葬列」再解――写真とは永遠の破片――」（『語学文学』二〇〇七・三）のなかで、「母親の若いときの写真しか残さないための方策、それを見つけることこそがこの写真を成立させるためのいちばんの大きな鍵でなかったろうか」と指摘する。共に、作家論的な見解によって写真の重要性を論じており、筆者とは立場を異にするが、写真が作品において要である点については同意見である。

（11）後藤厚は交流活動における授業者の重要性を指摘し、「従来の教員と生徒との垂直の関係、生徒どうしの水平の関係という、二項対立的な関係性に収斂することのない教員の存在の新たな位相」が立ち現れるとする（「詩でキャッチボール」『月刊国語教育研究』二〇一七・七）。山元悦子も指摘するとおり、交流活動を創造的なものとするためには授業者の働きかけは重要である（「交流活動を創造的なものにするための要件」『月刊国語教育研究』二〇一七・七）。

（12）『西郷竹彦文藝教育著作集8』（明治図書、一九七七・四）

付記

「夏の葬列」の本文は『中学国語　伝え合う2』（教育出版、二〇〇五・一）に、「蝉の声」の本文は『国語3』（光村図書、二〇一二・二）に拠った。

第八章　〈文学サウンドマップ〉を利用した指導法①
――芥川龍之介「ピアノ」――

一．はじめに

芥川龍之介「ピアノ」は、右文書院『新現代文（上）』（一九九五）や『新選現代文』（二〇〇五）に採録された、（右文書院の「指導資料」の言葉を借りれば）[1]「小さな出来事を知性と感性を研ぎ澄ませて彫琢された作品」である。その主題は、「大震災で廃墟となった住宅地にとり残された一台のピアノが、風雨に耐えてその音を保っていたことに対する「わたし」の共感」にあるとされる。[2]基本的な授業内容としては、まず「わたし」の心理とその変化を捉えることが考えられる。「わたし」は当初、横浜の山手を歩いていたときに「突然聞こえた」ピアノの音を「多少不気味に」思ったが、結末でふたたびピアノが「かすかな音」を発したときには「微笑」を浮かべる。そのため、「指導資料」にもあるとおり、何が、ピアノに対する「わたし」の気持ちを不気味なものから親しみのあるものへと変えていったのかに関心をもたせる必要があるだろう。また、その方法として（「学習」に「本文から擬人法による表現をすべて指摘してみよう」とあるように、）本作に使用されている擬人法について、どのような効果をあげているかを考えることも有効である。ここで留意すべきは、本作が一人称形式の小説である点だ。「ピアノ」との交流を果たし、共感を抱いている「わたし」とそのことを描写する「わたし」とは同じ「わたし」でありながら、理論上は別の存在でなければならない。このことを考えるために、以下少し擬人法を取り上げよう。たとえば「つややかに鍵盤を濡らしていた」との表現について、「指導資料」では「「わたし」はこの場面からすでにピアノを単なる物として見てはいない。また、「つややかに」という形容句はピアノの存在に一種の生彩を与えている」と説明する。そして、「擬人法」について、「人間以外のものを、人間になぞらえて表現する表現法である」とし、「この作品において、ピアノに擬人法を用いることは、ピアノを意志あるもののように描くことであり、ピアノの描写に生彩を与えて、「わたし」との「心の交流」を印象深いものにする」と解説する。この解説において、「ピアノを意志あるもののように描く」「わたし」も、「ピアノの描写に生彩を与えている」「わたし」も共に描写する「わたし」、つまりは語り手の「わたし」であり、出来事を体験している「わたし」ではない。それに対して「ピアノ」と「心の交流」を果たすのは、出来事を体験している「わたし」だ。なぜこのように微細な差異に留意するのかというと、「わたし」の「共感」を読者が理解することが大切なことであるとするならば、「共感」の質が求められるべきと考えるからだ。理解とは頭で知性として理解することのみを指すのだろうか。本作は「知性」だけではなく「感性」でも描かれた作品とされていた。その評価は巧みな擬人法とも結びついている。「指導書」でも正しく「ピアノに対する以外の擬人法も、作品の描写に潤いと生気を与えて、作品の描写が平板な説明的なものになることを防いでいる（傍点引用者）」と指摘されているように。「知性」だけなく（頭だけでなく）、「説明的」な文章とは別の形で、つまりは「感性」で理解するとはどのようなことなのであろうか。「説明的」な文章を理解することと、「文学的」な文章を理解することとは、どのように同じで、どのように異なるのだろうか。

本作を例にとって話を進めるならば、「知性」的に「説明」すれば、擬人法によってピアノに生彩を与え、あたかも生きているかのように（「あたかも〜かのように」ということは、実際は生きていない）描いているのは「わたし」であるのだから、全ては「わたし」の独り相撲、自作自演と考えられなくもない。「ピアノ」は生きていない、「単なる物」なのだから、「心の交流」など果たすすべもない。「心の交流」の内実は双方向ではなく、「わたし」からピアノへの一方通行である。一歩譲って交流があったとしても、「わたし」と「わたし」の描いた「ピアノ」との、他者なき交流なのか。すると、本作は、「わたし」がピアノとあたかも交流を果たしたかのように「わたし」が描いた作品ということになるのだろうか。

以上見てきたような特徴をもつ本作を読む際に大切になるのは、ピアノと「わたし」が「心の交流」を果たしたことを「わたし」が語っている、その語りの技術のみに気をとられることなく、出来事を体験している、微笑を浮べた「わたし」の耳にピアノの音はどのように響いたか、「わたし」が聴いたその音、「誰も知らぬ音を保っていた」音とはどのように響くのか、「わたし」の「共感」を理解することであろう。ある場所にあって、周囲のものとの交流を果たすためには、主体は、主体の「心」は、その外部に開かれなくてはならない。「わたし」にとっての「他者」であるものと交流を果たすからこそ、「交流」と呼び得るのだ。この場合の読書体験は、そのような「交流」体験の追体験であると言えるだろうが、それはいかに可能となるのだろうか。「わたし」の立った場所に共に立ち、「わたし」が聴いたであろう音に共に耳を澄まし、「わたし」の「共感」を受容し、理解すること。そのような読みは、語り手である「わたし」の描写に見える技術を把握する以外に、いかなるアプローチが可能であろうか。

このような問題意識から本章では、小説（文学的な文章）を読む手段として〈文学サウンドマップ〉を利用する授業を提案する。〈文学サウンドマップ〉はネイチャーゲームや学習プログラムの一環として使用されている記録方法、サウンドマップ[3]から着想した。サウンドマップは白い画用紙にグラフを描く要領で縦軸と横軸を引き、それを座標に一定時間、聞こえてくる音をうつしとる記録方法だ。縦軸及び横軸の標題（項目）は、記録者が任意に設定する。このようなサウンドマップの特性は、〈音〉を受容する主体の感覚を客観的に他者に示せる点にある。そのようなサウンドマップを学習活動で利用することにより、小説で読者が小説空間に入り込み、その場所で耳を澄ますこと、そのときに聞いた〈音〉がどのようなものであったかを、他者に客観的に示し、自分の感覚を精査し、考察し、深める事ができると考えられる。大橋良介が言うところの「場所としての言葉」[4]を体験し、獲得しようとする姿勢を育てる言語活動を可能にするだろう。そして、そのような学習活動を重ねることにより、「文化」を担う「感性」を培うことが可能になると提言したい。

二．授業展開例──「ピアノ」を題材に──

授業を四次構成で立ててみる。「ピアノ」を読み、初読の感想を書くことから始める。次に、結末に示される「誰も知らぬ音を保っていた」というピアノの〈音〉がどのようなものであるが、絵画もしくは図表化する活動をおこなう。そして、個々の学習者が作成した絵画もしくは図表を共有したのちに、今度は「ピアノ」のなかに響く音をひろって、〈サウンドマップ〉を作成する活動をおこなう。第四次の授業では、学習者が書いたそれぞれの〈サウンドマップ〉を共有する。その後に改めて「ピアノ」を読み、どのような作品であるかを文字で表現する。そのときには一旦はすべての作業内容を消化し、気持ちをフラットにして、「ピアノ」を読むように指示する。そして、自分の初読の感想と比較し、どのような変化が見られるかを考察する活動をおこなう。以下、実際に授業をおこなったときのやや詳細な活動の内容を紹介する。

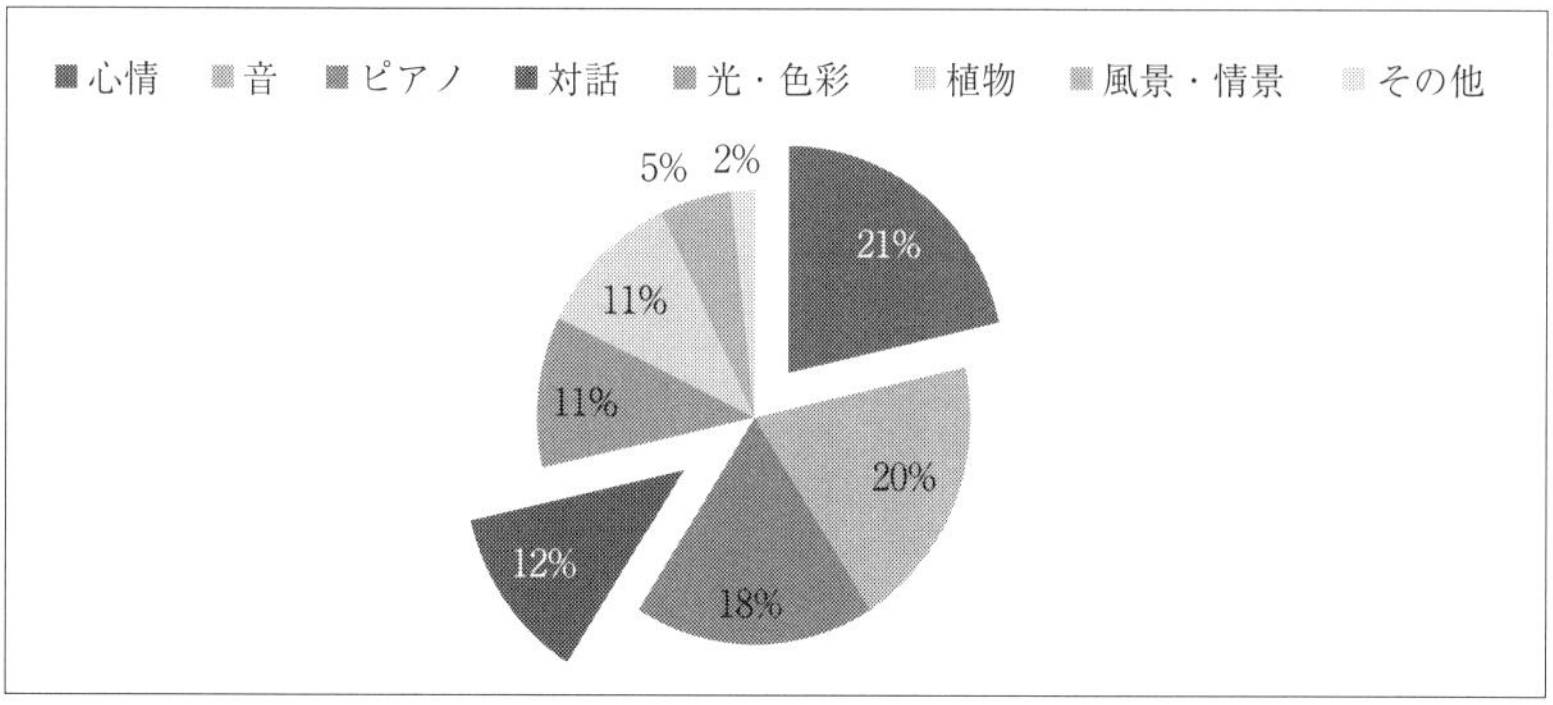

初読

第一次 初読の感想を書く

五六名の学習者のうち、学習指導に見事に沿っている感想を書いた学習者は一名見られた。その感想は、「人知れず放置されたままのピアノに主人公は自分だけの秘密のように感じ、親近感に似たような特別な気持ちを持ったのではないかと思います。「横浜の山手」ということで、元はどこかお金持ちの人のピアノだったはずです。それが震災で置き去りにされているという姿にさみしさを感じたのだと思います。出会いは雨の日で、濡れていて、悲しそうに感じたピアノですが、五日後は晴れのもと、明るそうに感じさせる構造になっています。「自分はリアリスト」と称していますが、おそらく栗で鳴ったピアノの音も自分の中では「ない」ことにしようとしているあたり、ややロマンチストなのではないでしょうか。」というものだ。

全体の感想を分類するならば、「わたし」の心情に重きをおくもの、「ピアノ」やその音に重きをおくもの、「わたし」と「ピアノ」との対話を読みとるもの、「光、色彩」に注目するもの、「風景・情景」や「植物」を感じるものが見られた。先に引用した感想は上記のグラフでは「心情」として計上した。グラフからも推察されるように、必ずしも

「わたし」の心情や心情の変化に注目する読みが主流ではない。全体の21％にあたり、「ピアノ」と「わたし」の対話を中心に読みとった学習者を足しても全体の三分の一だ。その他の学習者は、作品の色彩や光、植物などを感じとっている。これらの初読の印象を瑞々しいままに、「わたし」と寄り添いながら、それぞれの読みを深めることを目指すように支援する。また、「わたし」の心情を読みとった学習者についても、「最初は不気味だと思ったが、最後は希望を感じた」とだけ理解するのではなく、心理の変遷を捉え、共感をもって受容すること、また「音」に注目した学習者についても、「どうしてピアノの音が出たのだろうと思ったので、最後を読んで、栗が落ちたのかと納得しました」と書かれるような理解だけではなく、――今、教室でピアノに栗を投げてピアノが鳴ったとしても、その音が作中の〈音〉とは同じにならないことに気づき――「わたし」の耳に届いた〈音〉に耳を澄まし、理解することができることも指導の目標とした。

第二次　最後のピアノの〈音〉を絵画化・図表化する活動

今一度「ピアノ」を読み、「ピアノ」の最後に示される、ピアノが保っていた「誰も知らぬ音」とは、どのような音かを絵や図で表すように指示する。その図が何を意味するのか、第三者が見てもわかるような説明を書き添えてもらった。その際に、あくまでも最後の〈音〉がどのような音であるかを絵画化もしくは図表化するものであり、時系列で漫画のコマのようなものを書くのではなく、この〈音〉がどのように響いているのか、どのような〈音〉であるかを他人にわかるように描くことを強調する。学習者が作成した実際の図の例を以下に示す。

1．全体の雰囲気や時空を表そうとするもの

【図1】

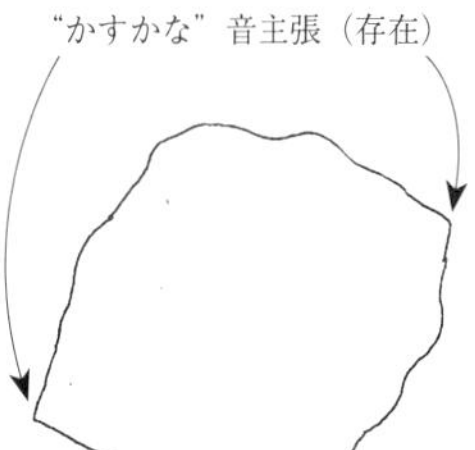

【図3】

【図1の説明】栗がおちて音が鳴ったとき、このピアノが震災前みていた今は荒廃しているが以前は「こんなに人々が輝いて暮らしていたんだよ（今は荒廃してるけど）」と音が伝えたかったのかもしれないと思い、ピアノがみてきたもの、を絵にしました。これはピアノの目です。眸にうつるのは震災前の人々がくらしているところです。このようなところをピアノはみていたということが表したかったのですが、わかりますでしょうか？

【図2の説明】栗が鳴らしているが、それだけではなく、その音には震災やいろいろ入っている。

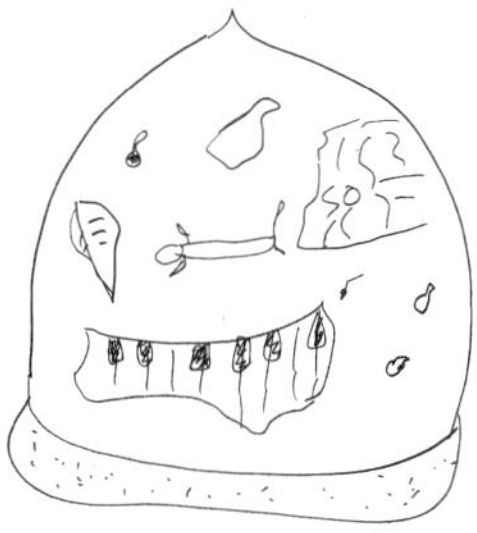

【図2】

【図3の説明】音は空気を通して聞こえてくるためか、そこの「空気感」も同時に感じました（引用者注　描かれた絵には「〝かすかな〟音主張（存在）」と上と下のやや突起した部分に「↓」と共に書き込まれている）。ピアノが置かれている場所の空気感を思い浮かべると、光の具合もあってぼんやりしたように感じますが、そこにピアノの音（主張）がかすかに響いたことを想像するとこのような図になりました（葉っぱに見えるのは偶然です）。

2. 抽象的なもの

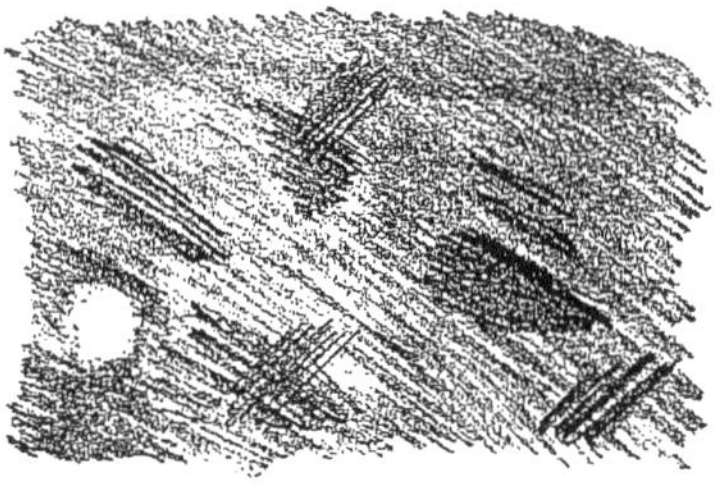

【図5】

【図4の説明】音がはっきりしていなくて、白か黒かどっちにもきこえる。白い純すいな感じにも黒いミステリアスな感じにも……。

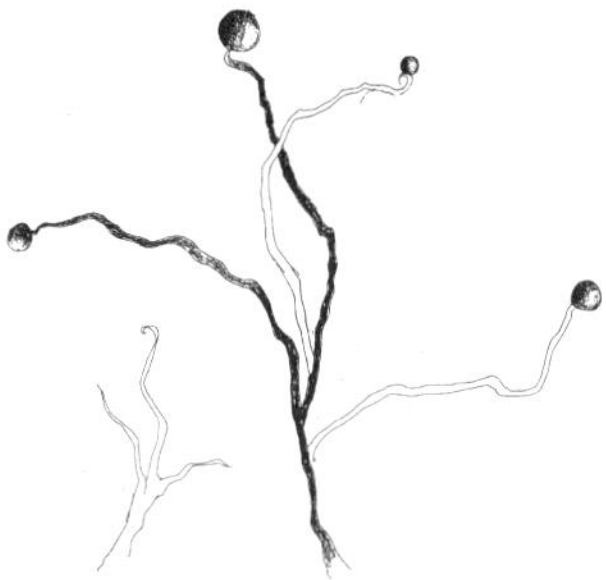

【図4】

【図5の説明】とても感覚的に描いたものですが……。暗闇の中にぼんやりとしたものが浮かんでいるイメージ。闇の中でもいっそうどんよりとした黒にのまれているところもあれば、薄暗いといった所もある。そんな中にある光……（？）の存在はきわ立つものとなる。

【図6】

【図6の説明】かすかな音とあるので小さな音を感じとった。また、小さいながらも、光を放ち、存在感がある音が聴きとれた。でも、何かに守られているような、そんなイメージもある。

3. 擬人化されたもの

【図7の説明】ピアノを女の子として抽象《ママ》化したもので、せっかくおめかしして出かけたのに雨が降っていて、カサには穴があいていてぬれちゃって泣いている。ピアノの音→泣いていると考えました。穴のあいたカサ→「屋根や煉瓦の壁の落ち重なった」 雨→「つややかに鍵盤を濡らしていた」

【図7】

【図8】

【図8の説明】擬人法が使ってあったので、『ピアノ』の声として解釈しました。この小説を読んで、一番に感じたのはピアノはさみしかったのでは?ということで、ふとこちらに目を向けた「わたし」に「自分がまだここに在ること」を伝えたかったのかなと思いました。だから、「わたし」の「疑惑を叱」りながら、こうしてピアノ（自分）をかえりみてくれたことを喜ばしく思っている様子も表したくて、キラキラさせてみました。音はどこか澄んだ印象を受けたので、「ソ」くらいかなあ……。♯も♭もついていないと思います。きっと小さくてかわいらしくて、でもどこかハッとさせられるような音。雫が1つだけ水に落ちたような……。汗は一生懸命さというか精一杯な感じを表しているつもり……。ピアノは女の子かなあ……。ぬれているピアノがかわいそうで栗の木がピアノを蔽っていたとかだと素敵だなあ。落ち栗もピアノのために栗の木が（「声」を出すのを）手伝ってあげたとか。

【図9の説明】音の魂さん。（治療中）♀　関東大震災でケガをしてしまった音。昔のように音は鳴らないが試されないようにかすかな音が出せた（照）。荒野とがれきの中に誰にも気付かれず放置されてきた感じを表現しました。

【図9】

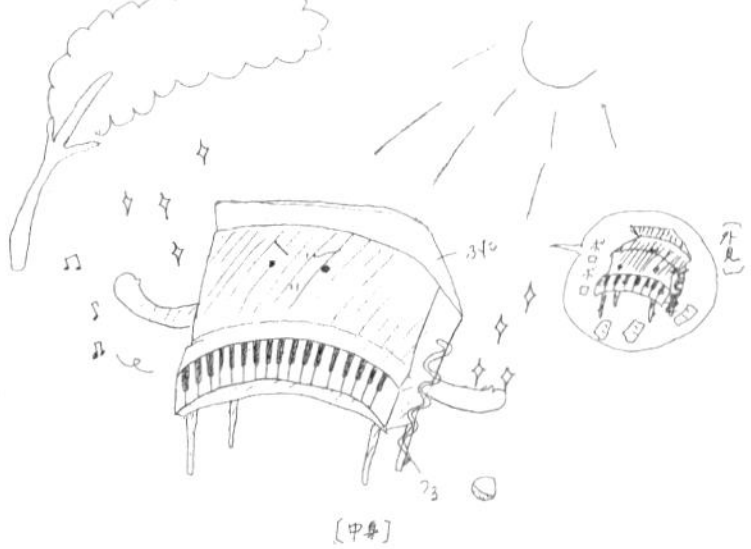

【図10】

【図11】

【図10の説明】 外見はボロボロの音も出るかあやしいピアノだけど、実際は、震災後もずっと頑張ってて、負けない、自分はここにいる！これからも生きていく!!と言うかのように、希望に満ちあふれているようなもので、最後の音が出来ていると考えた為、この状況でも負けずに、前向きな様子のピアノの絵です。

4．鍵盤、ピアノを含む情景を描いたもの

【図11の説明】 たくさんある鍵盤の中で、一つの光をあびた、一つの音が〝落ちていく〟ような音を表現しました。からみついている一本のつる草はぬれた鍵盤で芽を出し、下からはたくさんの譜本が落ちていく一つの音を見ているという絵です。音は高くて私が一番好きな「ソ」の音が聞こえました。

【図12の説明】「わたし」の中の記憶の中から後悔や悲しみ、人物像などが音となって表れている感じがする。音で表現することで、怒りやつらさをおさえられる安らぎを訴えている？

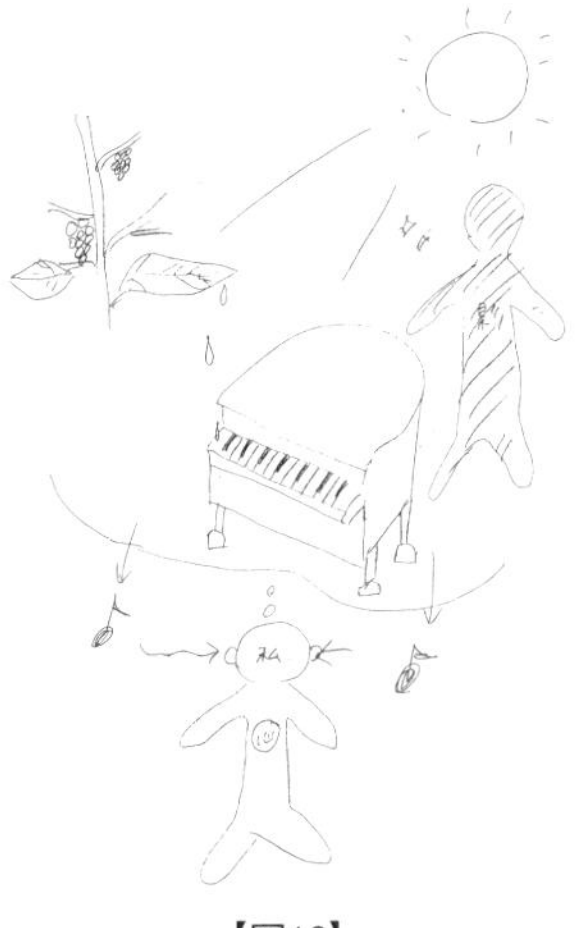

【図12】

【図13の説明】舞台は震災後の廃墟↓「自然の力強さ」
月・太陽↓何も変わらないもの
雨・水↓音を鳴らすもの　存在を表すもの
たばこ・線路↓人を表すもの（無力？）
植物↓自然の力強さ↓音を鳴らして
弓なりのピアノ↓虹？形が似ているし、雨が降ったあと日の光をあびると出る。虹は希望。
3色の楽譜↓桃　色：実（海老かずら・植物）
水　色：水・雨
薄黄色：日の光、月の光
←
楽譜⇓誰も知らぬ音、自然の力強さの主張
↓葉の形に似ている？
↓♪

【図14の説明】筆者はこのへいの向こう側にいる。音がなる瞬間をまのあたりにはできないが、なんとなく想像はついている。あたり一面に、落ち葉があり、出た音が、落ち葉のうみだす雰囲気、なんともいえないが、そこに漂う空気を通り、筆者の耳へ通《ママ》

【図13】

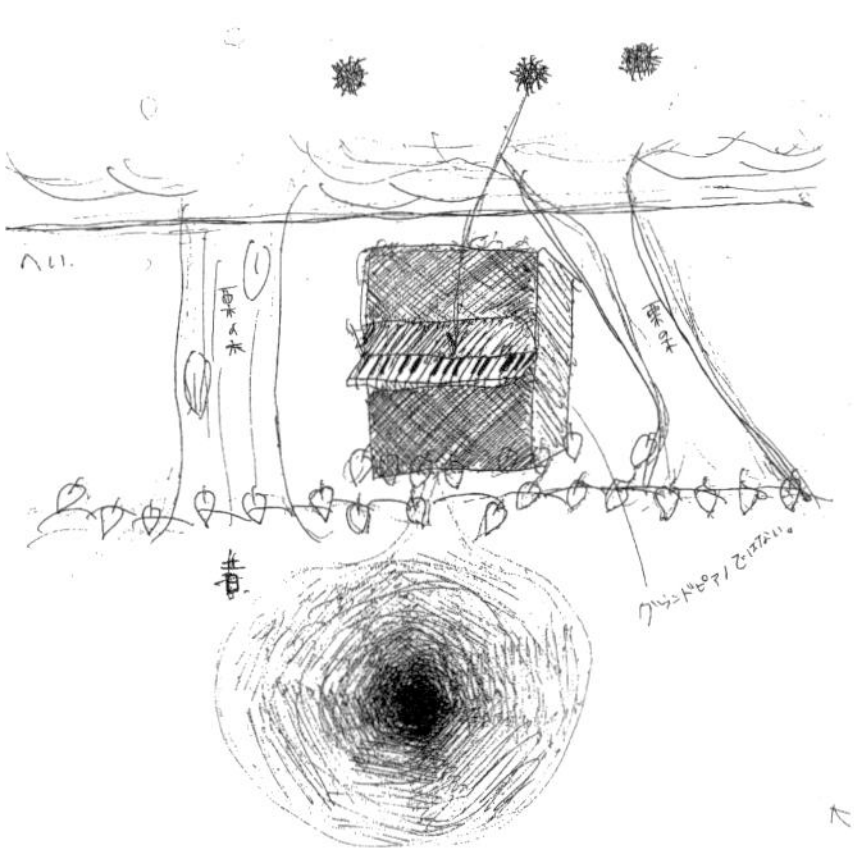

【図14】

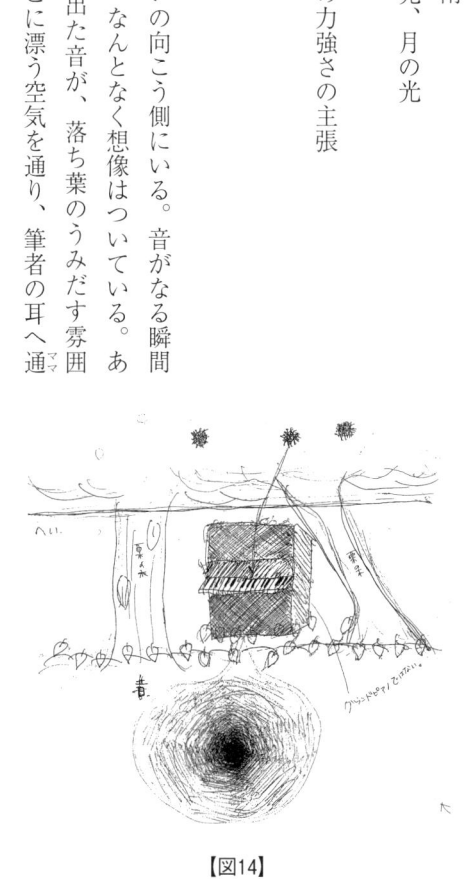

く。その音は形のないものであるが、芯のあるもの。しかし、廃墟からも漂ってくる空気にものまれ、大きくぼやけた。りんかくの無い音であるように感じた。

【図15の説明】家の外からの絵を描きました。壁には、葉がはびこり、時間の流れを表現しました。家の中に音はこもるように響き、しかし、なつかしさと明るさを持った高い音色であるのではないかと感じました。月がピアノを照らし、かすかな音の弱さを暗さで表現しました。あまり、生活感のない部屋にしたのも、ツーンとした音が響くようで、いいかなと思いました。

【図16の説明】震災のあとに、がれきや葉っぱにうもれていたピアノが、この人に気づいてほしくて音を出したのだと思いました。ピアノをおおっている周りのものは、暗いけど、音を出しているピアノは、明るい光りをもっている。という感じを表現しました。震災以来、「音を保っていた」ピアノの強さも感じました。

【図17の説明】あたたかい綺麗な音。周りが輝いて見えるような音。周りのものがかすんでみえる希望の音（失望に近いものではなく）。

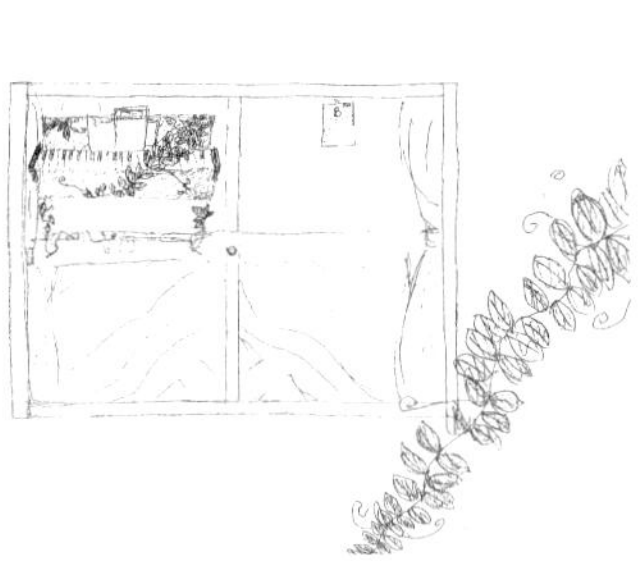

【図15】

【図16】

5. 転化されたもの

【図18】

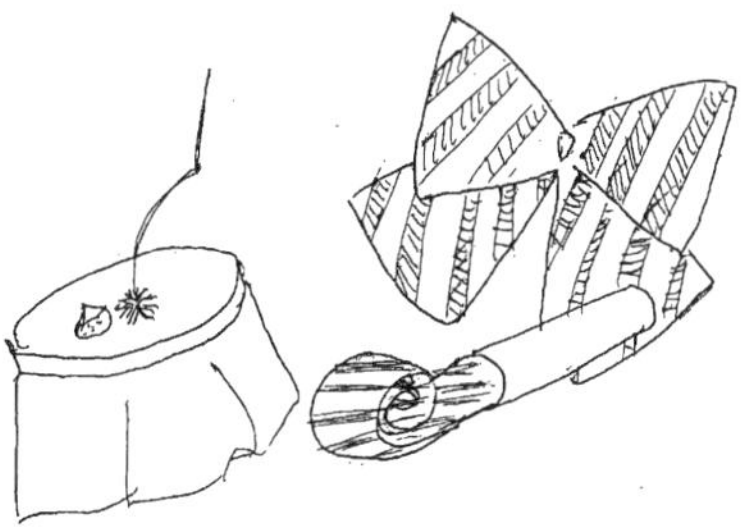

【図19】

【図18の説明】水道を閉めた後に出てくる音が名残惜しそうにしっとり落ちてゆっくり広がるイメージ。↓今でも音が鳴ることを主張している。

【図19の説明】山手にあるピアノはきっと裕福な家庭のピアノだったはずです。その家庭では奥さんが刺しゅうをして、幼い息子が吹き戻しで遊ぶそばで女学校の生徒である娘がピアノをひいていたのではないでしょうか。そんな楽しいひとときをピアノは思い出して「ソ」の音のようにちょうどよい高さではずむ音を鳴らしたのではないかと思います。

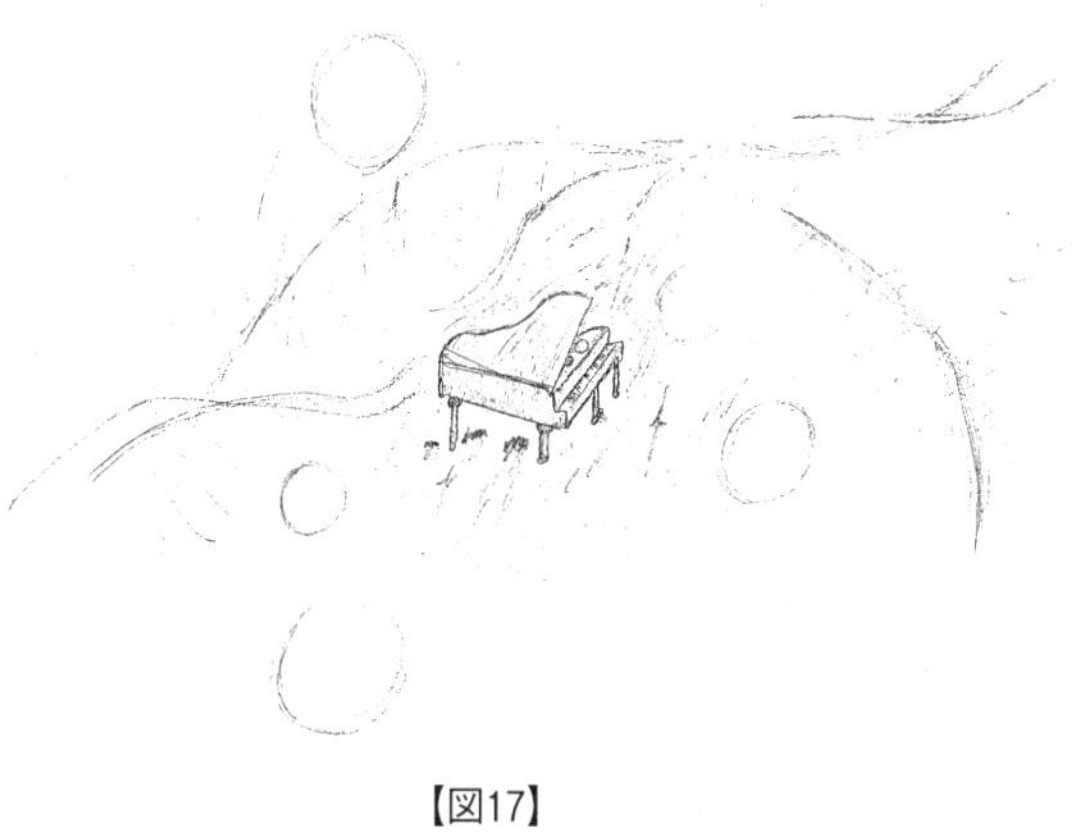

【図17】

【図20の説明】はじめは真っ暗な部屋のなかにある電球を書こうとしたのですが、線香花火に変えました。電球の光は部屋全体を照らすことができますが、線香花火の光はある程度を照らすことしかできない微かな光です。微かだからこそ、その存在が大事であり特別なものに感じられます。遠くでは町中を照らす大きな花火が上がり、町中が盛り上がるイベントが行われています。「ピアノ」では作者とピアノの音だけでつくりあげられている空間が、図の暗やみとなっていて、遠くでは大きな花火が上がっていることで特定の空間をつくり出しました。外では同じように時が流れているのにこの物語では作者とピアノの音だけの特定な空間があるように感じたのでこういうイラストにしました。線香花火の光はピアノの音を表現しています。線香花火を持つ手だけに届く光、作者の耳にだけ届くピアノの音が似ていると思ったからです。

6．図表・グラフを利用して描いたもの

【図21の説明】ピアノを擬人化して考えてみました。①に誰にも見つけられないピアノの悲しさ、虚しさを②に「わたし」に見つけてもらえたときの嬉しさ、歓びを図にしてみました。

【図22の説明】私はまず一日目の行き（ピアノはなっていない）を起点として考えました。一日目の帰りは汽車にのりおくれたこと、「荒涼としたあたり」「不気味」「湿気」という言葉からマイナス（冷たい）音をイメージしました。五日後は、「桃色、水色、薄黄色などの譜本」や「煉瓦やスレエト」が「秋晴れの日の光にかがやいていた」や「日の光に白じらと鍵盤をひろげていた」からプラス（暖かい）音

【図20】

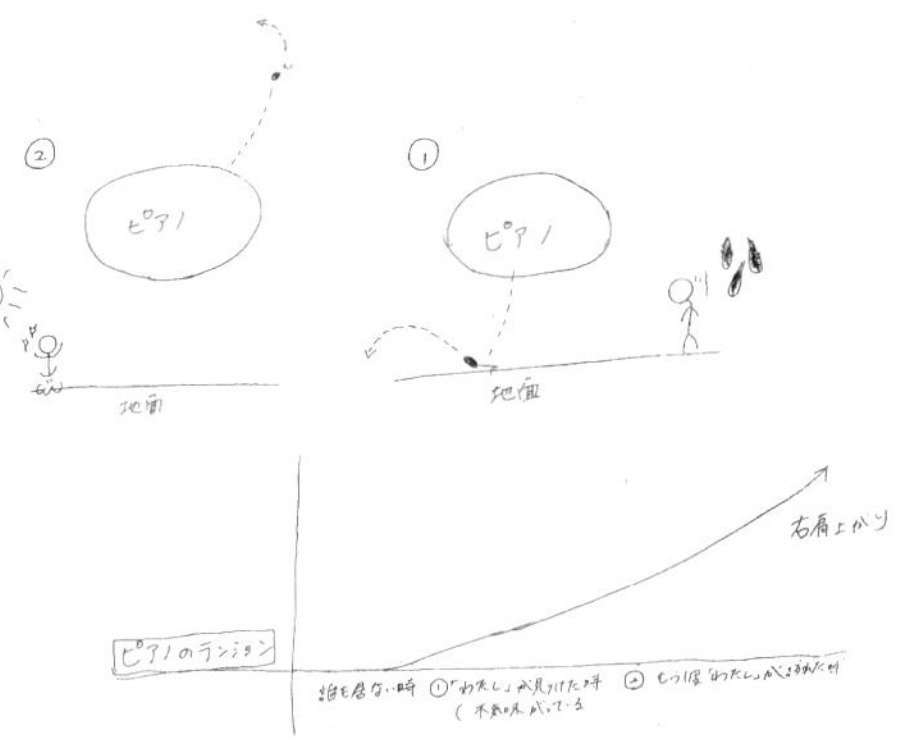

【図21】

をイメージしました。もう少し具体的にするなら（ピアノにくわしくないので、こんな説明ですが……）一日目の帰りは基本的に左手でひくような低い音で、五日後の音は右手でひくような高い音（鍵盤の右端くらい）だと思いました。五日後の音をこのように感じたのは、失望や疑惑を叱ったと思うほどのかすかな音と表現されていたところがあったからです。かすかな音とこれらの表現が私のなかで高音と合いました。

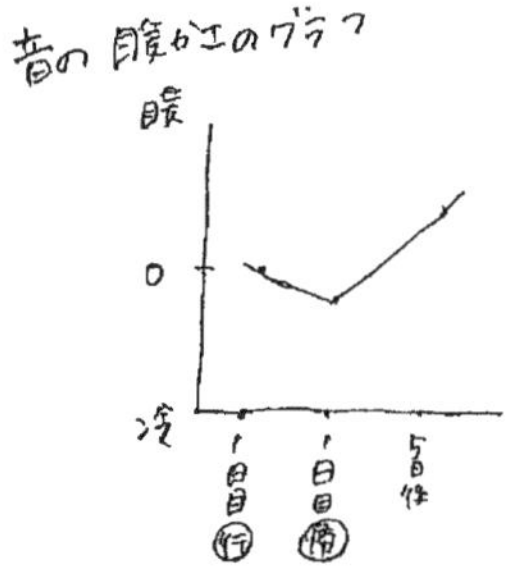

【図22】

どの学習者の図も、どの音がどのように響いたのか、自分の内部やピアノの周囲の情景などを客観的に、ときに臨場感や共感をもって、表現しようとしている様子が伝わってくる。特に音階を書くように指示していないにも拘わらず、音階を提示した学習者が数名おり、全員が「ソ」の音であると述べている点、また、擬人法の影響をうけてピアノを擬人化する学生が五分の一程見られたが、その全員が性別を女性と設定している点も興味深かった。

第三次　サウンドマップを作成する学習活動

学習者の描いた絵・図とその説明を共有した後、以下のようなサウンドマップの説明をした。環境教育で使用される、自分がいる場所からどのような音が聞こえるかを示す図であること、その図の縦軸、横軸の項目は自分で自由に決めていいこと、自分が聞こえてくる周囲の音に耳を澄まし、その音を自分がつくった座標のなかに書きこんでいくこと、である。そして、この作業を「ピアノ」という小説でおこなうように指示する。すなわち、自分で自由に縦軸と横軸の項目を考え、「ピアノ」を読んで聞こえてくる音をすべて拾い、その座標に落としこむ。横軸を時間軸にしない場合は、当然だが、筋の流れ通りに（絵巻もののように）はならないし、なる必要はないことも補足する。サウンドマップを作成し、言葉での説明を書き添える。以下、実際に作成されたサウンドマップを示す。

【図Aの説明】

①ピアノには気づいているが、近よりがたいかんじです。このときのイメージは、葉についているしずくが落ちそうで落ちないイメージ。ひっそりとしていて、でもどこか自分の存在に気づいてくれた主人公に対して話しかけたい、そんなイメージ。しずくは「音」に見たてています。

②ここで少し音を出します。まるで誰かが触れたように。おそるおそる、そっと音をもらしてみます。（少し低めの音で、）こんにちわ《ママ》と言わんばかりに。

③今度は主人公が通りすぎようとします。ピアノは「待って」と言うように少し高めの音で呼びとめようとします。暗やみの中でぼんやりさらに黒くこくなった光のような音のイメージ。ここでは空間が大切です。

④〝話しかけてくれた〟そんなピアノのうれしさから、擬人化したピアノの顔がはっとうかんできたので、すばやく絵にうつしました。主人公に〝ここにいるよ〟〝はじめまして〟と話しかけているように少し照れながら音を出している。そんなイメージです。

無だったピアノの感情が主人公がピアノの存在に気づくことによってだんだんと色みをおびていくかんじがこの小説から読みとれました。

【図Bの説明】私は大きく分けて3つの場面から音を聴きました。家の中・ピアノ・自然です。人工物はあまりやわらかさも明るさもない感じです。「カチッ」「シュポッ」とタバコを吸っていたり、ドアをノックしていたり、座っていたイスから立ちあがったりなど、明るさは感じられません。対して自然の音は葉が風により立てるサッーという軽い音や鳥など、やさしくてやわらかな音が多かったです。

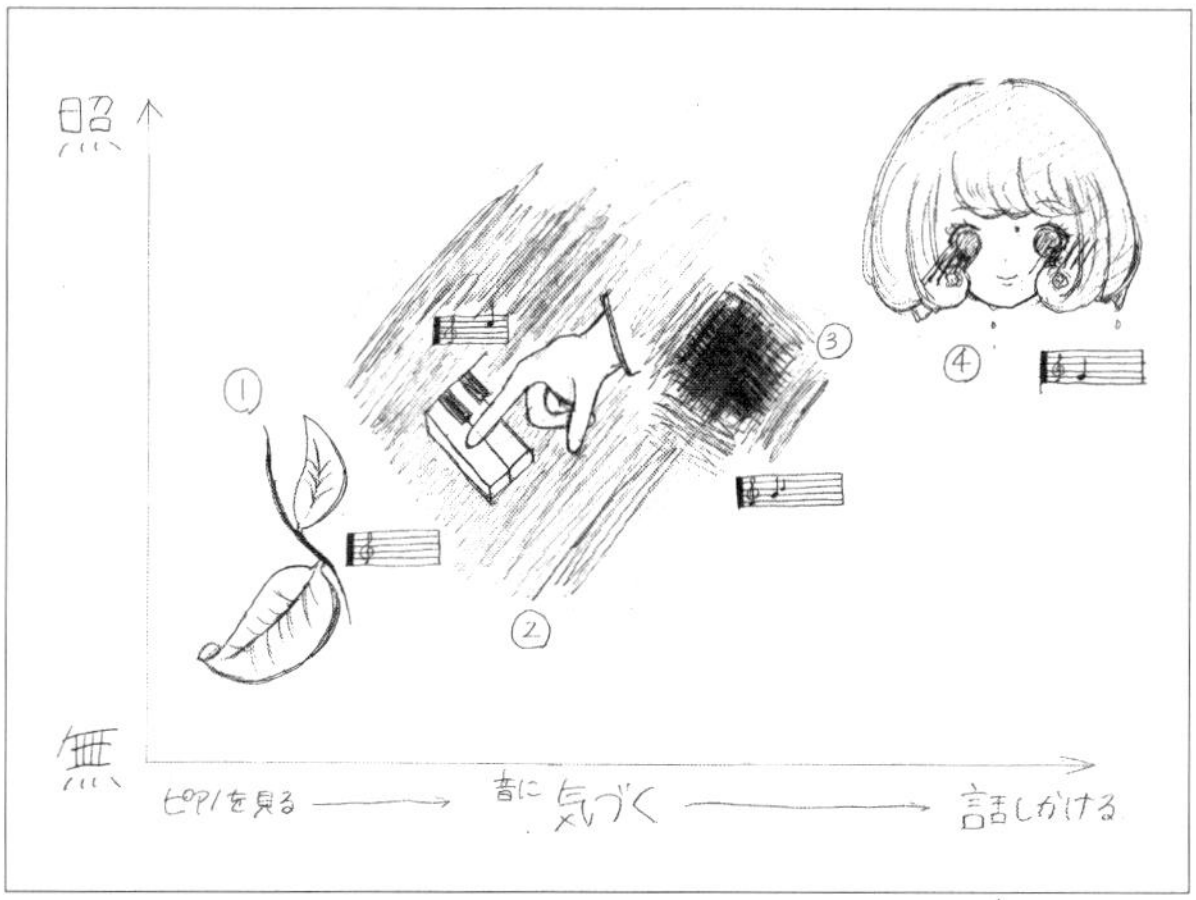

【図A】

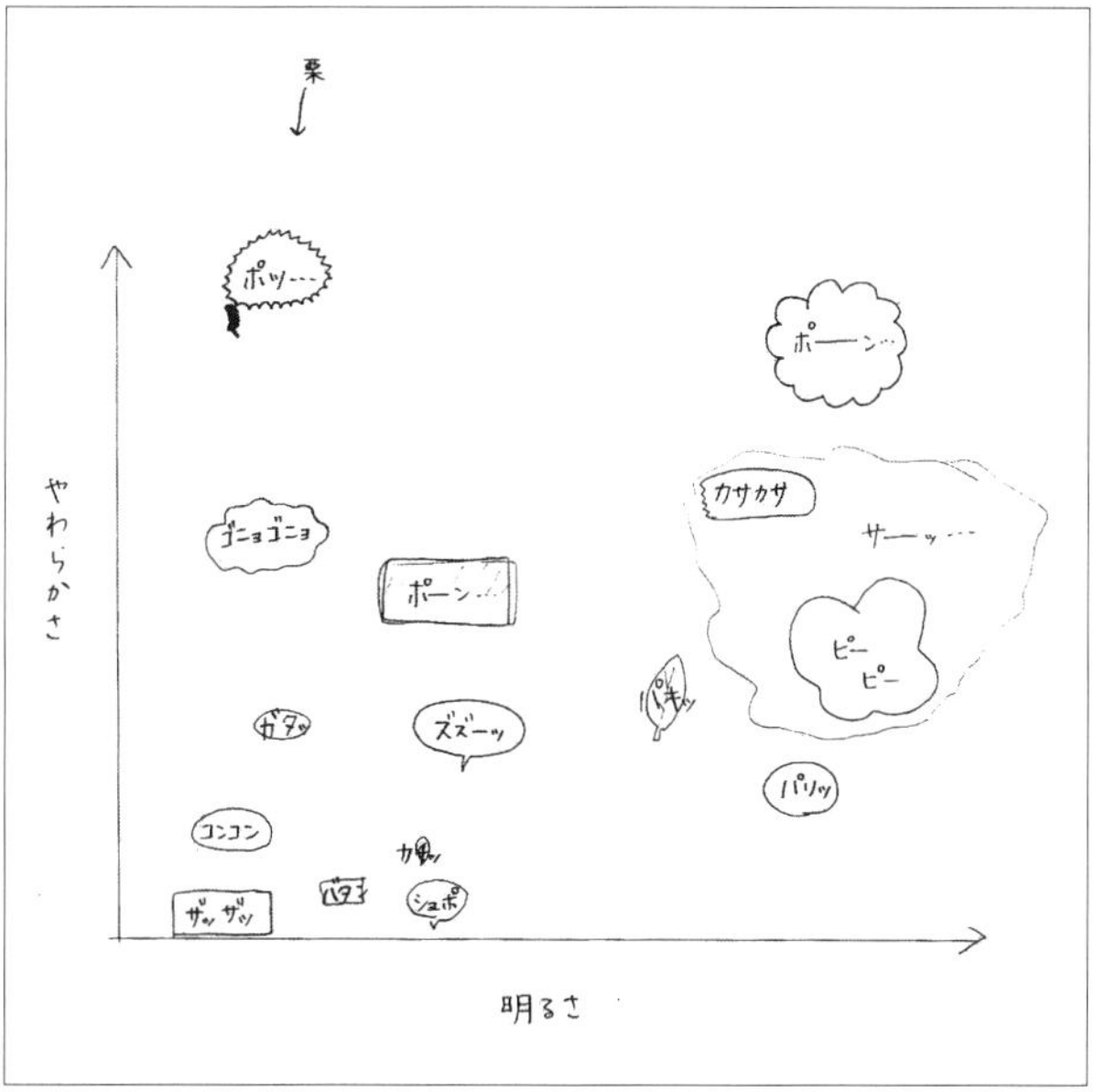

【図B】

【図Cの説明】震災後、ピアノは毎日泣く。晴れの日も雨の日も泣くので、じめじめ度はピアノの涙で高い。しかし、主人公が自分の存在に気付いてくれることで、少しうれしくなって音を出す。しかし、ぶきみがられる。そして、失恋したようにまた泣く日々。5日後、また彼がくる。あわい期待を込め、また音を出す。すると今度はほほえんでくれた。うれしくてハッピーな気持ちになる。

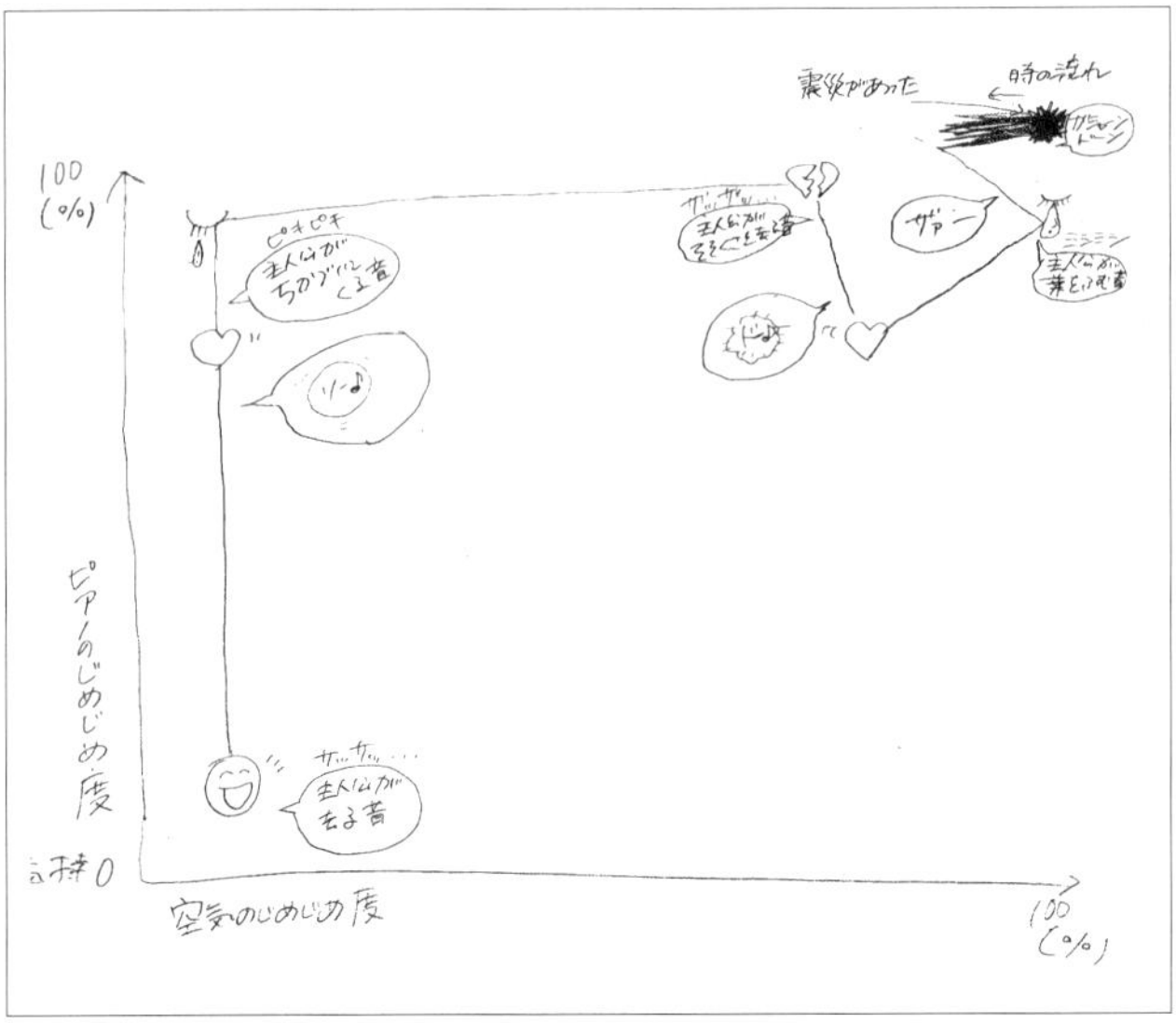

【図C】

【図Dの説明】横を時間軸に、縦を音の楽しさで表しました。震災前のピアノが一番嬉しかった音とほぼ同じ高さで、作者の「用事やピアノに対する足音」にも感情があると思い、入れています。震災〜現在に至るまでの音はピアノのみが知っていると考え中略しました。

【図Eの説明】軸を強弱にしたのは、ピアノの気持ちを表していて、テンションもピアノのものです。始めは誰にも気づかれず1人ぼっちだったピアノだけど、〝私〟が気づいた?!ことにより、嬉しいけど少し不安な感じのため、テンション低めで、最後は「鳴るよ!」と主張してる感じです。

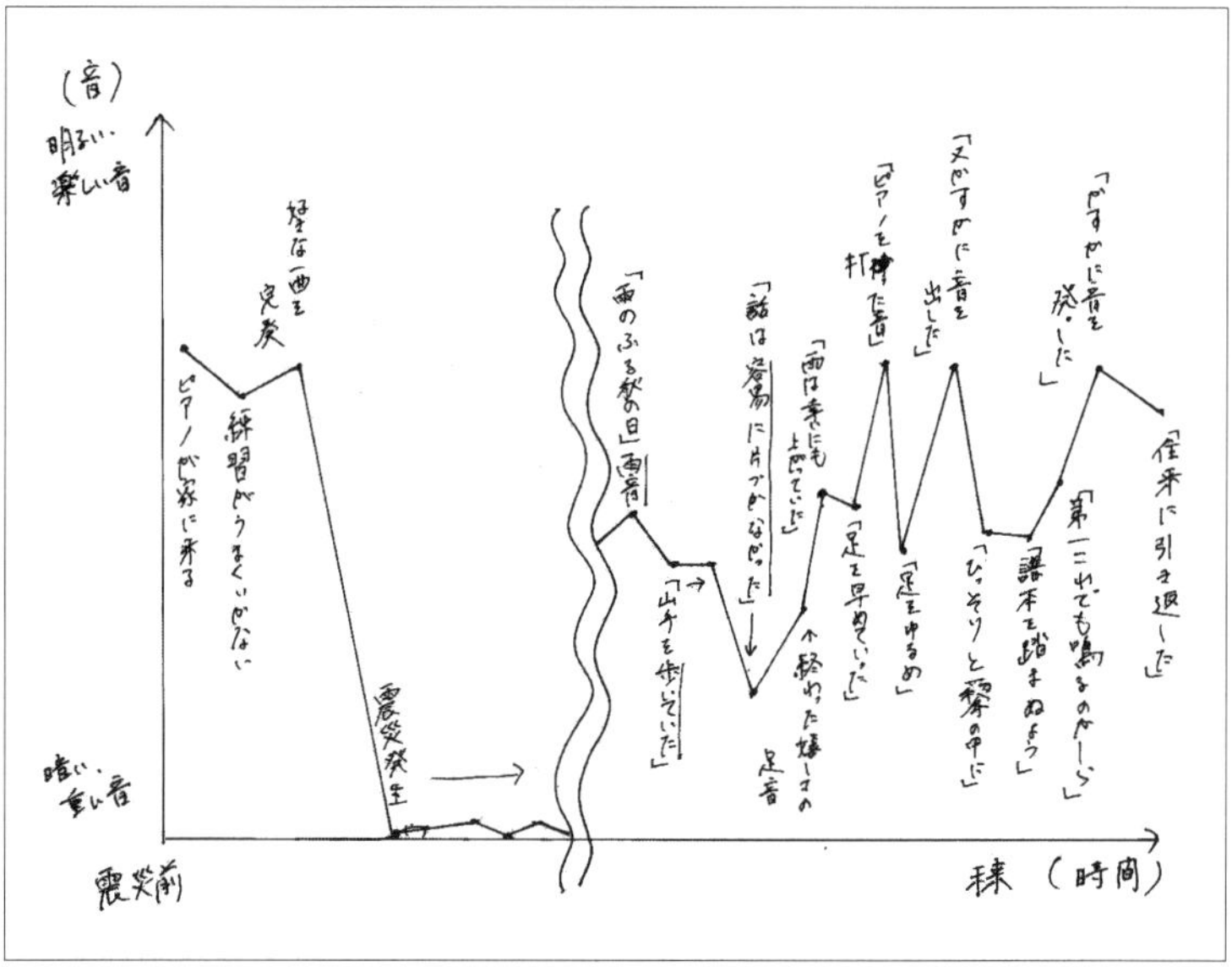
(音)
明るい楽しい音
暗い重い音
震災前
震災発生
「雨のふる秋の日」雨音
「山手を歩いていた」
「ピアノを打った音」
「かすかに音を出した」
「足を早めていた」
「足をゆるめ」
「ひっそりと霧の中に」
「譜本を踏まぬよう」
(時間)

【図D】

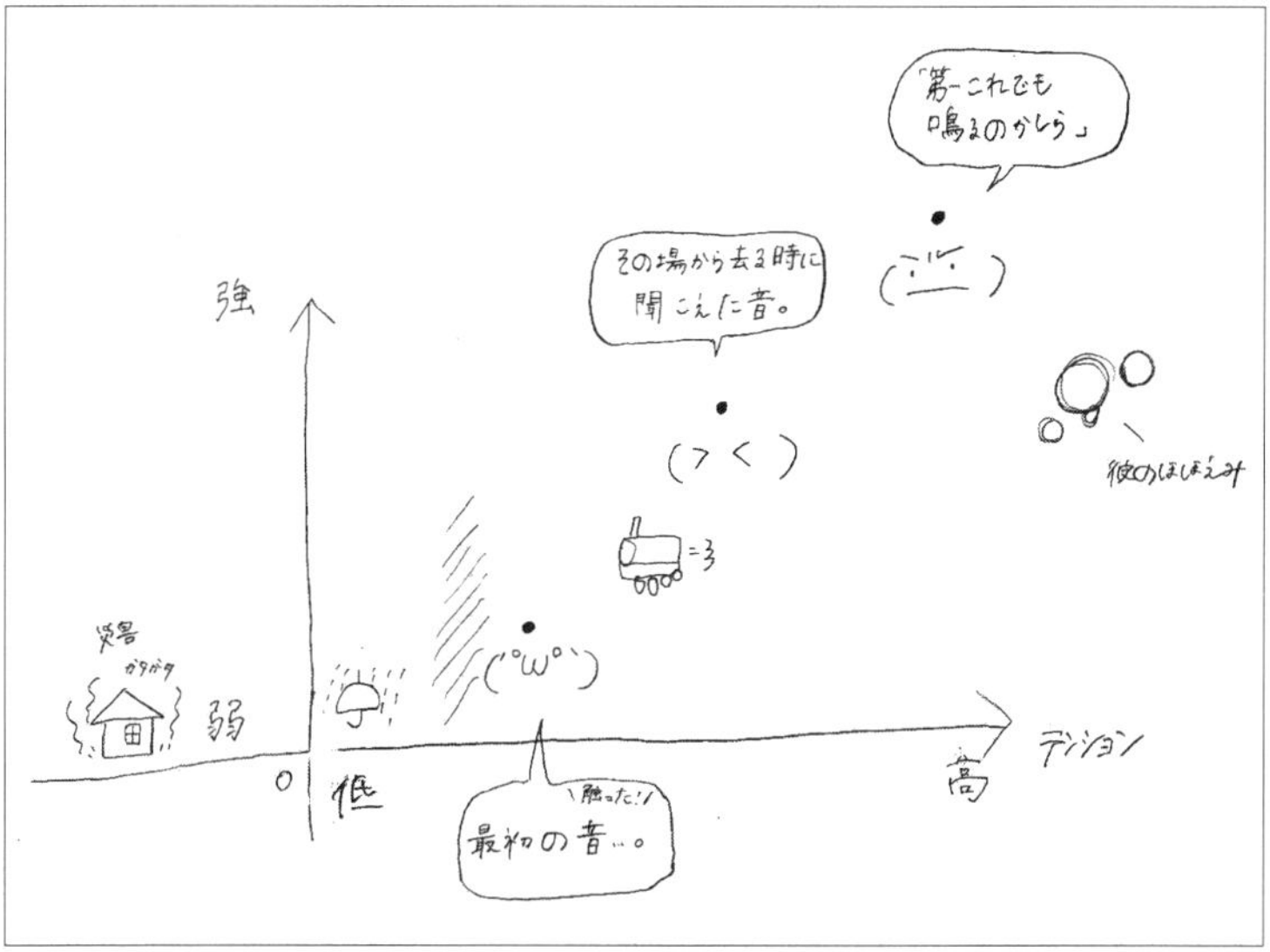
「第一これでも
鳴るのかしら」
その場から去る時に
聞こえた音。
強
弱
0
低
高
テンション
触った!
最初の音…。
彼のほほえみ
ガタガタ

【図E】

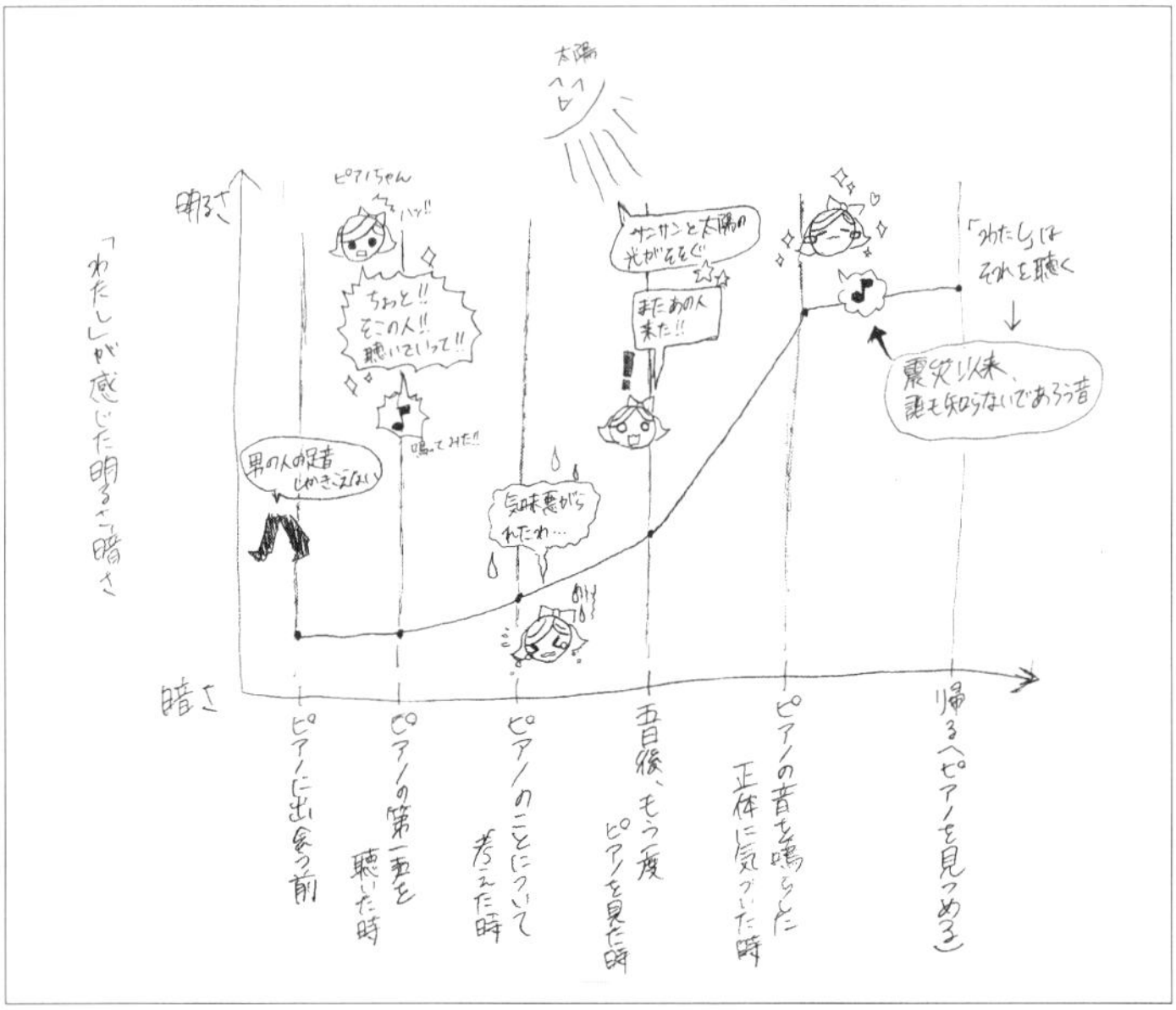

太陽
明るさ
暗さ
「わたし」が感じた明るさ・暗さ
ピアノちゃん
ハッ!!
ちょっと!!
そこの人!!
聴いていって!!
鳴ってみた!!
男の人の足音しかきこえない
気味悪がられたわ…
サンサンと太陽の光がそそぐ
またあの人来た!!
「わたし」はそれを聴く
震災以来、誰も知らないであろう音
ピアノに出会う前
ピアノの第一声を聴いた時
ピアノのことについて考えた時
五日後、もう一度ピアノを見た時
ピアノの音を鳴らした正体に気づいた時
帰る(ピアノを見つめる)

【図F】

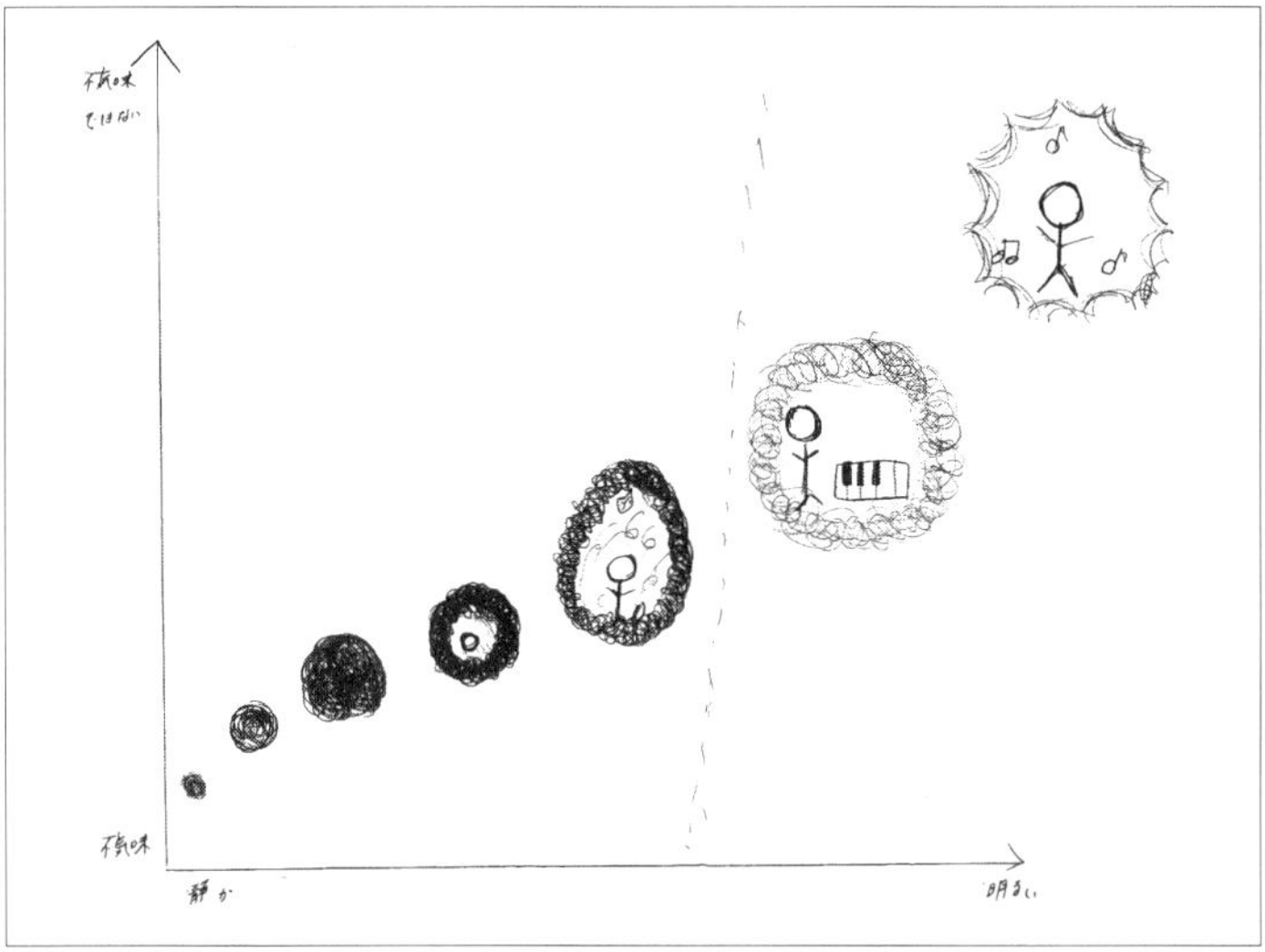

不気味ではない
不気味
静か
明るい

【図G】

【図Fの説明】震災の後で荒廃してるし、「わたし」も何となく暗い気持ちになっていたのではないかなと思って、グラフの縦軸は「明るさ」「暗さ」にしました。最後の方で「わたし」は微笑が浮かんでいたので、少しは明るい気持ちになっていたのではないでしょうか。音の座標を落とす、というのは中々難しくて、良い描き方が思いつきませんでした。「ピアノの音」は女の子の位置の高低で「ピアノのテンション」、女の子の周りのエフェクト（キラキラとか汗とか）でどんな感じの音だったのかを表してみたかったのですが、わかりにくくなりました。すみません。

【図Gの説明】縦は不気味と感じていく恐怖から安心に変わっていく心情が書いてあり、横はなんとなくなのですが、自分のいる場所が静かなところから明るくなるという雰囲気を書いています。取り囲んでいるうずは自分の心の不安な気持ちを表しています。４番目の丸は音をイメージしていて、音自体は、きれいな音なのですが、それを取り囲んでいく不安な気持ちから不気味な音をイメージすることができます。その不安さが徐々に和らぎ、最後には明るく優しい音になります。

【図Hの説明】

ⓐ震災前：音は複数。誰かに弾かれているのだから好きな曲や嫌いな曲があったはず。その曲によってテンションも変化。

ⓑ震災当時：ピアノにとって辛いコトだったはず。一番低い音階のドの音のイメージ。荒廃する町を見て怒り（にごっている。）ような悲鳴が聞こえる。

ⓒ「わたし」に会う①：この音は突然聞こえてくる。かすかな音とも書いていない。ドの音。聞こえてくるの

は、すべての音の基本のドの音。一番中央にある音のはず。人がいることに気付いたピアノが「私はココにいる!」という主張の音。あわてて出した音のように聞こえる。

ⓓ「わたし」に会う①:「わたし」が足をゆるめ、自分（ピアノ）の存在に気付いてくれたということに対して確認やうれしさなどの気持ちが混じった高い音。ソの音。

ⓔ「わたし」に会う②:「わたし」がまたピアノの所に来る。ピアノは嬉しいはずだけれど、この前不気味がられていたのを（多分《ママ》）分かっていて、じっとしている。「わたし」が「第一これでも鳴るのかしら」という独り語を言ったあと、拍子にかすかになる。作者が疑惑を叱ったと思ったと書いているけれど、私はうなずいた音に聞こえる。「そうだよ、音が鳴るのよ」みたいな優しい感じだと思う。だからこの前と同じソの音でかすかに音がなったのだと思う。

ⓕ震災当時:文中の最後に「去年の震災以来（略）」とあるのがすごく気になったので。この音は震災の時にピアノが絶対負けない!!という気持ちがずっと続いている音。高い意識と長い音なので四分音符。

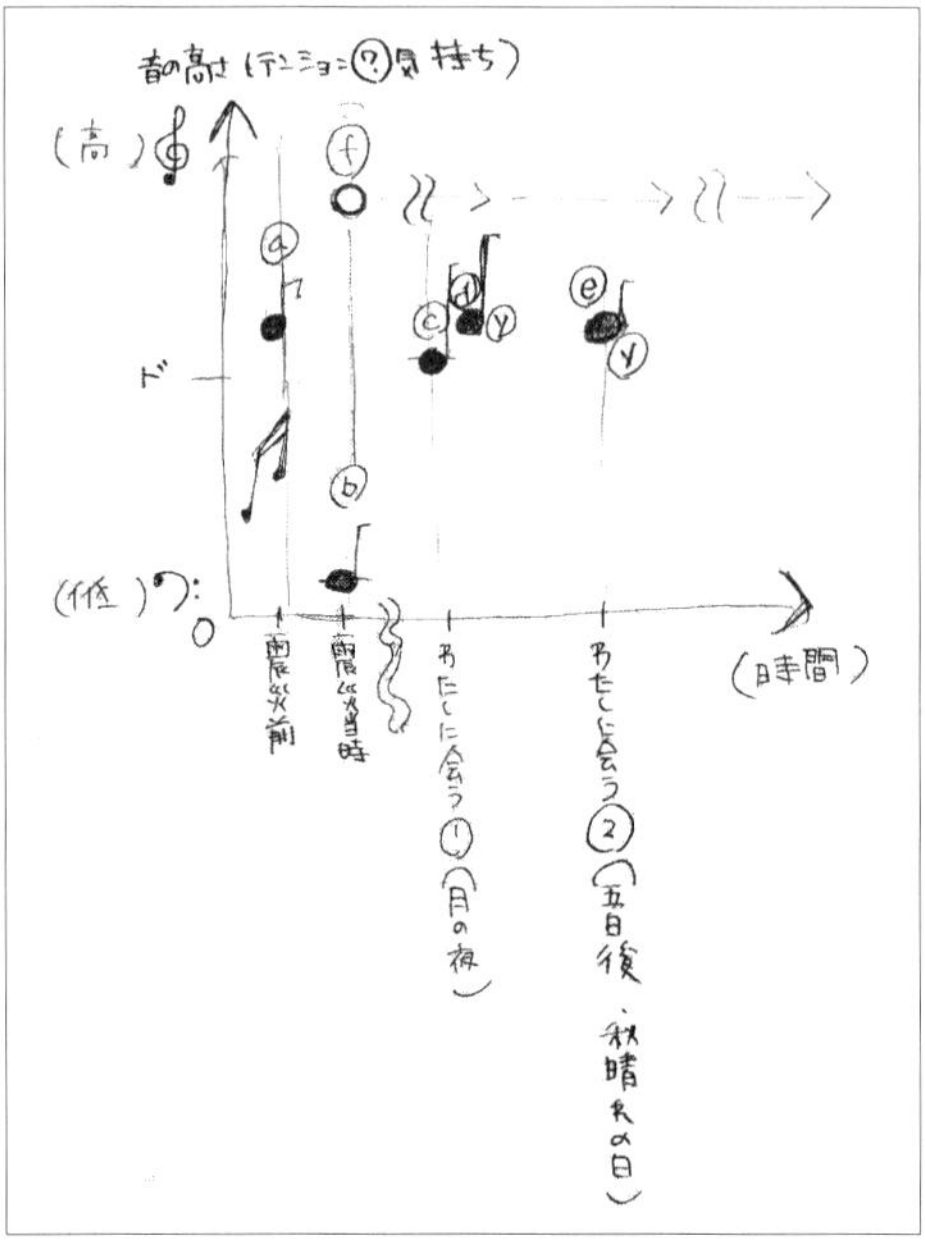

【図H】

【図Iの説明】この作品には音に色が表れていると思ったので、軸は音の色彩とそのスピード感にしました。震災は濃い（くらい）イメージだけれ

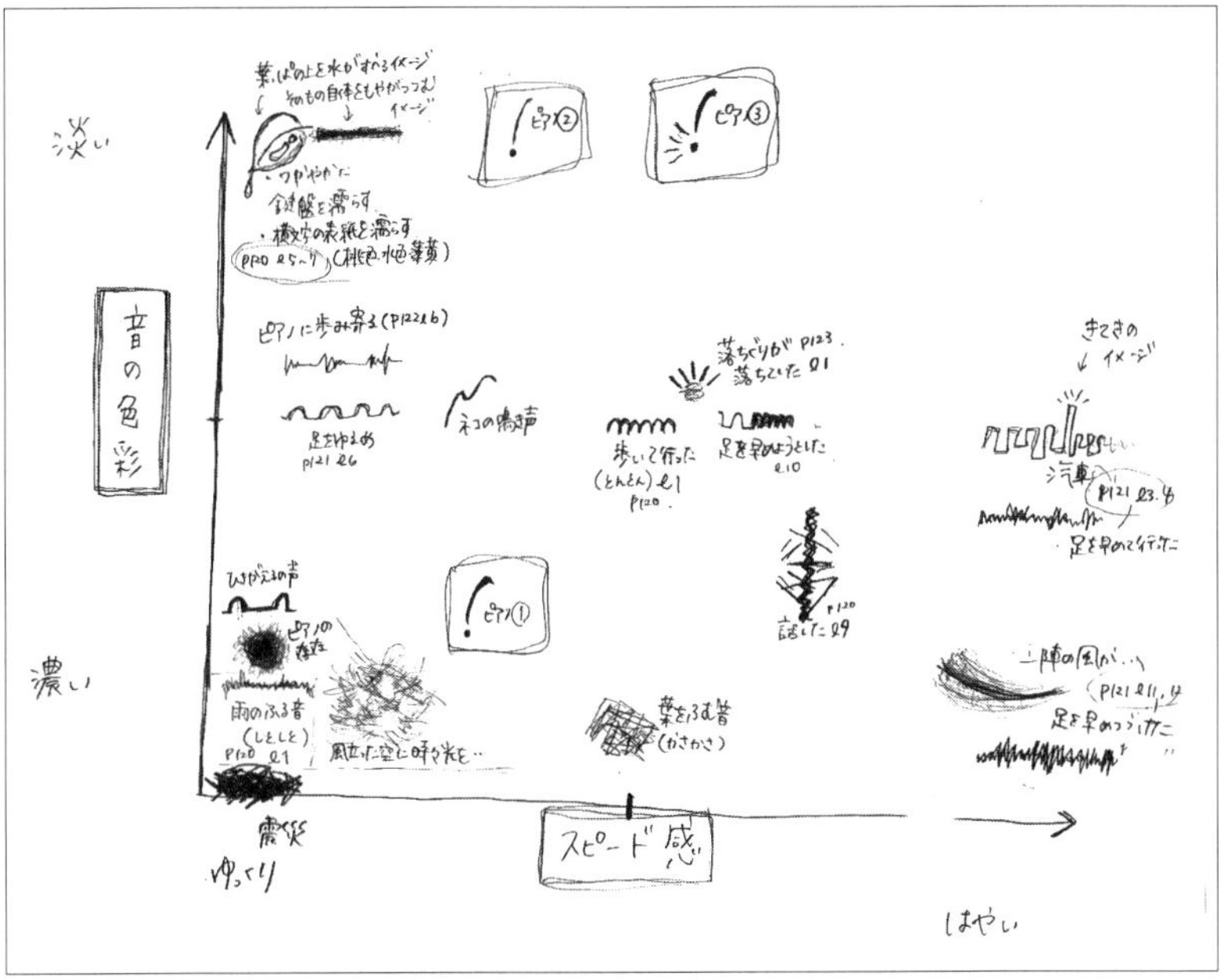

【図１】

ども、昔のできごとということで時間的にはゆっくりと風化し、なくなってしまうということを感じ（なくなりはしないけれど）、濃いとゆっくりを一番はしにしました。

【図Jの説明】軸を彩度明度と時間にしました。なぜならばピアノに関することは明度が高くなり、彩度も伴う時もあるということをあらわしたかったからです。私はピアノの音は鳴りやんでないと思っているので、描かれていないところの音も想像して書きました。またピアノの音が近づいてくると彩度もあがることもよくわかる図表だと思います。

音は音を出すことに勇気がいるような感じもしたので勇気と、震災の悲しみ、傷つきを軸にしました。番号はものがたりの流れで栗が音に勇気を出すように背中を押したようにもおもえたので⑥が max になりました。

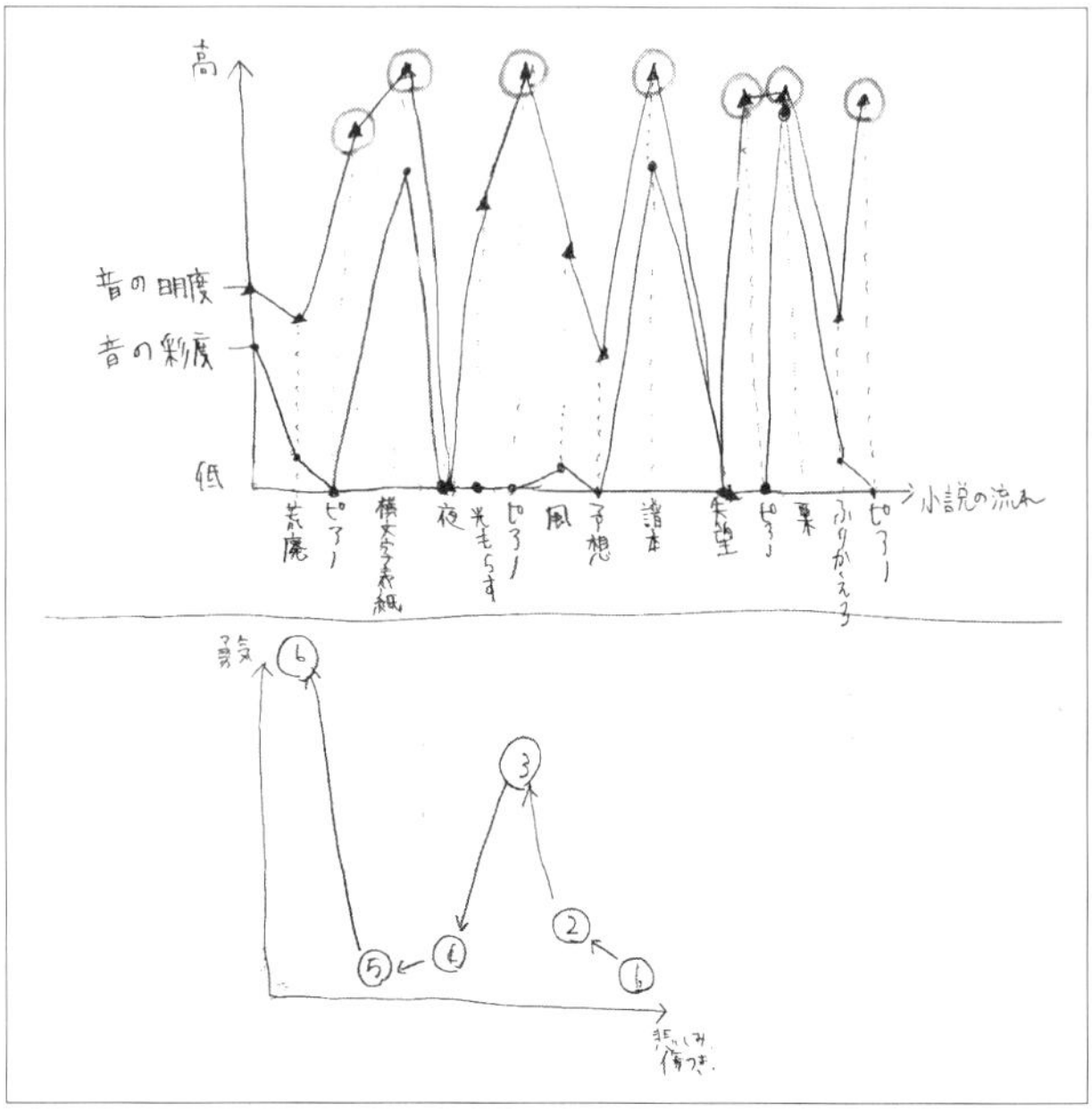

【図J】

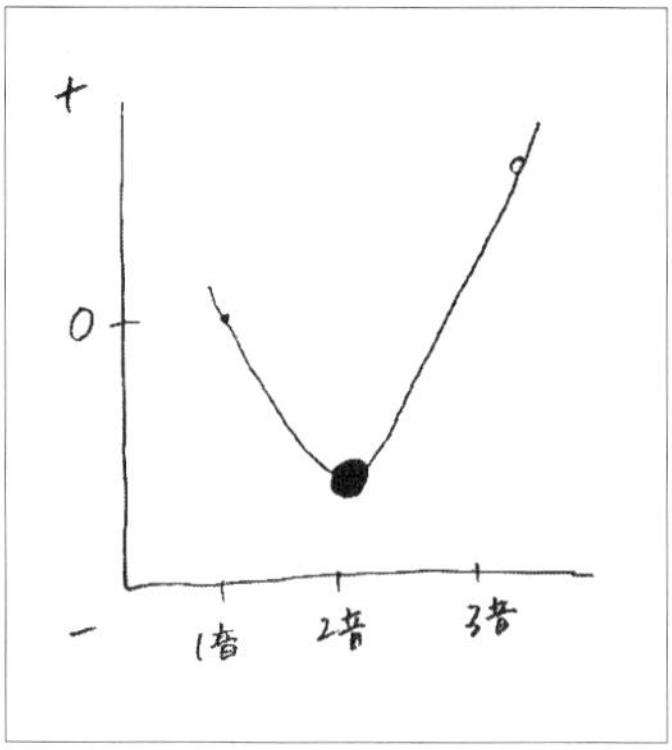

【図K】

【図Kの説明】私はグラフの縦軸を「ピアノの気持ち」、横軸を「音」ととりました。1音目は山手を歩いていたときです。このときは「音がなった」とは本文中に書いていないけど、私は鳴ったと思います。なぜなら「わたし」がピアノがあることに気づいたからです。「わたし」がピアノにひかれたのも《ママ》、普通の音ではない特別な音が鳴ったのではないかと思いました。また、ここでは、風の「ざー」や風によって物音がする「かたか

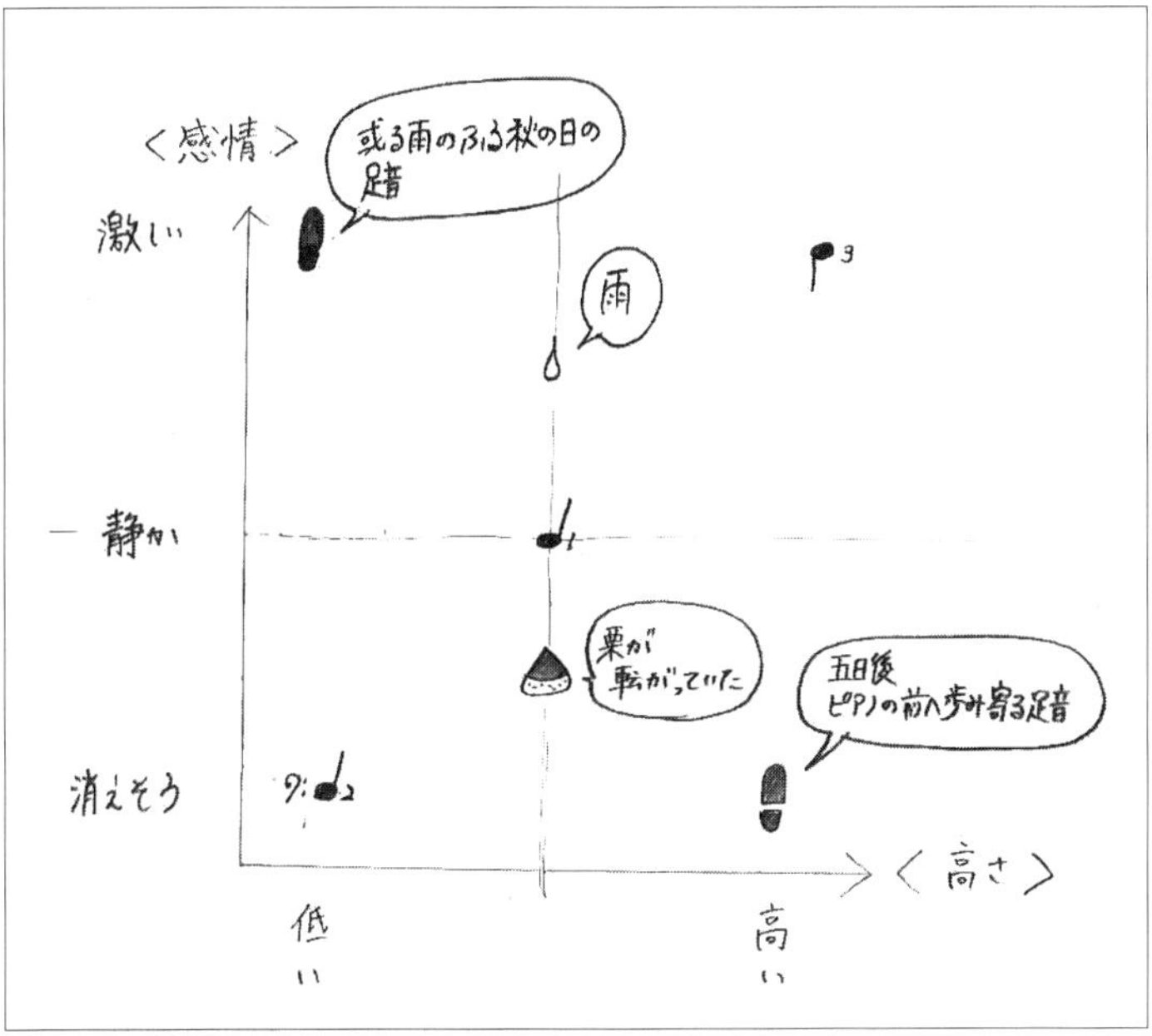

【図L】

た」というような音も感じました。なので、2音目の点は黒く大きくなっています。3音目は、「わたし」の「鳴るかしら」や「失望」に対し、「鳴るのよ」というピアノの気持ちを表してみました。高飛車な高音がイメージされました。音をならした後、「わたし」に対する役目を果たしたということで清々しさが感じられます。また、光に対して鍵盤をひろげていることから、「きらきら」という音が感じられました。これらをすべて合わせて、3音目を小さな点にしました。

【図Lの説明】

♪1　高くもなく低くもなく、静かな音。元の持ち主を求めつつ、誰かに気付いてほしくて鳴った音。

♪2　消えそうな低音。気付いてほしくて鳴らしたけど、本当に気付いてもらえるとは思っていなくて、挙句不気味に思われて、戸惑っている音。

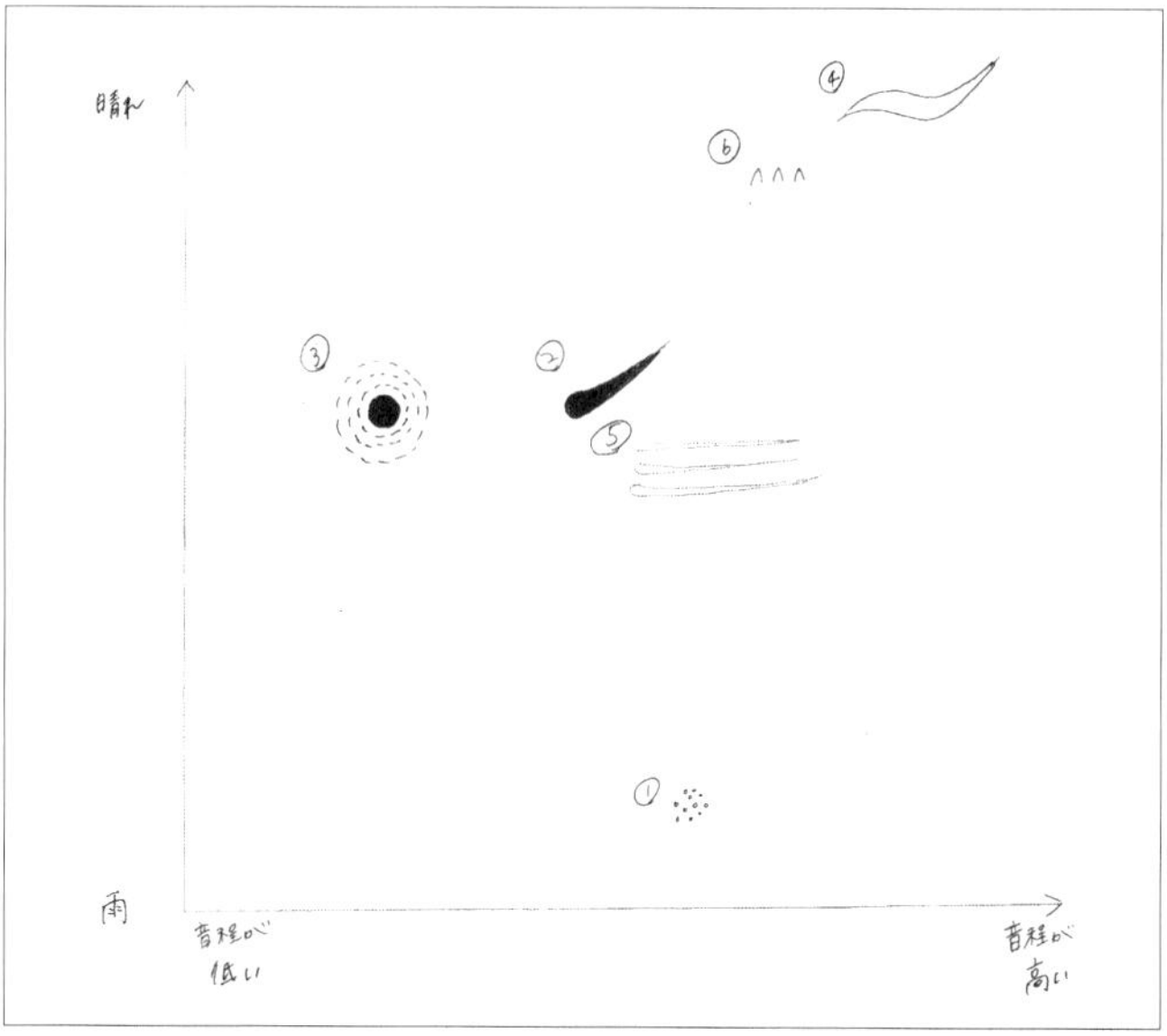

【図M】

♪3　激しくて、甲高い音。歩み寄られたのが嬉しくて、「わたし」の感じた失望に近いものを打ち消そうと必死な音。

【図Mの説明】

①これは小説の始まりの場面で降っている雨の音です。「つややかに鍵盤を濡らしていた」という表現から、そんなにひどい雨ではない、むしろ「しとしと」ぐらいの雨を想像したので小さな丸にしました。

②これは初めてピアノの音を聞いた場面で1回目のものです。雨上がりの黒やみで鳴った不気味なものなので少し低めにしました。また、月の光が鍵盤を照らしているので、黒い音が少しずつかすんでいく（静寂の中に消えていく）様子を表しました。

③これはピアノ2回目の音です。文章には「かすかに」とありますが、筆者は1回目は怖がっているので、芯ははっきりとした黒い丸で、音程も低いように感じました。

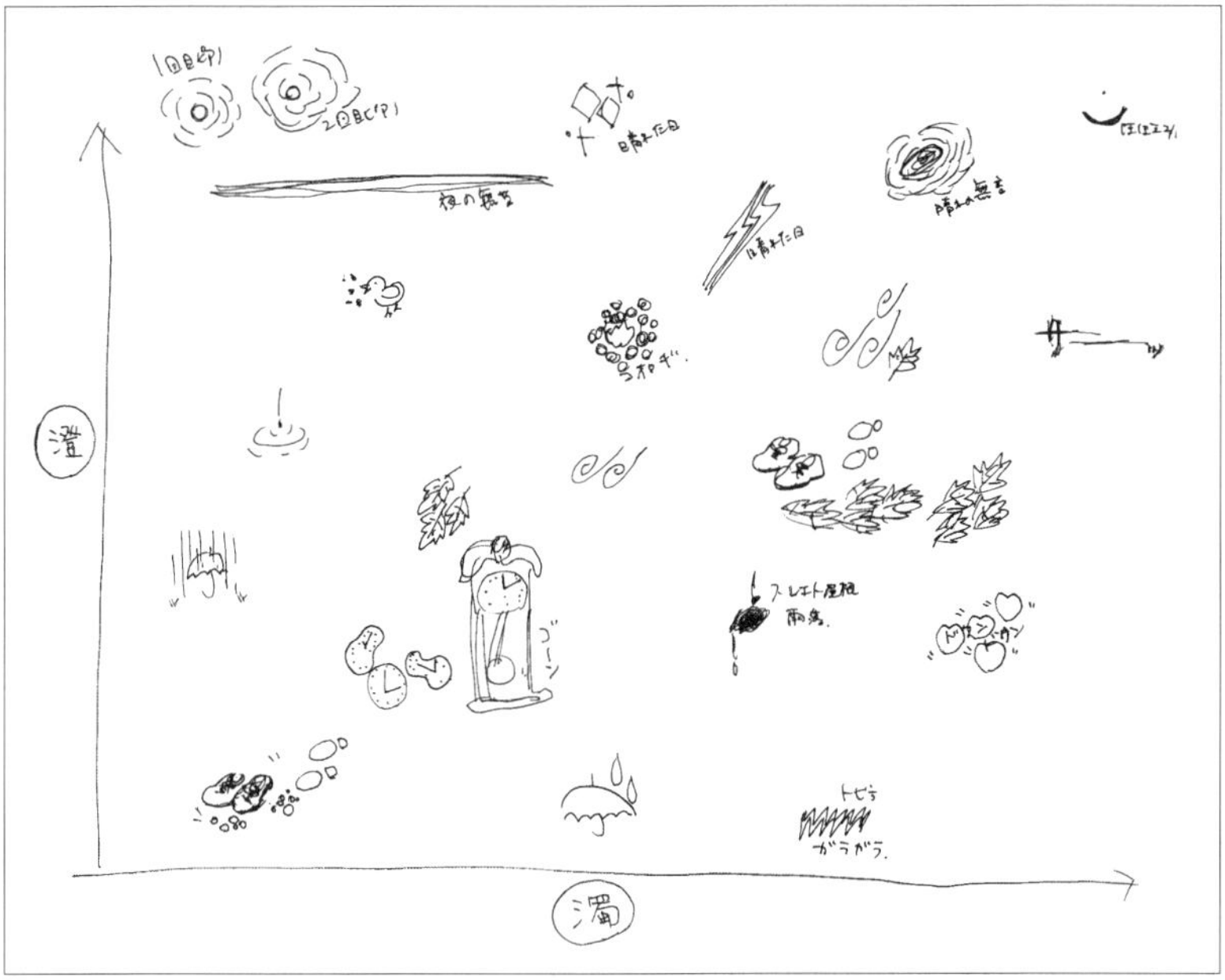

【図N】

④これは5日後の場面で聞いたピアノの音です。気づいてもらえたピアノの喜びが音になっていると思うので高い音に表しました。色も白で風にのって音を奏でている様子です。

⑤これは、或る人の家を出た後の風の音です。スーッとしていて、雨上がりの光と同化している気がしました。

⑥これは筆者がピアノに近づいたときの足元です。秋なので落ち葉を踏んだときの「カサッ」という音を想像しました。

【図Nの説明】強くも弱くもない音から始まり、舗装されていない道を歩く足音が次をいきます。傘にあたる雨の音はボトボトと重い音。ある人と話す時間は1分が1時間のように流れ、時計の音がいやにひびいてくる。うまくいかないままその家をあとにすると玄関のドアの音まで重く感じる。外に出ると夜の音がする無音のような確かな音。そこから汽車に乗るための速い足どり。と、

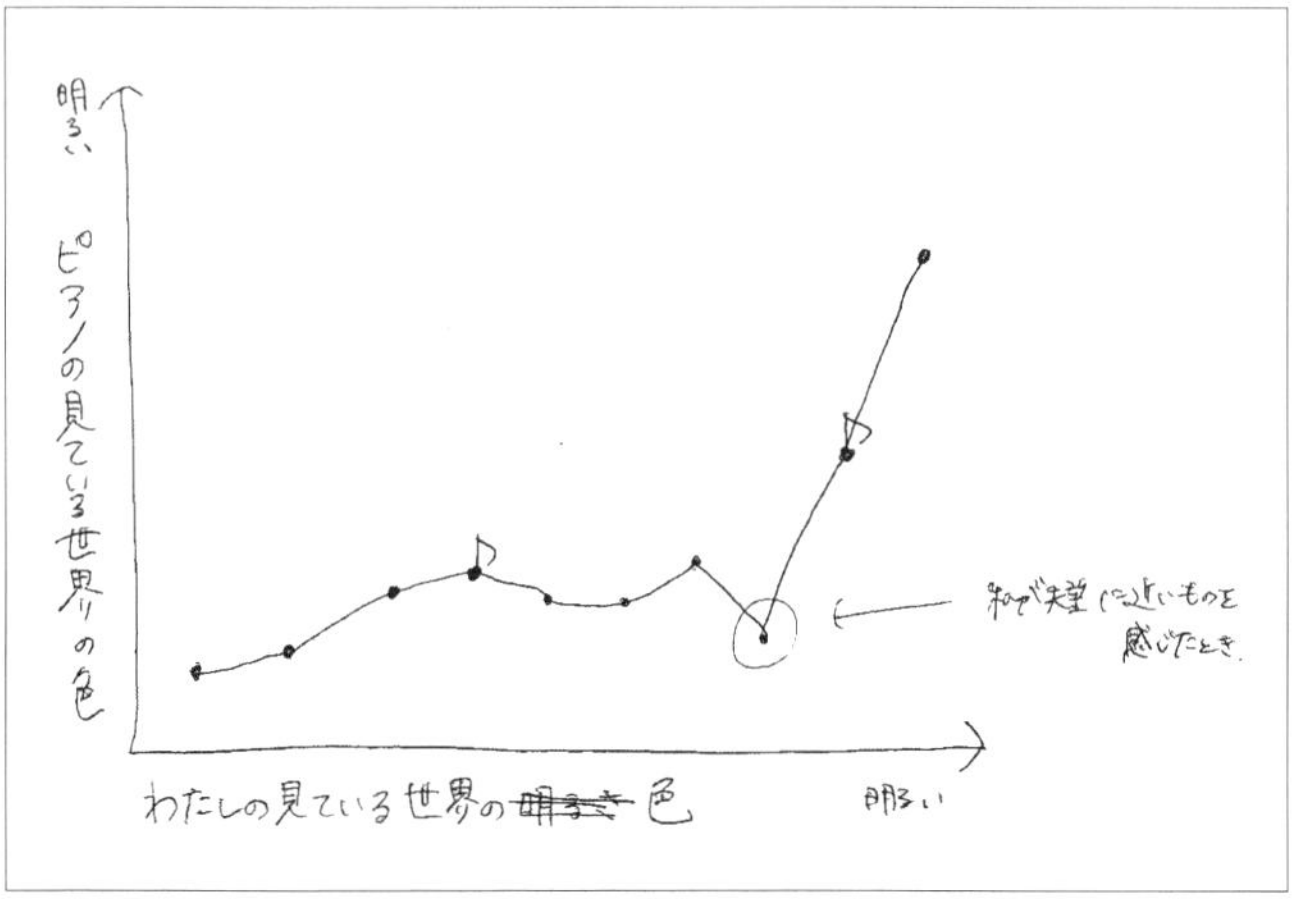

【図0】

夜風の音、落葉をふむ音、1回目のピアノの音、人かげがないのにも関わらずなった音にドクンドクンとなみうつ心臓、コオロギのなきごえをききながらあとにする。五日後、晴れたその日は晴れの日の音がする。鳥のなきごえにしずんでない軽い落葉をふむ音、晴れた昼間の無音のような確かな音と風にふかれる木々のサーッという音。2回目のピアノの音の犯人がわかり、恐怖心がなくはっきりときこえ、おもわずほほえむ音、最後に軽い足どりの音。

【図0の説明】初め、私は震災地に訪れ、当時と何も変わっていない様子を見ている。ピアノも誰にも気づかれずつややかに鍵盤を濡らしている。そんな中、「私」がピアノを見つけ、「私」とピアノが関わっていくことで、「私」は、震災でぐちゃぐちゃになった中にも栗のおかげでピアノが音を保てていることに気づき微笑む。「ピアノ」も、「私」に自分はまだ自然の力によって鳴り続けていたことを見つけてもらえて喜んでいるはず。なので、2人の見ている世界の色は明るくなっていると思った。

第四次　サウンドマップ作成前後の自分の変化を考える

作成したサウンドマップとその説明を共有した後に、新たな気持ちで「ピアノ」を読み、①「ピアノ」がどのような作品かを書く。そして、②自分の「ピアノ」論を初読の感想と比較して、どのように変化していたか書く活動をおこなう。ただし、今回紹介をしている学習活動では説明を書く時点で自分の変化を述べている例も多く、①②の二つを書いていない学習者もいた。以下、学習者が書いた初読の感想とサウンドマップ後の感想、書かれていた場合にはその比較の自己分析を引用する。

【感想】

①［初読の感想］

芥川の「ピアノ」を読みましたが、いまいち頭に入ってこずわかりませんでした。「わたしはこのピアノの音に超自然の解釈を加えるには余りにリアリストに違いなかった」というのは、〝人がピアノをひいたのだろう〟と思うことがリアリストということでしょうか?

⇩

［サウンドマップ後の感想］

雨や足音など音に観点をおいてみると「わたし」の感情が見えてくるのでとても面白いなあと思いました。人の声があまりなかったので静かな作品だと思っていましたが、自然の音があふれていてきれいだなと思いました。

②〔初読〕

ピアノが主人公の「わたし」に何か主張しているように感じた。植物たちの訴えともいえるかも。

⇩

〔サウンドマップ後〕

初読のときと比べ、自然の音やピアノの音程、強弱などが、絵で表すことによってよりいっそうきこえてくるようです。小説の中では詳しく書かれていない震災があった時の音、最後の希望の光の音や空気感もサウンドマップをつくることによってイメージできた。

〔初読との比較〕

小説からピアノや人物の気持ちが伝わってくる。ピアノの音程や雨、曇り、晴れなど天気や空気の移り変わりもイメージできた。

③〔初読〕

最初の人手を借りずにピアノの鳴ったのを「不思議だった」というのから、二回目ピアノが鳴っても「わたしは驚かなかった」という心境の変化を読み取ることが難しいと思った。

⇩

〔サウンドマップ後〕

ピアノが出す音の他に、主人公が出す音、太陽の光、葉、空気など自然が出す音など、「ピアノ」は文中でよく耳を澄ませば聞こえてくる音があり、そこから想像し、つないでいくことができる、「音」をヒントにして成り立つ作品だと思った。最初読んだときには、登場人物の心情の変化を読みとることを軸にして読み進めて行った。

［初読との比較］

作品中の音や色については考えていなかった。「人」だけでなく、それ以外のものに視点を変えていくことが大切だと思った。

④

［初読］

前半で「或る」という言葉を多く使っており、具体的な内容や人の様子が分からないからこそ、詳しく書いてある秋の様子やピアノの状態が浮かび上がってくるのではないかと思った。最後に落ち栗が出てきたので、ピアノを鳴らしていたのは落ち栗だったのかと思った。全体的に秋のイメージだが枯れているというより紅葉の色のあざやかさのような印象を受けた（枯れた表現が多いけれども）。

⇩

［サウンドマップ後］

初読では、「ピアノの音が鳴ったのかー。すごいな。植物が多く出てきて秋のイメージにぴったりだな。」というくらいの印象しかもてなかったが、音に注目したり、ピアノを擬人化したりして考えてみることで、この作品の世界観を支えているのは震災なのではないかと思った。震災がなければピアノに変化は訪れなかっただけでなく、「ピアノ」に登場する自然（植物や雨や太陽など）が色鮮やかな印象にはならないのではないかと感じたからである。全体的にあたたかなイメージの作品だと思った。

［初読との比較］

初読ではピアノの音にだけ注目してしまい、「ピアノが鳴った」という事実に気を取られており、作品の全体像をつかむことができなかったように思う。

⑤［初読］

私が率直に感じたことは、「どうしてピアノが鳴ったのだろう」ということです。壁にひしがれたままのピアノはもしかしたら存在に気づいて欲しかったんじゃないかなあと思います。筆者は自分のことを「リアリスト」と表現している割にはいたるところに擬人法が用いられていて、話の内容としては非現実的であるのに、ピアノを現実的な言葉で表現することによって、ピアノがひとりでに鳴ったのも納得させられるものがあるし、「鳴った」のではなく「語りかけた」ように感じられました。

⇩

［サウンドマップ後］

サウンドマップを用いることで、物語の山のようなものがわかりました。場面を転換していくとき、映画であればＢＧＭがあるけれど、行間に紛れる音を探しだすのは難しいけれど大事な要素だと思います。特に「ピアノ」では、誰もが想像しやすい音だからこそ文章に表れていなくても場面の様子が無音ＢＧＭとしての効果があるのだと思いました。

［初読との比較］

単にピアノを擬人化して読んでいたけれど、〝聴こえない音〟の存在には気づきませんでした。短い文の中で何度も聞こえてくるはずの音であったり、時間を超えたり……と、目の前にある風景とは別のものが感じられる作品だと気づきました。

⑥［初読］

震災により葬られていたピアノがかすかに鳴って怖いと感じるけど、どんなに朽ちても音をなくさないピアノに希望を感じたのかな、と思いました。だから結果どんな理由で音が鳴ったとしても気にならなかった。

⇩

［サウンドマップ後］

初めてピアノの音が聞こえてきたときは不気味で、それが「仄めかせていた」とか「湿気を孕んだ」とかいう言葉という「音」のようなもので表されているなと思いました。

［初読との比較］

音を絵や図で表すことで、最初は結果というか終わりに着目した感想だったけど、その結果までの過程に着目するようになったと思います。

⑦［初読］

初めの方は、桃色、水色、薄黄色など頭の中が鮮やかに色どられ、次に雨あがり静かになったところで、ピアノの音が聞こえてくる。色や音が次々にでてくるので結構にぎやかだなと思いました。

⇩

［サウンドマップ後］

ピアノに意志があって、音を発しているように感じました。ピアノが存在している場所や時間もとても大事で、音だけでなく作品のなかに登場する色もあわせて、ひとつの空間をつくりあげていると思います。いろいろなものがあわさってつくられた空間にいて、対話をしているのがピアノと「わたし」だと思います。

⑧［初読］

「わたし」が五日後再び山手を通りかかったときのピアノと問答するような一連の流れがとても素敵で好きでした。「それはほとんどわたしの疑惑を叱ったと思う位だった」の一文が一番すきですかねー。

⇩

［サウンドマップ後］

「ピアノ」を改めて読んで、こんなに短い中にこんなにたくさんの音があふれていて、そのどれもに意味があるのだと気づかされました。音を読み取っていくとピアノ以外にも感情があるように思えてきて、ぐっと印象が変わりました。初読の時は「わたし」と「ピアノ」２人だけの物語だと思っていたので、ピアノの音だけが鳴り響く静かな物語のように感じていたのに、今読んでみるととてもにぎやかで少しびっくりしてます。地球上に無音の場所はほとんど存在していないのだと改めて感じました。

⑨［初読］

最初にピアノが鳴った時、鳴らしたのは風で、「わたし」に何か知らせているのかと思った。しかし、鳴らしていたのはピアノ自身で、今も昔と変わらず音を発することができる。ここにいるということを伝えているピアノの音だったのだと思った。廃墟の中でも、気持ちをきちんともてば、きれいな音を保つことができるというのを伝えているのではないかと思えた。

⇩

［サウンドマップ後］

「ピアノ」に登場するのは、ピアノと「わたし」だけだと思っていたが、読んでいくと風や草、雨、栗など、ピアノの周りにはたくさんいることが分かるようになった。「わたし」も2回目でのピアノに対する感情に変化が起きていた。

［初読との比較］

音を絵や図表で表したことによって最初は、ピアノの音やピアノの感情だけしかみることができていなかったけど、ピアノだけでなく「わたし」や風、雨などの感情を読みとることができた。

⑩［初読］

最初のピアノの音を耳にした時、「わたし」は人や猫など誰もいないのに、不思議に感じていた。ピアノを前にして、また音が鳴った時、「そこにはいつの間にか、落ち栗が一つ転がっていた」とあるので、ピアノは藜の中の植物が鳴らしているのだと思った。

⇩

［サウンドマップ後］

ピアノは震災によってうもれてしまい、誰かに存在を気がついてほしいと訴えかけているように感じた。後日訪れた時、「崩れ落ちた煉瓦のスレエトが秋晴れの日の光にかがやいていた」とあるのは「わたし」に存在を気付いてもらえたピアノが喜んでいるように感じた。「わたし」が独りごとを言った時「疑惑を叱ったように」とある。ピアノは音を出すということだけが仕事=生きているということだと思うので、「私（ピアノ）は生きているんだよ」というメッセージを必死に訴えているのだと思った。

［初読との比較］

文章の段階をふんで登場人物の気持ちの変化を読みとれるようになった。

⑪［初読］
まず、この小説を読んで思ったのが難しいということです。会話文がないし、ほとんど地の文で書いてあるので固い印象を受けました。その代りにピアノの〝音〟というのがひきたっていて、この音が重要になると思いました。

⇩

［サウンドマップ後］
もう一度「ピアノ」を読むと、ピアノ以外の音にも気づくことができました。そして、ピアノの音の高低と、「わたし」のテンションの高低がなんだか一致している気がしました。「わたし」は初めて音を聞いた日から五日後に、ピアノに近付いていきましたが、五日間でどんな変化があったのか気になりました。
［初読との比較］
初読のときは考えることのできなかった「わたし」の気もちやピアノの音の高低に気づけていたと思いました。ピアノの音の感じを絵に表わしたり、サウンドマップを書くことで、書く前よりも気づきが増えたり、慎重に読むことができるように感じました。また、それを見せ合うことで他の人の感じ方がわかりやすくなったのではないかと思います。

⑫［初読］
「わたし」にとって雨の日のピアノが特別に思えたように、私にも雨の日のぬれているピアノの方が晴れた日のピアノより幻想的な感じがした。突然、聞こえたピアノを打った音もきっと雨粒がピアノを打った音だと思う。晴れの日は落ち栗がピアノをならしていて、やっぱり落ち葉より雨粒がピアノをならす方が、どこか幻

想的な感じがする。また、ピアノのある場所や「わたし」の私用を明らかにしていないことも、幻想的な雰囲気を作っているのかなと思った。

⇩

［サウンドマップ後］

私は初読の感想でこの物語は幻想的な感じがすると思ったが、それから3回の授業を経て、みんなの意見を聞き、さらに読みが深まりました。ピアノの気持ちになってこの物語を読み進めると、とても心温まるような作品だなと思いました。

［初読との比較］

授業で音や絵を図表に表したことによって、音のやわらかさや高さ、明るさ、またピアノのテンションまで詳細に知ることができて、とてもこの物語を「読んでいる!!」という感じがしました。初読で「幻想的」だと思ったが、何がどうなってることによって幻想的に思えたのかが分かったような気がしました。

⑬［初読］

「五日ばかりたった後」の描写が最初の場面と対照的で印象に残りました。

⇩

［サウンドマップ後］

読み返してみると、前回はあまりイメージ出来ていなかった場面も何となく思い浮かべることが出来て、音の多さに改めて気付きました。「ピアノはちょうど月の光に細長い鍵盤を仄めかせていた、あの蔾の中にあるピアノは。」という所でピアノを強調している所が気になりました。

［初読との比較］
初読の感想では音を全く気にもしていなくて、どう書かれているのか、ということだけを考えていました。音を絵や図表で表すことで実際に書かれている音だけでなく、登場人物の動作や情景から読み取れるようになりました。

⑭［初読］
栗が落ち、その栗が鍵盤に当たり、ピアノの音がする状況はとてもおしゃれというか、普段の生活では感じられない嬉しさでふっと微笑が浮かんでしまう気持ち分かる！と思った。

⇩

［サウンドマップ後］
ピアノの音を聞き感動したのは、普段感じることのない非日常なもので、ピアノを見つけ、音を聞いた好奇心とその謎がとけた、失望↓希望に変わる「わたし」の気持ちに共感できた。

［初読との比較］
初読の感想と今もそんなに大幅な変化はないが、絵やグラフを書いて具体的な話の背景と、イメージ、情景がとびこんでくるくらい想像できた。音だけでなく温かさ、明るさ、好奇心も含めて読みとれた。

【どのような変化が見られたか［自分の初読と比べてみる］のみの記述】

・1回、2回と読み進めたときは、ぼんやりと情景を浮かべていましたが、サウンドマップを書くことで1つ1つの場面、音、雰囲気、状態、状況を鮮明にとらえることができました。小説自体には音の高低などがかかれていませんが、ピアノの音や周囲のオーラ、「わたし」の感情といった目に見えない部分になんというかまるで命がふきこまれたかのように、小説に色がついたかなあ……と感じています。

・初読と同じところもたくさんあるのですが、絵や図表で表すことによって全体的にモヤッとしていたものがクリアになったと思います。今までは「なんとなくこんな感じ」かなって思っていた事が多かったけど、音を絵で表すことによって感情による読み取りがしやすくなりました。また、サウンドマップは初めてで手こずったのですが、表現することによって、この物語の中では、これ！と書かれているのが、それを取り囲んでいる空気や気持ちはどうなっているのだろうと考えられるようになりました。図で表すことによって明確になったのだと思います。

・最初は何でピアノが勝手になるんだと不気味に思いましたが、その正体は栗でした。しかし単にそういう話ではなく、読み進めていくうちにピアノの気持ちやその場の音や温度を感じることができました。読んだひとに勇気を与える作品だと思います。音を絵や図表で表すことで、作品の場面でのやわらかさ、あたたかさ、温度、あかるさなどを全体的に感じられるようになった。

・初め主人公の「わたし」はピアノと会話をしているのだと感じたのですが、ピアノを含めた空間と会話をしているように感じました。散乱していた譜本や蔓草や栗の木……そこにあるもの全てがピアノを通して会話をしたように思います。最後にある落葉もピアノの音のような働きをしていると考えました。サウンドマップなどの作業を通して、全体的なぼやっとしたものから、細かい部分まで、虫めがねで見たかのような発見ができました。

・音を図表で表すことによって、より作品の世界を具体的に想像することができるようになったと思う。音という聴覚だけでなく、視覚や嗅覚も刺激を受けて、より空気感を得ることができた。

三．結果と考察

ほとんど全ての学習者が臨場感をもって、「ピアノ」の空間に入りこんでいる様子を見てとることが可能である。また、結果ではなく過程を大切にしている様子も窺える。ピアノや「わたし」に情感を動かされながら寄り添う体験をしつつ、小説空間における受容を客観的に提示し、見せ合うことにより、自分の読みや考えを深めている。数名の学習者は「初読の感想とサウンドマップ作成後自分の読みに変化はなかった」と書いている。ただし、その学習者においても、自分の初読が何に由来するのかが明確になり、その読みは深まっている。サウンドマップの有する主観的な感覚の受容を客観的に示すことができる特性が〈文学サウンドマップ〉においても発揮されているといえよう(5)。

このような結果から、「ピアノ」を読む授業において〈文学サウンドマップ〉を利用することの有効性を確認することができた。

四．おわりに

「ピアノ」を読む授業において〈文学サウンドマップ〉を利用する有効性は確認できたが、その方法については検討の余地がある。現職の中学高校の国語教員に〈文学サウンドマップ〉を作成してもらった際は、環境分野で使用されているサウンドマップの作成方法を説明してすぐに「ピアノ」の〈文学サウンドマップ〉の作成に取りかかってもらった。結果、〈文学サウンドマップ〉の有効性を証明しうる活動が可能であった。しかし、本章で紹介した授業においては、いきなり〈文学サウンドマップ〉を作成するのは難しいと判断し、「マップ作成」を念頭に入れつつ、まずは結末の「音を保っていた」という「ピアノの音」に特化し、絵画・図表化する活動を挟んで、〈文学サウンドマップ〉を作成するという手順を踏んだ。学習者の発達段階や習熟状況に応じて、授業者は工夫を要する。その工夫の仕方も詳細に検討しなくてはならない。

また、学習者たちの活動の分析も進んでいないし、目指すべき〈文学サウンドマップ〉の在り方も明確ではない。「ピアノ」の学習活動について言うならば、しっかりと作品に寄り添いながら、かつ感覚という主観的な部分も発動させながら理解するという、主観と客観の関係について注意しなければならないことは確かだ。〈文学サウンドマップ〉作成に際しても主観に陥ることがあってはならない。「わたし」と「ピアノ」とが「心の交流」を果たしたように、読み手もまた自己の言語世界を越えて、作品との「交流」を体験しなければならないのだ。

授業で取り上げる小説のすべてにおいて〈文学サウンドマップ〉の利用に有効性があるかどうかについても留

保が必要である。どのような作品において、どのように利用すれば〈文学サウンドマップ〉がよりよい、有効な手段となり得るのか。これらのことについては今後の課題としたい。

註

（1）『新選現代文〔指導資料〕』（右文書院、二〇〇五・四）

（2）「ピアノ」の読みについては蔦田明子「芥川龍之介「ピアノ」――「荒廃」の風景をいかに見るか、聞くか――」（『水月』二〇一五・四）も参照されたい。

（3）石井晧「サウンドスケープと環境教育」（『日本音響学会誌』一九九六・一〇）、土田義郎「環境を耳から感じとる――ワークショップ事例の紹介」（『エコソフィア』二〇〇二・五）、曽我部行子・大庭照代「サウンドマップで診る「人と自然との豊かなふれあい」」（『日本サウンドスケープ協会二〇〇一年度研究発表会講演論文集』二〇〇一・一一）など。また、サウンドマップについては小島望「サウンドマップが示す芸術と科学の関係性」（『水月』二〇一五・四）も参照されたい。

（4）大橋良介は『聞くこととしての歴史――歴史の感性とその構造』（名古屋大学出版会、二〇〇五・五）のなかで「場所としての言葉」を「物語を語る語り手は、まずは「事柄の語り」に耳を傾けている。それは、人間が言葉を発するということのさらに根底に、人間が自分の主観から立ち出て事柄のもとに出かけ、これに習うという事態があることを示唆する。そうであれば、言葉の主体は人間だとしても、その人間の在り方は、単に人間主体という観点からではなくて、人間がそこで事柄と出会うような「場所」の観点からの省察を必要とする」と指摘している。

（5）空間性を臨場感を持って感じられるようになるなどのサウンドマップの効用は、文学サウンドマップのそれと重なりを見せることからも、文学空間においても〈サウンドマップ〉を作成することの有効性を確認することができる。

付記

「ピアノ」の本文は、『新選現代文』（右文書院、二〇〇五）に拠った。

第九章　〈文学サウンドマップ〉を利用した指導法②

――「にじの見える橋」「アイスキャンデー売り」――

一．「にじの見える橋」

杉みき子「にじの見える橋」は、教育出版『改訂中学国語1』（一九八四）と光村図書『国語1』（二〇〇六）に採録された。単元は「新しい世界へ　言葉を楽しみ、作品に親しむ」、「学びをひらく」。『小さな町の風景』（偕成社、一九八二）所収の「物語」で、「少年」が「このところ、なにもかも、うまくいっていない」と考えている場面から始まり、「にじ」を見る経験によって、「少年はふと、初めて自分のことを恵まれたものに感じた」と書かれる心情へと変化していく。その心情の変化（「いらいらする様子」から「わくわくする様子」）が同じ「足踏み」という動作によって示され、行動描写から心理を読むうえで、有効な作品であり、教科書を読む生徒と同年代の少年を主人公とした、「中学生にとって共感的に受け止めやすい[1]」内容となっていると言えるだろう。

まずは、『学習指導書』（光村図書）に従い、基本的な学習展開の流れを確認しておこう。本作は「中学校で出会う最初の物語であり、これまでの学習状況を踏まえ」ながら、描写には、「行動」「心情」「情景」があることに気づかせ、本文から「少年」の行動描写と心理描写を抜き出し、「少年」の気持ちの変化を、「にじ」を見る前と後に注意しながら読んでいく。そして、「少年にとっての「にじ」のように、何かと出会うことによって、自分の気持ちが変わった経験」を思い出し、話し合ってみる場を提供することで、新たな発見や共感を促す[2]。

ここでまず留意しなくてはならないのは、この「物語」の題名が「にじ」ではなく「にじの見える橋」であるという点である。そこに示されているのは、人との関わりであろう。「にじの見える橋」において「少年」は「にじ」を一人では見ていない。「少年」は「子供たち」と共に「にじ」を見ており、そして、「友達」と一緒に見ようと「足踏みしながら」待っているのだ。そもそも、「少年」が「にじ」を発見することができたのは、「子供たちの声」が「さけびになってひびいてきた」からだった。つまり、この「物語」を読むうえで「少年」の気持ちを単独で読むだけでは十分ではない。『学習指導書』では、「教材の研究」で「いっしょににじを見た子供たちの存在など、登場人物の行動を丁寧に追いながら、心情の変化を読み取らせたい」とあり、第一次の「登場人物や物語の展開を確認」する「学習活動」の「指導上の留意点」のなかで「「少年の友達」「小さい子供たち」「かさをすぼめた人たち」が登場することを確認する」との指摘はあるものの、それ以降の展開（学習活動）ではこれらに触れられる箇所は皆無である。本章においては、それを補完する意味でも、この「子供たち」と「かさをすぼめた人たち」そして、「友達」について論じていく。

加えて、静的に現れている「にじ」現象が、「少年」の気持ちに変化をもたらしたわけではない。本文にもあるように、「にじ」は「大空のドラマ」であり、その「ドラマ」に「少年」たちの行動が関わり、「にじ」がかかる（「ドラマ」性をはらんだ）運動に「少年」の気持ちが連動していく。このように人と共に場所との関わりも大事であり、本作はその場所と少年の行動との関わりが心情と共に表現された「物語」である。そのような「物語」のダイナミズムの生み出す臨場感を「共感」をもって読むことによってこそ、「少年にとっての「にじ」」体験と似た経験を話し合う発展的な学習活動の意味も生まれてくるだろう。そのときに語られる言葉は、いわゆる「説明的な文章」ではなく、「文学的な文章」を読まなければ経験することのできない交流の場となる。大橋良介はこのような言葉を「場所としての言葉」[3]と呼ぶ。「物語を語る語り手は、まずは「事柄の語り」に耳を傾けている」。それは「世界―内―言語」と示しうる「いったん成立した」ものとは異なり、「世界―起―言語」と表しうる言葉であり、「聞く」ことによって初めて経験しうるのだ。この大橋の説明に従い、私達も「にじの見える橋」の空間に響く〈音〉に耳を澄まさなければならない。この「物語」内に響くのは、前述したように、「子供たちの声」だ。

思えば、『学習指導書』では、「物語」内の空間、いわば「情景」「風景」の読みが少ない。例えば、「少年の行動描写や心理描写を見つけてワークシートに書き込み、そこから読み取れる少年の気持ちを考える」という「学習活動」があり、ワークシートの記入例は次のように示されている。

行動描写	心理描写	情景描写	少年の気持ち
・手さげかばんを… ・自分の歩みに…どうでもいいような目で眺めていた。 ・そんなことにさえ…小さく足踏みした。	・雨がやんだことに…考え事に心をうばわれていたのである。 ・このところ、なにもかも、うまくいっていない。 ・雨は、自分の上にばかり…	・雨がやんだ。 ・頭上の雲が切れて、わずかな青空がのぞく。 ・黒くぬれたアスファルト	・考え事をしている。 ・なにもかもどうでもいい。 ・うまくいかないことばかりでいらいらしている。

確かに「黒くぬれたアスファルト」は、「アスファルトの道が雨にぬれて光っている」情景であると「同時に少年の心の暗さも表現している」と言えるだろう。だが、「雨がやんだ」ことや「雲が切れて」、「青空がのぞ

く」情景は、「少年」が「なにもかもどうでもいい」と考え、「うまくいかないことばかりでいらいらしている」ことを表してはいない。

「表現の特色」を説明する箇所で、「情景描写について」の項があり、「冒頭にある「雨がやんだ。」「頭上の雲が切れて、わずかな青空がのぞく。」の二文はこれから始まる物語の展開を暗示している。」と指摘されるものの、「「青、黄、緑、太いクレヨンでひと息に引いたような線が、灰色の空を鮮やかにまたいでいる」のように、色彩の豊かな描写も印象的である。」と印象のみが説明されている。

先に本章では、「少年」以外の人間について論じていくと述べた。それは、この作品の空間とそのなかで生みだされている（言葉で表現されている）ダイナミズムを読むことを意味し、その作業を通じて、「少年」に深く「共感」する読書体験が明らかになると考える。本文を読んでみよう。

手さげかばんを平たくして頭にのせ、学生服のズボンのすそをたくし上げて、小走りに急いでいた少年は、しばらくの間、雨がやんだことに気づかなかった。考え事に心をうばわれていたのである。

黒くぬれたアスファルトの歩道を歩きながら、自分の歩みにしたがって飛び散る小さなしぶきを、少年は、どうでもいいような目で眺めていた。

冒頭に初めて登場する「少年」の視点は下に向けられている。頭にのせられた鞄。目に映っているのは、彼自身のズボンのすそであり、飛び散る小さなしぶきだ。彼は閉塞状態にある。「黒くぬれたアスファルト」は、閉じ込められていると感じている、もしくは自分自身が自分自身を閉じ込めてしまっているかのような、うつむく彼の心理状態を示唆するのだろう。

しかし実際には、雨はすでにやんでいることが冒頭文に示されている。わずかな青空がのぞき、もしかしたら空にはすでに「にじ」がかかっているかもしれない。だが、閉塞状態にある彼は気づかない。「もっともっとずぶぬれになったら、かえってさばさばするだろう」とさえ考えている。そのような彼に「にじ」の存在を知らせたのは「小さい子供たち」であった。急に「子供たちの声」が「さけびになってひびいてきた」。

「にじが出てるよ。」
「にじだ、にじだ。」

「少年」が包まれていた閉塞状態を破るように、そこには「子供たち」のさけびが響く。彼らに促されて空を見上げると、「赤、黄、緑、太いクレヨンでひと息で引いたような線」があったのだ。「子供たち」のさけびによって発見できたこと、そして、そこに「子供たち」のさけびが響いていること。それが「にじ」を表す比喩と連動する。クレヨンで迷いなく、力強く描く。その運動の力から「少年」はエネルギーを得て、「ためらわず」「駆け」だす。閉塞状態にあり、下を向いていた「少年」の視線は上へ向けられ、空の「ほんの一部分」を見る。さらにその視野は「にじ」全体へと拡大する。この拡がりのダイナミズムも大事である。本作において、「にじ」は静的な現象ではない。「大空のドラマ」なのだ。そして、「少年」のこころは閉塞状態から「にじ」の拡がりとともに拡がっていく。であればこそ、「にじ」は「灰色の空を鮮やかにまたいでいる」と表現されているのだ。そして、「少年」は歩道橋で「はなやかな橋」を見る。「少年」が「駆け上った」歩道橋と「にじ」という「はなやかな橋」。二重うつしとなった〈橋〉（またぐ、駆け上がるというダイナミズムでも重なっている）では、「子供たち」の「思い思いの歓声」があがっている。

上を見て歓声をあげている「小さい子供たち」と対照的に「かさをすぼめた人たち」は「上も下も見ない」。「頭上の出来事に気づかない」。「少年」はどうだろう。「少年」は下を見ていた。そして、上も見ている。上も下も見る。そのことに気付いた彼は「自分のことを恵まれたものに感じた」のだ。

本作のなかに響く「さけび」「子供たちの歓声」に耳を傾け、作品空間を感じとり、「にじ」のダイナミズムとともに拡がっていく「少年」のこころの動きを「共感」をもって感受する。そのような読書体験によって、生徒たちは（「いったん成立した」既成事実をなぞるのではなく、「世界―起―言語」と呼ぶべき）「場所としての言葉」を自分のものとし、言葉によって「新しい世界」に触れ、「言葉を楽しみ、作品に親しむ」ことが可能となるのではないだろうか。そのためには、「少年」の心情を単体で考えるのではなく、時空に響いた「子供たちのさけび」に耳を傾け、そこから拡がっていくドラマを「少年」と共に体験する必要がある。

二．「アイスキャンデー売り」

続いて、もう一作品、「にじの見える橋」と同じく中学一年向けの教材で、作品内に響く〈音〉が重要であるにも拘わらず、「にじの見える橋」同様に、『学習指導書』では〈音〉についてあまり触れられていない作品を取り上げたい。立原えりかの「アイスキャンデー売り」は、『おやじの値段』（文藝春秋、一九八七）に掲載された「随筆」で、三省堂『現代の国語新訂版Ⅰ』（一九九〇）、『現代の国語Ⅰ』（一九九三）、『現代の国語Ⅰ』（一九九七）、『現代の国語Ⅰ』（二〇〇二）、『現代の国語Ⅰ』（二〇〇六）に採録されている。単元は「平和を願う」。

本作は、作者が小学生だった頃にやってきていたアイスキャンデー売りについて回想する形式を有する。アイスキャンデー売りは、四〇か五〇歳くらいの女の人で、無表情で無口にアイスキャンデーを売っていた。そして、お客がいなくなると、三つのアイスキャンデーをきちんと並べて地面に置き、隣にしゃがみ込んで、しばらくじっとしていたあとで、立ち去る。後に明らかになるのだが、彼女は空襲で子どもを亡くしていたのだ。

『学習指導書』を参考にすると、基本的な授業展開は、①アイスキャンデーを地面に並べるという一見、不可解なアイスキャンデー売りの行動とその心理を知る、②空襲で子どもを亡くした事実を知ったにも拘わらず「幽霊ごっこ」をしてしまった自分を含む小学生たちと、それを知ったときに「幽霊になって会いにきてくれるといいんだけどね」という言葉を発したアイスキャンデー売りの心理を知る、③小学生のときには作者は食べることができなかったというアイスキャンデーの象徴性、これを回想している作家が「食べておけばよかった」と書くその気持ちを理解する、そして、④広く「平和」に関する資料を読んで、感想や意見と共に友達にそれらを紹介する、となるだろう。

『学習指導書』では、本作の主題である作者の平和の願いは、結末の文「二度とないように」に込められているとする。[4] ここで注意したいのは、作者の「アイスキャンデー売り」の回想は、「ちりんちりんと鐘を鳴らすのがアイスキャンデー売りが来た合図です」に始まり、「ちりんちりんと鐘を鳴らしながら、心の痛みを抑えていたにちがいない女の人に、小学生たちが出会う夏は、二度とないようにと思います」に終わる、ということだ。つまり、この「随筆」は「ちりんちりん」に始まり、「ちりんちりん」に終わるとも言い換えられるだろう。確かに、冒頭の「ちりんちりん」はアイスキャンデー売りが来た合図であり、小学生当時の彼女の耳に何度なく繰り返し届いた音であろう。だが、結末の「ちりんちりん」はそれ以上の意味をもつ。だからこそ、「こころの痛みを抑えていたにちがいないアイスキャンデー売り」ではなく、「こころの痛みを抑えていたにちがいない女の人」と言い換えられているのだ。そのように考えると、作家の平和の願いを「共感」をもって受けとめるのは、

「二度とないように」という言葉だけではなく、響くことのない「ちりんちりん」という鐘の音をどのように深く受容するか、という点にもあると考える。

更に言うならば、この、本作の主題である平和の願いが込められているとする「心の痛みを抑えていたにちがいない女の人に、小学生たちが出会う夏は、二度とないようにと思います」という結末に――物語の論理や整合性上――違和を覚える読者は少なくないのではないだろうか。典拠となる日本エッセイスト・クラブ編『'87年版ベスト・エッセイ集　おやじの値段』（文藝春秋、一九八七）をひもとくと、そこの部分は「ちりんちりんと鐘を鳴らしながら、心のいたみをおさえていたにちがいない女の人に、小学生たちが出会うことも、もうないでしょう」であったことが判る。教科書に採録する際に、平和の願いが生徒たちに、直接、わかりやすく伝わるようにとの配慮から改変されたのだろうか。確かに「二度とないように」という言い回しは直接的であり、大雑把な言い方をすることを許されるならば、説明的な文章としては主張する内容を理解しやすい、明快な表現であると言えるだろう。しかし、文学的に言うならば、ここは「二度とないように」ではなく、「もうない」であったとしても、「平和の願い」を読み取ることは可能である。そのためにこそ、「ちりんちりん」の音に耳を澄ます必要がある。

その〈音〉は「もうない」、つまり鳴り響かない〈音〉であるがゆえに、意味がある。最初に示される、アイスキャンデー売りの来た合図としての「ちりんちりん」は、かつて小学生だった「私」の耳に響いていたものだ。その響いていたはずの〈音〉は、死んだ子どもを悼む痛みが込められていた。しかし、小学生であった「私」はそれを聞き取ることができなかった。今、「おいしく作られて、清潔にパックされたアイスキャンデー」は存在する。そうだとしても、その「アイスキャンデー」と「アイスキャンデー売りの売っていたアイスキャンデー」とは別のものなのだ。小学生の自分が聞いていた「ちりんちりん」と、それを回想しながら「もうない」

と考える「私」が「アイスキャンデー売り」の作品のなかに最後に書く「ちりんちりん」の〈音〉とが異なるように。

空襲で死んだ子どもたち、幽霊遊びをする子どもたち、幽霊にならない子どもたち、食べられなかったアイスキャンデー、食べることができるようになったアイスキャンデー、過去のなかの過去と現在、現在と過去、失ったものといま存在するもの、それらを多層的に接合するものとして、この〈音〉があるのだ。そして、その〈音〉は、究極的にはもう聴くことができないし、「アイスキャンデー売り」の作品のなかにも響くことはない。響かないことに意味があるのだ。それが「痛み」を知ることができなかった「私」の痛みにつながり、直接的に（安易に）「アイスキャンデー売り」であった「女の人」の理解できなかった「痛み」に少しだけ触れた（しかし、しっかりとは理解できなかったかも知れない。彼女はそのアイスキャンデーを食べることも叶わず、幽霊ごっこに興じてしまったのだから）、「私」の「痛み」を理解できると考えるのではなく、「アイスキャンデー売り」の「痛み」を伝える〈音〉として、聞き入ることができる。決して語り得ない他人の痛みを伝える、聞こえない〈音〉。作品内には鳴り響かない〈音〉に耳を澄まし、聞き入ることに意味があるのではないだろうか。そこに「平和の願い」を読み取ることも不可能ではないし、発展学習としての「教材を通じて思いを伝える」ことにも繋がっていくだろう。

戦争の悲惨さ、「平和」に関する資料により多く触れることは確かに「平和を考える」うえで有効であろう。但し、どれだけ量的に多くの資料を読みこなしたとしても、そこから導き出される「戦争は悲惨だと思いました」「平和はたいせつだと思いました」という感想や意見が外側の整合性だけを求める空疎な内容では意味がない。そのようにならないために、本作のなかの〈音〉に耳を澄まし、その〈音〉を感じ取ること、また他のひとがどのように感じとったかを聞き、またその意味について考察を深める授業時間があってもよいと思う。

その方法の一つとして、〈文学サウンドマップ〉の利用を提案したい。筆者は〈音〉に留意して「物語」を読む一例として、芥川龍之介「ピアノ」を対象に〈文学サウンドマップ〉を利用した授業を展開した。[5]「ピアノ」では、震災後に打ち捨てられたかのように存在するピアノが荒涼とした戸外で音を立てるのを耳にした主人公「わたし」が、最初は不気味に感じるが、次に耳にしたときには「震災以来、誰も知らぬ音を保っていたピアノ」の〈音〉に微笑する。種明かしとして、栗の実が鍵盤のうえに落ちた事実が示されるが、そのピアノの〈音〉は、栗の実が鍵盤に落ちて鳴らしたか否かは「どちらでも好かった」と書かれている。もちろん、「わたし」の〈音〉による心境の変化も、「わたし」の内部だけで単独でおこった変化ではない。気の持ちようではないのだ。「ピアノ」の空間のなかに入りこみ、臨場感をもってその空気や音を受容することによって、そして、それを客観的に示しあって考えを深めることによって、「わたし」の気持ちの変化にも寄り添うことが可能になるのではないだろうか。このように〈音〉は、過去と現在と未来、そして「自」と「他」とを接合する。もちろん、私たちは体験していないことに接近することはできない。その意味で正確に理解することは不可能だろう。そうであればこそ、ヴィトゲンシュタインは「語り得ないことについては沈黙せねばならない」と言う。しかし、こう続ける。「それについては聞き入ることのみができる」と。[6]

これらのことから、「にじの見える橋」「アイスキャンデー売り」においても、また「文学的な文章」においては特に、その空間に響く〈音〉を軽視してはならないと考える。

註

（1）『中学校国語学習指導書1上』（光文図書、二〇一二・二）

（2）註1に同じ。
（3）大橋良介『聞くこととしての歴史――歴史の感性とその構造』（名古屋大学出版会、二〇〇五・五）
（4）『現代の国語学習指導書〔学習指導と解説〕』（三省堂、二〇〇二・三）
（5）本書第八章を参照のこと。
（6）註（3）の大橋良介がこの言葉をもって筆を起こしている。また、結城正美が同書を引用しながら「聞く」ことを中心に据えた読みを展開している（『水の音の記憶』水声社、二〇一〇・六）。結城氏が立つエコクリティシズムとは筆者は立ち位置を異にするが、〈音〉や〈空間〉、そして〈言葉〉に注目する姿勢は軌を一にし、多くの示唆を受けた。

付記
「にじの見える橋」の本文は、『国語1』（光村図書、二〇一二・二）に、「蝉の声」の本文は、『国語3』（光村図書、二〇一二・二）に拠った。

第十章　文学空間に〈聞こえない音〉を聞く授業の理論と実践

文学的な文章の意義の一つは、チョムスキーらが指摘したような言語の創造性やヤコブソンらの詩的機能と分かちがたく結びついていることに由来する。そして、文学的な文章の特徴の一つは、「〈ない〉をあらしめる」ことであろう。小説技法ではヴェルヌの「～も見ない」「～も見ない」と否定する世界旅行を想起させもし、萩原朔太郎の「我の持たざるものは一切なり」もその一種に数えられよう。また、映像表現では不可能な「窓のない部屋」「ドアのない部屋」などのように、〈ない〉ということによって〈ない〉ものを存在させる記述も、その一例として連なる。また、文学的な文章によって創られた文学空間の更なる特徴として、〈音〉によって空間を生成する点も挙げられる。芥川龍之介の「かちかち山」を読んでみよう[1]。

> 童話時代のうす明りの中に、一人の老人と一頭の兎とは、舌切雀のかすかな羽音を聞きながら、しづかに老人の妻の死をなげいてゐる。とほくに懶い響を立ててゐるのは、鬼ケ島へ通ふ海の、永久にくづれる事のない波であらう。
> （中略）永久にくづれる事のない波は、善悪の舟をめぐつて、懶い子守唄をうたつてゐる。
>
> （傍線引用者、以下同様）

「かちかち山」や「舌切雀」「浦島太郎」など世界を〈音〉によって重ねて、次第に物語の空間が創られていく様をこの引用からも堪能できる。このように、〈音〉は小説空間を生成する核なのだ。

以上のことを念頭に、本章では、文学的な文章の重要な特徴でもある〈ない〉と〈音〉に注目し、特に文学空間に響く〈聞こえない音〉、〈届かない音〉がどのように体験でき、またその体験を共有できるかを、主に授業実践を通して考えてゆくことを目的とする。

一．届かない〈音〉、聞こえない〈音〉が響く文学空間

小川洋子は「死者や動物たちや草花たちの無言の声を言葉にする」姿勢を有していると表現してやまない作家である。[2] 彼女が小学校に入学してすぐに創作した話が原型になっていると推察できる[3]絵本『ボタンちゃん』（PHP研究所、二〇一五）も、物、静物、観念的な意味での死者といった声なきものの〈声〉や〈音〉に耳を傾けることで生み出された物語だ。『ボタンちゃん』では、アンナちゃんという女の子のとっておきのブラウスについている、ボタンホールちゃんと仲良しのボタンちゃんが、（視点人物ならぬ）中心的な視点物だ。あるとき、糸が切れて、ボタンちゃんは子ども部屋を転がっていく。そこでアンナちゃんが赤ちゃんのときに握っていたガラガラや、いまやくしゃくしゃに丸まったよだれかけや耳の半分とれたホッキョクグマがおもちゃ箱の裏やベッドの下で泣いているのに出会い、声をかけ、話を聞いてあげる。その後、帰還するも、最後にはボタンちゃんが付いているブラウスをもアンナちゃんは着られなくなる。ボタンちゃんは「思い出箱」にしまわれ、ガラガラたちと再会を果たす、という筋立てだ。物語は以下の一文で結ばれる。

ときどき、ガラガラが小さく、カシャ、と鳴りますが、アンナちゃんの耳にはもうとどきません。

「カシャと鳴ります」で止めず、アンナちゃんの耳にはもう届かないとしたことにより、〈文学的〉な味わいが深まっている。音は聞こえて初めて音として認識される。この〈音〉はアンナちゃんには聞こえない、存在しない音だ。しかし、その存在の不可能性を孕んだ〈音〉こそが、作品空間に響き、読者の耳に（脳内に／心に）届く。この絵本の読み聞かせの眼目の一つは、読者の耳にこの〈届かない音〉をいかに届かせられるかにあると言えるだろう。聞こえない〈音〉が、逆説的ではあるが、聞こえないことによっていかに強く響くか、読者がその響きを感じとる体験をいかに印象深くするか、それが肝要である。

同様のことは立原えりかの「アイスキャンデー売り」についても言える。同作は、『おやじの値段』（文藝春秋、一九八七）に収められた小品で、三省堂『現代の国語新訂版I』（一九九〇）、『現代の国語I』（一九九三、一九九七、二〇〇二、二〇〇六）に採録されている。単元は「平和を願う」。

本作は、「私」が小学生の頃にやってきていたアイスキャンデー売りのことを回想する形式を有する。冒頭は以下の通り。

小学生のころの夏休み、午後三時になるとアイスキャンデー売りがやってきました。空き地の木陰に自転車を止めて、ちりんちりんと鐘を鳴らすのがアイスキャンデー売りが来た合図です。

お客がいなくなると彼女はアイスキャンデーを地面に三本並べて置き、となりにしゃがみこんで、しばらくじっとしてから立ち去るという奇妙な行動をする。後に空襲で子どもを三人失くしていたことが明らかとなる。

跋文は「ちりんちりんと鐘を鳴らしながら、心の痛みを抑えていたにちがいない女の人に、小学生たちが出会うことも、もうないでしょう」である。教科書に掲載される際に、「ちりんちりんと鐘を鳴らしながら、心の痛みを抑えていたにちがいない女の人に、小学生たちが出会う夏は、二度とないようにと思います」と文章が変えられており、この変更が「二度とないように」という直示的な、説明的な文章の機能を生かすものであること、作者の平和の願いが「共感」をもって受け止められるか否かは、「ない」〈音〉をどのように深く受容するかにかかっており、それをすることなくあらすじだけを理解して「戦争は悲惨だと思いました」や「平和は大切だと思いました」という感想が、「共感」を伴わず、外側の整合性だけを求めて発せられてしまうならば、それは本作を読んだ甲斐がなく〈文学体験をしたことにはならず〉、単元がもとめる「平和を願う」は果たされず、発展学習としての「教材を通じて思いを伝える」ことにも繋がっていかないのではないか、ということは前章で既に指摘した。

そこで、本章では、この〈聞こえない音〉を聞くために、〈文学サウンドマップ〉を利用した読みの授業を例として示し、〈音〉を聞く文学体験の意義を考えてみたい。

二．授業展開例――「アイスキャンデー売り」を題材に――

授業を四次構成として立ててみた。まず、「アイスキャンデー売り」を読み、初読の感想を書く。次に、結末にある「ちりんちりんと鐘を鳴らしながら、心のいたみをおさえていたにちがいない女の人に、小学生が出会うことも、もうないでしょう」とある「ちりんちりん」の〈音〉がどのようなものであるか、絵画もしくは図表化する活動をおこなう。そして、作成した絵画もしくは図表を共有した後、今度は、作品「アイスキャンデー売り」のなかに響く音を、最初の「ちりんちりん」と二次の授業で絵画化した最後の「ちりんちりん」を中心に拾い、〈サウンドマップ〉を作成する。これらを四人の班に分かれて（何故そのような軸の項目を設定したのか、どのようなことが明らかになったのかなどを含めて）説明しあう。その後に改めて、本文を読み、どのような作品であるかを書き（その際には一旦すべての作業内容を消化し、気持ちをフラットにして読むよう指示する）、そして、最後に自分の初読の感想と比較、どのような変化が見られるかを考察する活動をおこなう。

第二次　最後の「ちりんちりん」を絵画化・図表化する活動

実際に授業をおこなった際に最後に示される「ちりんちりん」とはどのような音か、学習者が描いた絵とその説明を示す。

【図1】

【図1の説明】
ガラスを弾いたような音をイメージしました。左側上の黒く垂れているのが子どもの血、下の草が夏。右側上の白く垂れているのがアイスキャンデー。真ん中の丸いのがおばさんの心（ピンクとか青とか、アイスキャンデーの色）ガラス。その下の水滴が涙（血）。きっと鳴らすたびに心に血の涙を流したと思った。

【図2】

【図3】

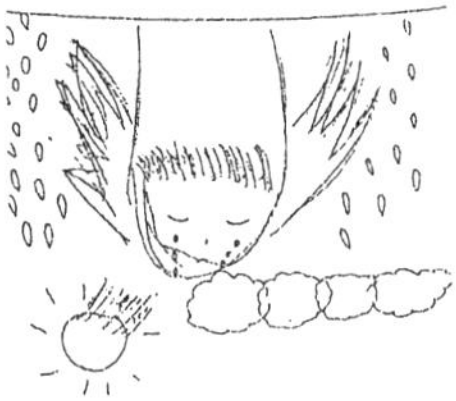

【図4】

【図2の説明】

イメージは悲しさと虚しさを表現しています。普通ヒマワリは太陽を見つめているけれど、ここでのヒマワリは見ていない↓現実（太陽）をみていないおばさん。うつむいて花びらを落とすヒマワリ↓涙を落とすおばさん。または地面にアイスを置きつづけるおばさん。

太陽はおばさんの子どもが死んだという現実と元気な子どもたちを表現しています。

【図3の説明】

私は「ちりんちりん」という音にこの女の人の3人の子どもが思い浮かんだ。自分の亡くなった子ども達に対してのさみしい気持ち、又、親として子どもが先に亡くなるという何とも言いようがない苦しい気持ちがこの音に隠れているのかなと思った。そして、団地の子ども達に「ちりんちりん」と音を鳴らしてアイスキャンデーを売りにくることで、少しでも苦しみから解放されようとしている？（自分が自分の子ども達にできなかった分、他人の子どもに優しくする的な？）あと、この音を鳴らして来ることが、自分の亡くなった子ども達への合図なのだと思う。

【図4の説明】

【図5】

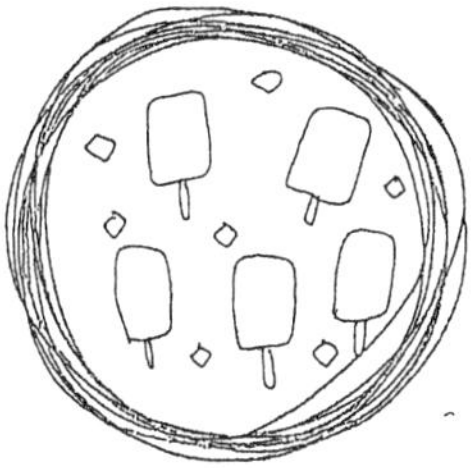

【図6】

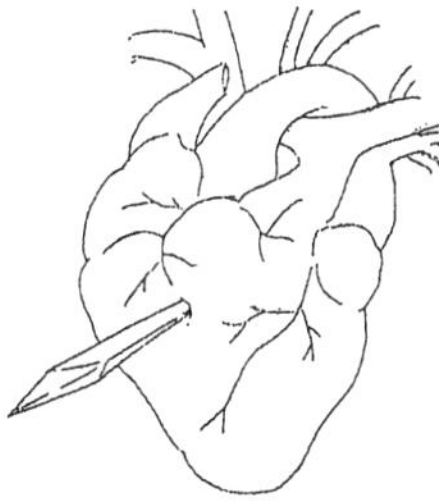

【図7】

夏の日差しがカンカンと照っている大地の一角だけひんやりした空気が流れ、そこに大粒の涙を流しながら大空へ羽ばたいていく天使の、その涙の1粒1粒が地上に舞いおりていく、その1粒1粒の音のように感じました。

【図5の説明】

アイスキャンデー売りの女の人を夏に咲くひまわりにたとえました。「ちりんちりん」という鐘の音は、とてもさびしそうで小さく消えていくようなイメージがしたので、花の葉が散るようすと結びつけました。また、ひまわりは、とても明るく元気のあるようなイメージがあるので、「心のいたみをおさえていた」の一文から、周りにはその姿を見せない様子を表しています。

【図6の説明】

アイスキャンデーを売っている女の人は、なにか闇が見えて、その人が来ると怖い気持ちがわくけれど、その怖さの中にアイスキャンデーを楽しみにしている「私」の気持ちを表現しました。

【図7の説明】

「ちりんちりん」はつめたくて、切ないイメージがした。でも、それだけではなくて、そのつめたさの中に温かみもある。この音は、女の人の心の音だと思った。彼女の胸の痛み、心臓はあかくて、毎日力強く生きているんだけど、そこにはつめたい氷の矢がささっていて、それは痛いんだけど、心地良くもある。

【図８】

【図９】

【図10】

【図８の説明】
夜の星＝暗→アイスキャンデー売りの心。心はとても暗くて死んだ子どもに会えなくて悲しい気持ち。星→輝き。もしかしたら死んだ子どもがかえってくれるのではないか（会えるかもしれない）と期待している。

【図９の説明】
誰かかが騒がしくしていたり、幸せにしていたりする陰で、少しの人にしか気づかれずにずっと「ちりんちりん」といるイメージ。女の心の一部が欠けてしまっていそうなので、花びらが一枚枯れている絵。女の人の存在感と花の存在感は少し似ている気がする。

【図10の説明】
アイスキャンデー売りの女の人が氷のかたまりに閉ざされた子ども達との思い出を持っている。女の人の手は温かくて、アイスキャンデーを買いにくる子ども達への優しさもあるけど、冷たい氷をずっと持っているのは手が痛くなるので、その痛みが女の人の心の痛みを表している。

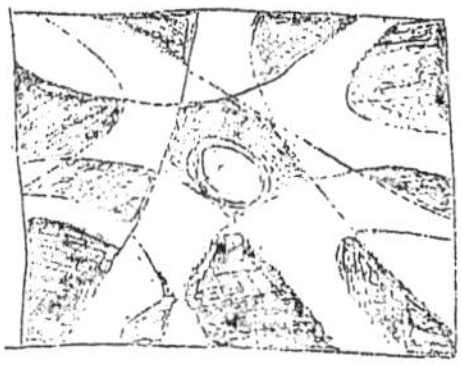

【図11】

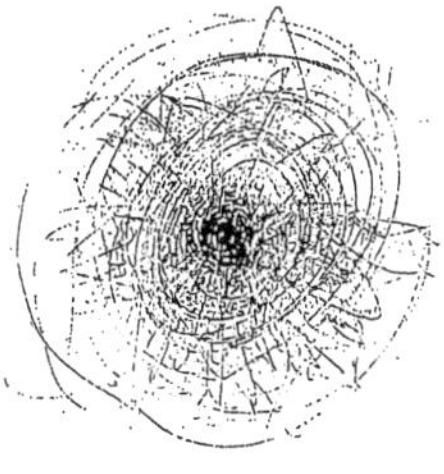

【図12】

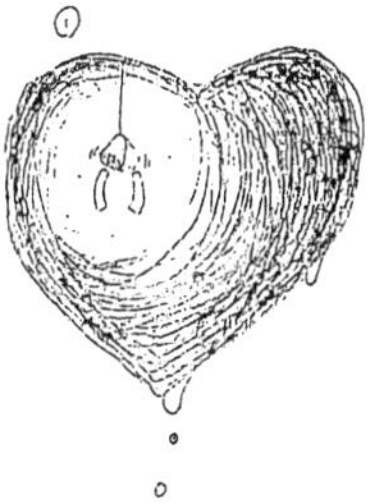

【図13】

【図11の説明】
真ん中の渦が「ちりんちりん」の音色が広がっていく様子。

【図12の説明】
心の奥底にずっと残ってしまって消えないイメージ。暗くてせつない「ちりんちりん」の音も小さく遠いところから聞こえる音。

【図13の説明】
アイス売りの女性の心をあらわしていて、最後の「ちりんちりん」が最初思ったよりもかなしく、さみしい「ちりんちりん」にきこえたので、心の中でさみしい音が響いているのをイメージして書きました。

【図14の説明】
音は大きくて明るくて高い音だが、鐘を鳴らす「ちりんちりん」の間に間がある。その間があることで、暗い、悲しいイメージを持った。現在「ちりんちりん」の音を出している語り手はアイスキャンデー売りの心情が分かるので、よりいっそう悲しい気持ちを感じている。1回、1回鳴らすたびに子どものことを思い出しているために間をあけていると考える。

【図14】

「心の痛みを抑えていたにちがいない女の人に」という箇所があるため、図4や図5、図7のように、アイスキャンデー売りの心情を表現する学習者が多く見られたが、心情に焦点をあてつつ、図1や図8や図10、図12のように空間の広がりや、温度、湿度を感じさせる絵もあり、また、その「女の人」の悲しい気持ちを受け止めている受け手の存在を意識して描いている図13、14などの例も見られる。どの学習者の図も、音はどのように響いたのか、響いているのか、読み手の内部や、作品のなかの情景などを客観的に、と同時に臨場感や共感をもって、表現しようとしている様子が伝わってくる。

第三次　サウンドマップを作成する学習活動

第二次の活動で他のひとが書いた絵とその説明を共有する。その後、サウンドマップを作成する。特に、冒頭に登場する「ちりんちりん」と結末に登場する「ちりんちりん」に留意しながら、必要と思われる他の音も書き込む。以下、学習者たちが作成したサウンドマップの例を示す。

【図Aの説明】

子ども達を表す○◇△…（白と黒色）は人数と個性を表すカタチ。はじめの「ちりん」はひびいているカタチ。■は緊張して固くなっている。おわりの「ちりん」はひびきがにぶい。（縦軸の）白—黒で、音の重さや軽さ、場面の印象、明るい、暗いをあらわした。（横軸の）静—騒で、音の響きかたをあらわした。

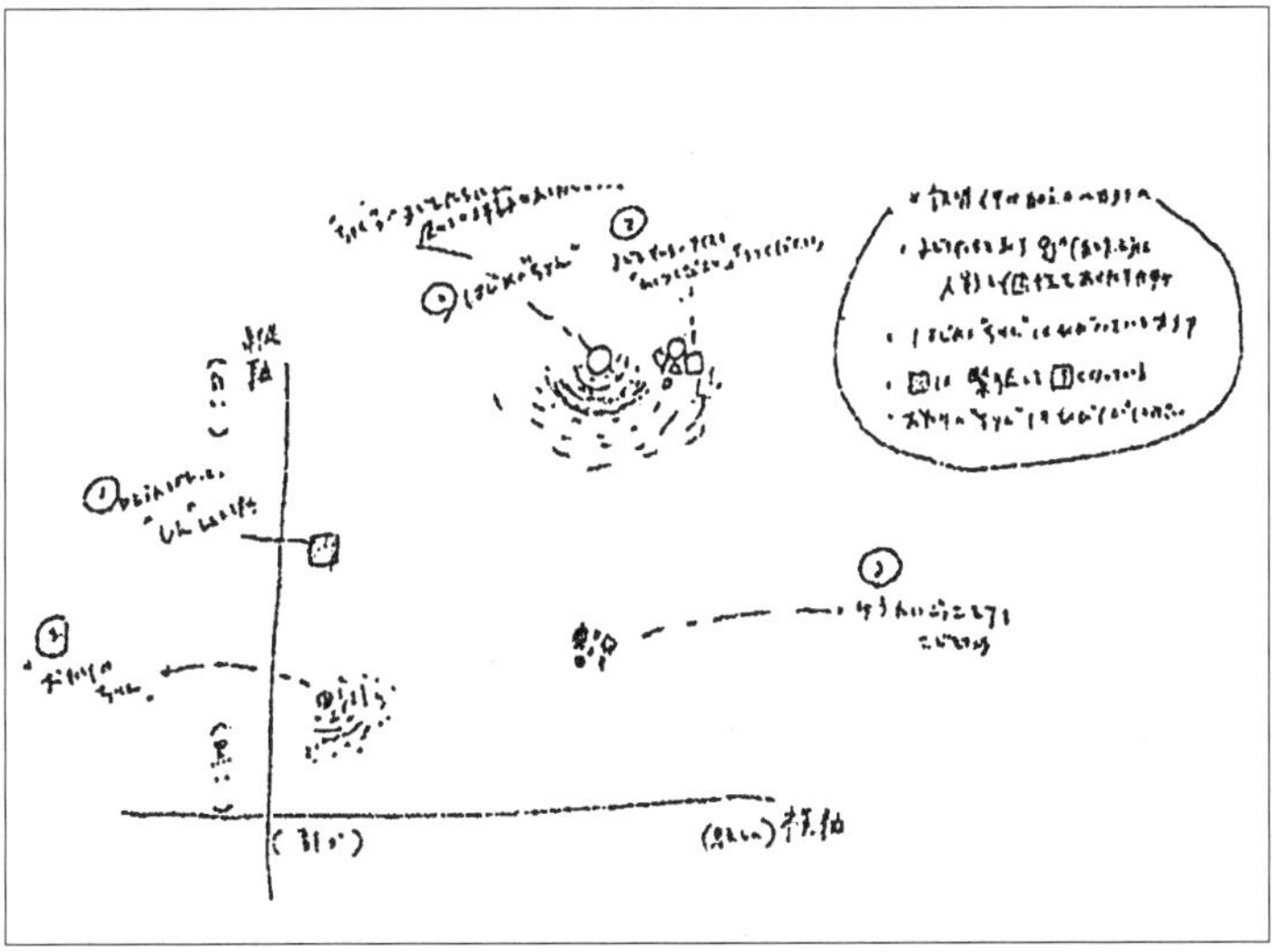

【図A】

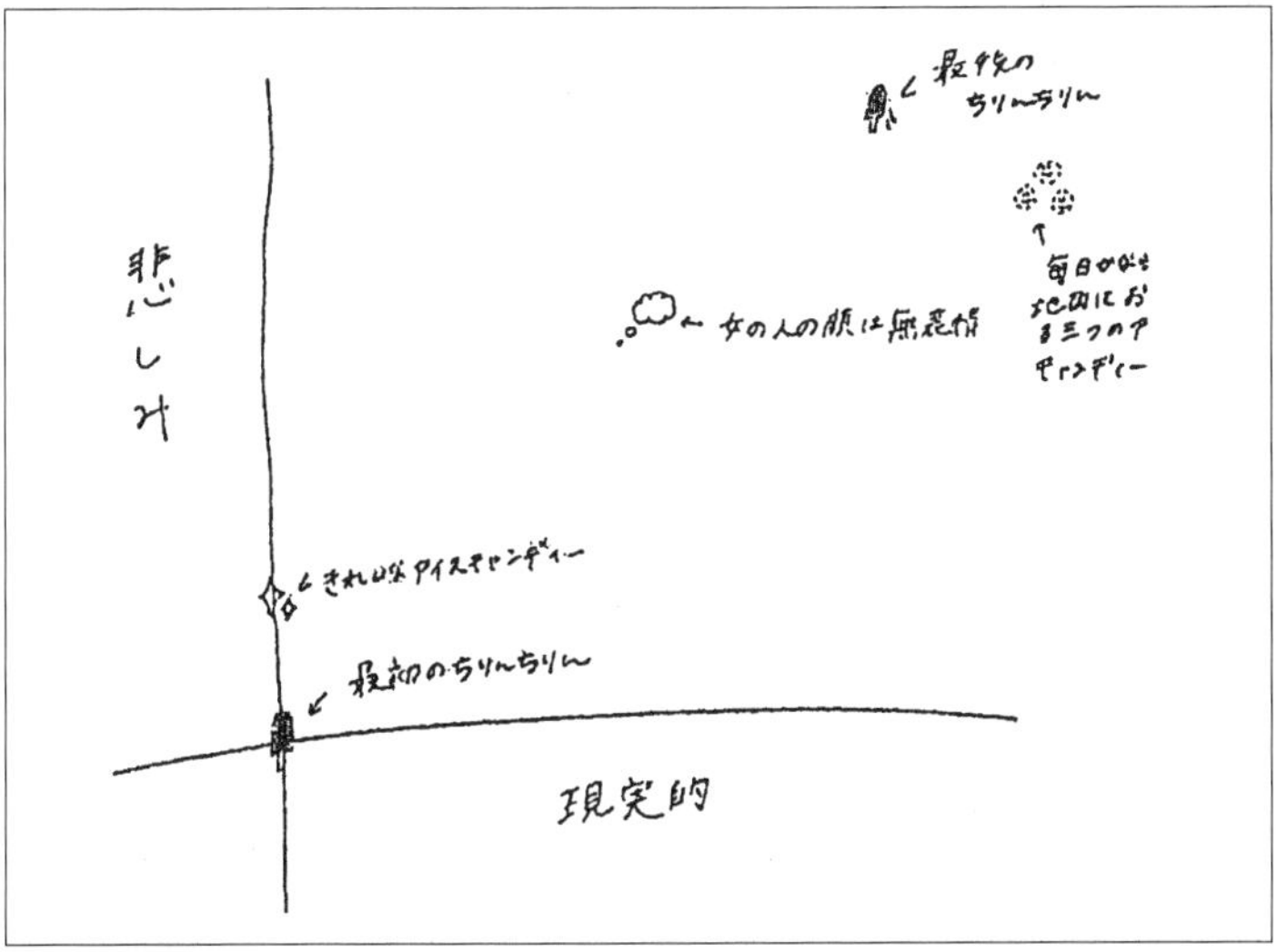

【図B】

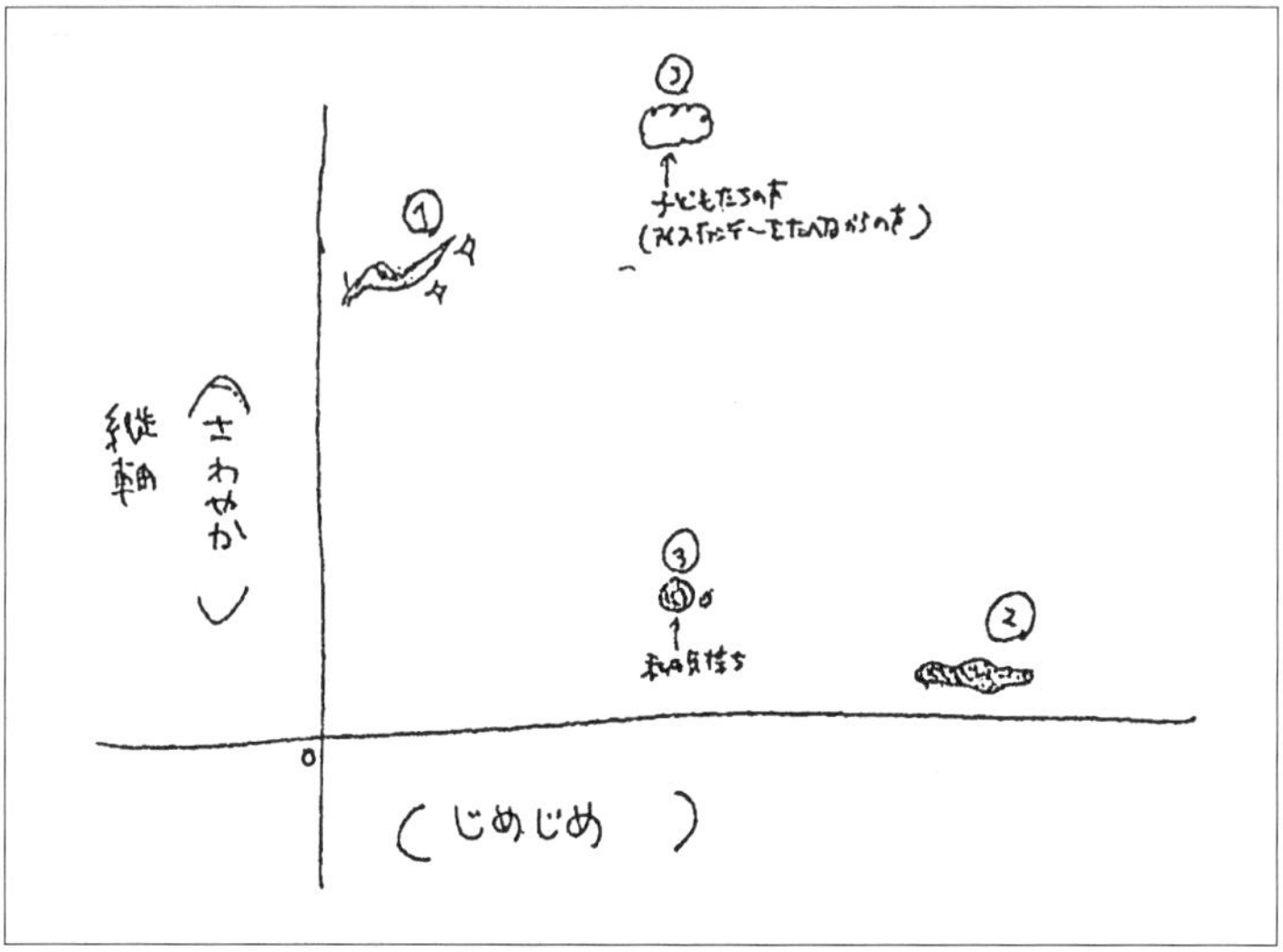

【図C】

【図Bの説明】

私は縦軸に悲しみを、横軸に現実的という項目をもってきた。なぜなら、最初と最後の「ちりんちりん」を考えてみると、悲しみの度合いが大きくなっていると感じたからと、この悲しみが生まれた原因を考えたら、現実を見るか否かだと思ったから。

【図Cの説明】

縦軸（さわやか）、横軸（じめじめ）。①一回目の「ちりんちりん」は比較的明るい（さわやな音）イメージ。「アイス売りにきたよー、おいでー」的な意味の「ちりんちりん」。②二回目の「ちりんちりん」暗いイメージ。↓（じめじめな気持ち）。もう子どもとは会えないと自覚したから、気持ちがじめじめ。③子どもたちの声。↓とても明るい。（さわやか度高め）。おいしく食べて、楽しんでいる様子。じめじめ度半分。（すべての子どもがアイスキャンデーを食べられていないと思う。お金がなくて買えないとか。）④あの時アイスキャンデーを食べとけばなーと思う↑後悔（じめじめ度高め）。

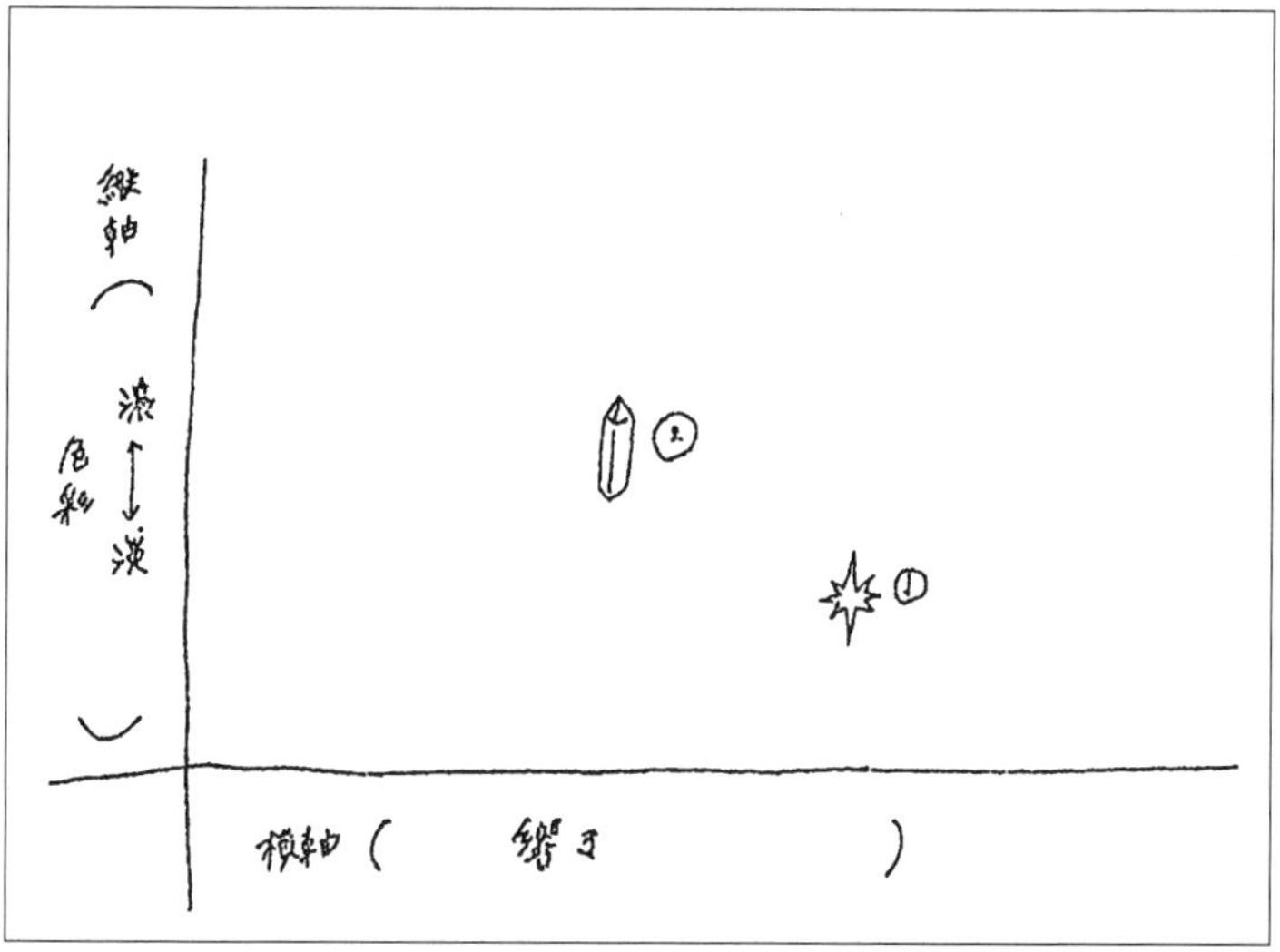

【図D】

【図Dの説明】

縦軸（色彩　濃⬍淡）、横軸（響き）。①は純粋な鐘の音で、子どもらによく響きわたる。色彩も濃いというよりは、空の音とか夏の爽やかさから淡いイメージがある。音がキラキラ輝いている感じ。②は、キラキラというよりは、もっと鉱質《ママ》的で、かたい感じ。響きも①のように全体に響きわたるのではなくて、「私」とか、誰かの心に響くというイメージがある。色彩はとても濃いというわけではなくて、子どもをなくした辛さとか、子どものことを思い出したときの心のあたたかみとか、いろいろなものが混ざり合って、①よりも色が濃いイメージがある。

【図Eの説明】

縦軸（音が発する気持ち）、横軸（大きさ（低さ）。星の形…最初のアイスキャンデー売りの鐘の音。アイスキャンデーの形…最後のアイスキャンデー売りの鐘の音。お化けの形…小学生たちが言っていた「ゆうれいが出る」というヒソヒソ。

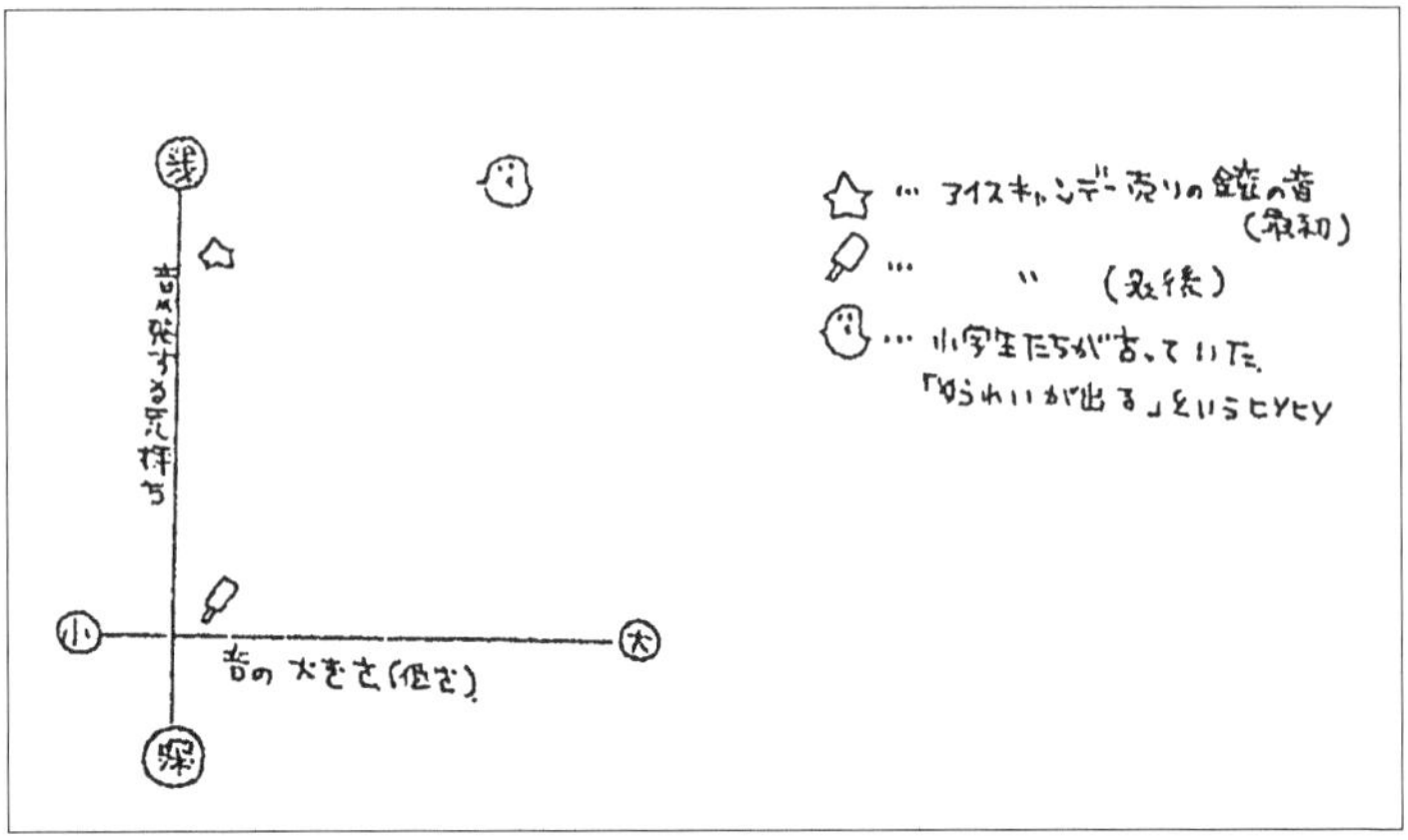

【図E】

【図Fの説明】

縦軸（語り手からみた音の重さ　重い⬍軽い）、横軸（リアルな音本物の鐘の音⬍「ちりんちりん」と口で言っている音）。「リアルな音」というのは、そのままで本文を読んでいて、最初の音は本物の鐘の音がイメージできたが、最後の音は、語り手が言っている「ちりんちりん」という声のままのイメージが浮かんだから。「語り手からみた音の重さ」というのは、女の人は子どもをなくしていたという事情や来なくなった事実を知る前と後では音の重さが語り手からすると変わっていると思ったから。

【図Gの説明】

縦軸（温度　高⬍低）、横軸（アイスキャンデーに対するわくわく感）。わくわく感はアイスキャンデーに対してのきもち。温度はその音が持っている温度。①最初の「ちりんちりん」は語り手が幼い頃に聞いていたアイスキャンデー売りに来たときの合図。ふわっとしていて、涼しげな音。自分はアイスキャンデーを食べられないけど、食べたらおいしいんだろうなという思いで少し高めのわくわく感。②最後の「ちりんちりん」は、女性の過去を知って、少し柔らかさの取れた音。アイスキャンデーに対するわくわく感が消えた

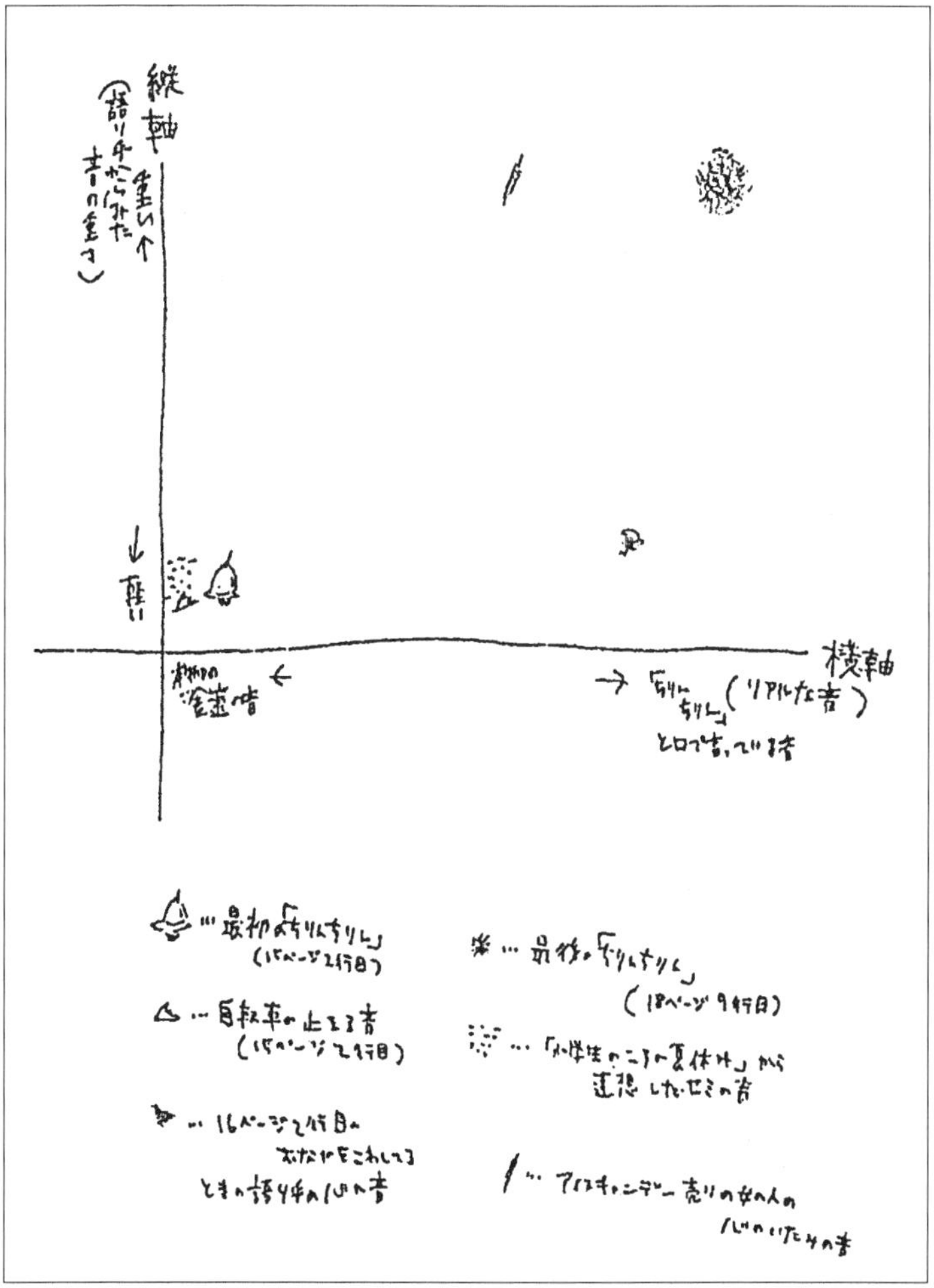
縦軸
重い
（語り手からみた
音の重さ）
軽い
横軸
「ちりん
ちりん」（リアルな音）
と口で言っている音
…最初の「ちりんちりん」
（15ページ2行目）
…自転車の止まる音
（15ページ2行目）
…16ページ7行目の
おなかをこわしてる
ときの語り手の心の音
…最後の「ちりんちりん」
（18ページ9行目）
…「小学生のころの夏休み」から
連想したセミの音
…アイスキャンデー売りの女の人の
心のいたみの音

【図F】

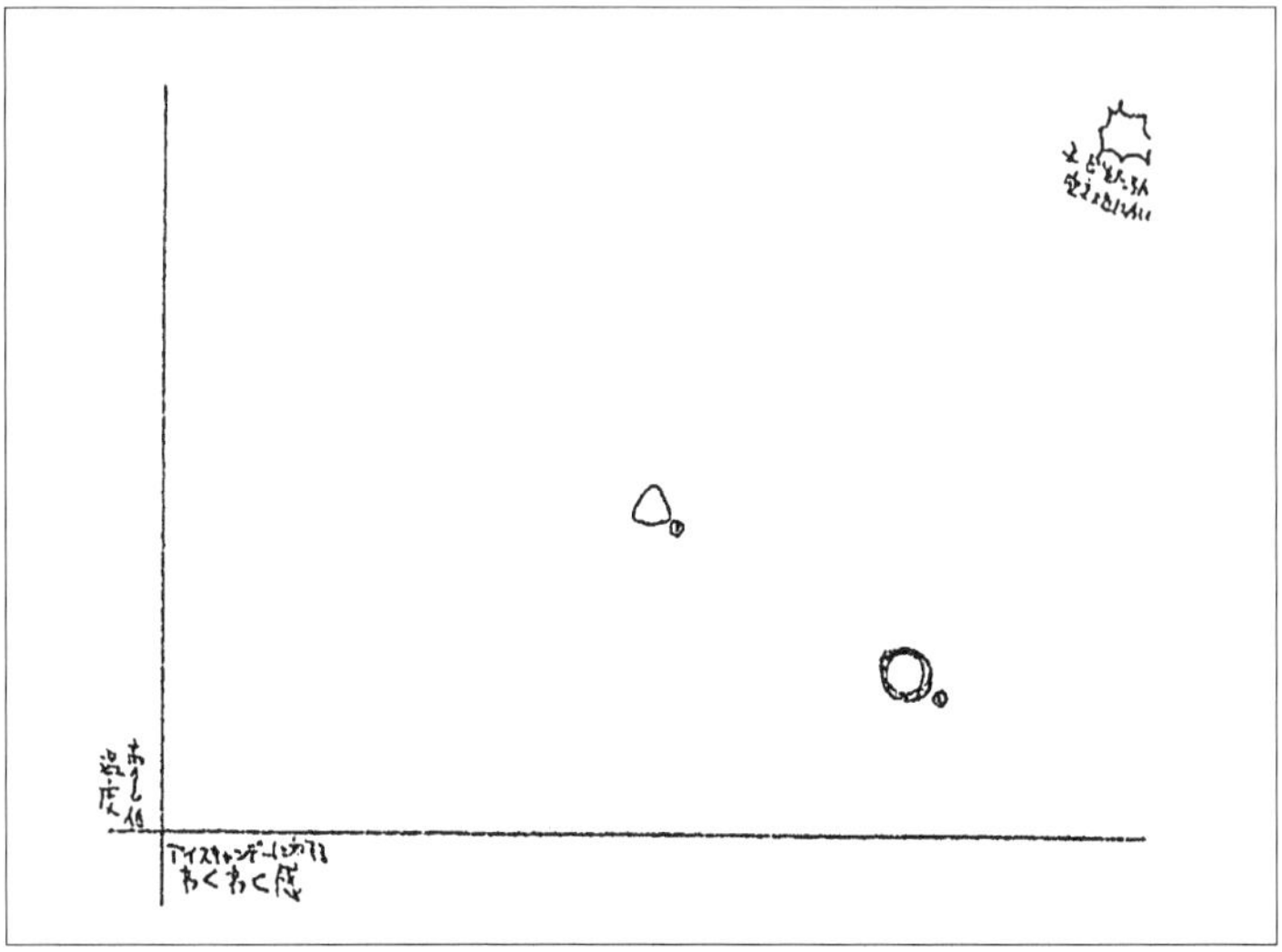

【図G】

わけではないけれど、少ししんみり。ただの涼しげな音ではなくなって、「人」の体温がその音に混じってぬるくなった。③子どもたちが空き地にかけつける音は、おかねをにぎりしめて走ってくる子どもたちのドタドタと走る音。アイスキャンデーに対するわくわく感はＭＡＸで、子どもたちの高い体温と夏の暑さで温度もすごく高い。元気な感じ。

サウンドマップでは心情に関する項目を軸とする学習者がも多く見られたが、色彩や温度、湿度、明暗など、内面の感覚や作品空間を感じさせる項目を設定している学習者も少なくなかった。

これらを踏まえながら、四次で学習者が書いた初読の感想とサウンドマップ後の感想の違いを読みながら、〈文学サウンドマップ〉の有効性について考えてみよう。

大きな変化が見られた点として、「アイスキャンデー売り」の女の人の心情について、より深く考えるようになった事が挙げられる。自身の変化について「アイスキャンデーを売りに来ていた女の人がどういう気持ちで売っていたのかが「音」について考えたことで、以前よりわかったように思います」や「おばさんの気持ちが深くまで考えられるようになった」と直接的に書く学習者もいた。

Aの初読の感想は「なぜ、アイスキャンデー売りはとつぜん来なくなったが気になりました」というものであったが、サウンドマップ後は「『アイスキャンデー売り』の心のいたみが伝わってきました。アイスを買いに来てくれる子どもたちと我が子を重ねていたのではないかと考えました。だからこそ、子どもたちから「ゆうれい」という言葉を告げられたとき、悲しいと同時に「いつまでも立ち止まってはいけない。前に進もう」という気持ちになったのではないかと思いました。」と変わっている。その変化について学習者自身は「初読のときに疑問に思っていたことに対しての答えを自分なりに考えることができたと思います。まだ正しい答えはわからないけど、1つ1つの言葉や音、変化など小さいことに注目して読むことで、見えなかった部分を見つけ読みとることができました」と評価している。

Bはサウンドマップ後に「暑い子どもたちの夏休みに、冷たさを感じるアイスキャンデーを売っていたおばさん。売る時もずっと無表情でだまったままで、おばさんの存在がアイスキャンデーに似ていると感じた」と書き、「初読の感想は子どもの無邪気さゆえに残酷な話だと思いました。おばさんの表情などまでは目を向けていませんでした」と振り返る。これらの記述から、表面的なあらすじ理解ではなく、「暑い」「冷たい」などの身体感覚でもって、アイスキャンデー売りの表情に気付く姿を見出せる。

Cは「初め読んだ時はただちょっぴりかなしい話だと思っていたけれど、女の人の気持ちを考えながら文章の中にある音について自分なりに分析してみると、かなしいだけではなく、女の人が立ち直るための工程の文なのではと思うようになりました」と書いている。〈音〉を足がかりに、文章を分析し、アイスキャンデー売りの心情の展開を考えた様子が示されている。

Dはサウンドマップ後に「「ちりんちりん」と鳴らすたびにアイスキャンデー売りの心は痛かったのかもしれない」と書き、その心情を分析した自身の変化に対し、「初読の時はおばさんかわいそうという目でしか見てなかったけど、サウンドマップ後は、女の人の心情に着目した」と評価する。

Eはサウンドマップ後に「今までアイスを渡す時も話さなかった女の人が、子どもの話をされると返事をした場面がとても印象に残りました」と書き、自身の変化について「初読の時はアイスのことがとても気になって切ない話だと思ったが、サウンドマップ後は、女の人の気持ちを考えて、最初何も気にならなかったところが印象的になっているなと思った」と振り返る。

Fは、初読では、「文章がですます調で一文が短く子どもが読みやすい」や「戦争のイメージが浮かぶ」などと書いていたが、サウンドマップ後には「アイスキャンデー売りの女の人はなぜアイスキャンデーを売り始めたのかが気になった」と書き始め、売りに来なくなるに至る心情の変化をとらえ、自身の変化について「初読のときは文のつくりかたばかり見ていたが、今回は女の人の気持ちを考えながら読んだみたいです」と分析する。作品を外側から鑑賞するだけではなく、作品内部に入りこみ、アイスキャンデー売りの女の人の心情に寄り添う姿を見出すことができる。

「私」から「女の人」への焦点の変化も見られた。

Gは「はじめに読んだ時はアイスキャンデーを買う子どもの立場から考えましたが、サウンドマップ後は、語り手とアイスキャンデー売りの女性の立場から考えたなと思いました」と書く。

Hはサウンドマップ後に「頭を真っ白にして読んでみても、文の中の色や音が無意識に出てきて、アイスキャンデーへのワクワク感というか、人の心の痛みが伝わってきた」と書き、「最初読んだ時は最初に出てくる「私」が主人公でしたが、サウンドマップ後に読むと、自分の中で主人公は「アイスのおばさん」に変わっていました」と記す。

Iは「初読の時と比べると「私」や「アイスキャンデー売り」の気持ちに入り込めるようになったかなと思います」と書く。

Jは、サウンドマップ後に「悲しみとか切なさとかだけでなくて、あたたかみとやわらかさが感じられた。女の人が小学生らのことばで傷ついたのかどうか分からないけれど、あのシーンは親の愛があるなあと思った」と書き、自身の変化について「初読の時は小学生のこととかに目が行っていたけれど、改めて読むと、全体の温度?のようなものが感じられる気がして、このお話全部を「ちりんちりん」という音が包み込んでいるイメージがあった」と記す。この記述から、アイスキャンデー売りの女の人の心情を、作品空間の内部とその広がりを感じながら理解している様子が見える。

反対に、「女の人」から「私」への広がりも見られた。

Kはサウンドマップ後に「最初、何も考えずに本文を読むと、ただ単に「私」の「あーしとけばよかった」という後悔の文章に思えた。「私」が成長して、アイス売りのおばさんの気持ちになっておばさんを思っているなーと思った」と書き、自身の変化について、「題名にもあるように、主人公はアイスキャンデー売りなのかと思っていたが、サウンドマップ後に読むと、「私」の気持ちなどから、「私」とアイスキャンデー売りの二人の話だと思った。」としている。人物を独立して捉えるのではなく、関係性について目配りをし、それらが存在する空間への感触が垣間見られる。

そして、大切な変化として、情景を具体的に体験するようになった点も挙げることができる。Mもサウンドマップ後に「なんだかその場の風景と共に音まで自分の頭や心に浮かんできて、まるで自分がこの物語の中にいるような気持ちになりました。アイスキャンデー売りの女の人の悲しみが痛いくらいに伝わってきました」と書いた。

Nは、初読では「たんたんとした印象を受けました」と書いていたが、サウンドマップ後は「語り手の女の人は「アイスキャンデー」を「たべておけばよかった」と最後に言っていますが、それは「アイスキャンデー」を食べたかったというより、心のいたみをおさえたままの女の人から買って食べるアイスキャンデーが食べたかったんだろうと思いました。二度と叶うことはないからこその後悔だと思いました」と書き、自身の変化について「最初はたんたんとした印象を受けたと書いていましたが、サウンドマップ後、後悔や心残りといった雰囲気が感じられて、より暗い物語のイメージに変わっていきました」と書く。「そして、私が気になったのが、「ゆうれいになって会いにきてくれるといいんだけどね」というセリフを言った女の人の表情をみなさんはどのようにとらえるかということです」と続ける。これらの記述から、キャンデー売りの心情を単体で考えるのではなく、作品空間に入りこみ、語り手に寄り添い、自身の問題として捉えている様子が見える。

Oもサウンドマップ後に「「心のいたみをおさえていたにちがいない」女の人とは対照的に真夏の太陽とアイスキャンデーのキラキラとかがやいている様子は女の人の影をいっそう深めています」と書き、自身の変化について、「主観的に女の人を考えていたのが、少し客観的になっているのに、物語に入り込めている感じがしました」と評価する。作品全体を感じながら、なおかつ主観的に作品のなかに入りこめるという、文学サウンドマップの特徴が生かされていることが窺える。

Pはサウンドマップ後の感想として「女の人はちりんちりんと鐘を鳴らしながら来るけれど、心の中は空っぽで、自分の鐘の音がすりぬけていってそうだなって思いました。鐘の音でやっと自分の存在を周りに知らせることが出来ているのではないでしょうか。3人の子どものゆうれいに近い存在感のような気がしてしまいます。」と書き、自身の変化について「最初は、女の人の存在だけが強く感じられて、物語全体が切ない気持ちでうまっている！と思ったのですが、サウンドマップ後は、女の人を含めて、全体が無に近いというか、空気のような話だなと感じました」と書く。小説空間を臨場感をもって捉え、自分の感覚でもって表現する様子も伝わる。「初読と変わったのは、音を想像することで、本文から情景をイメージできたことです。暗い中にも人と人が暮らしていることがイメージできました」と書く学習者もいた。

ほとんどの学習者が生起する作品空間を、自身の感覚を生かしながら捉えようとしている様子を見てとることが可能である。また、それにより、結果ではなく、過程を大切にしている。「私」や「アイスキャンデー売り」の女の人に情感を動かされながら寄り添いつつ、客観的に捉え、それらを提示しあうことで、自分の読みや考えを深めている。

このような結果から、「アイスキャンデー売り」を読む授業においても、〈文学サウンドマップ〉を利用することの有効性が示された。〈音〉に注目することにより、自身の内部を総動員する受容でありながら、作品空間として生起される空間の生成でもある情況を体験することができる。

三．〈いま―ここ〉にある〈主体〉

青嶋康文は、鷲田清一の教材「ふわふわ」[4]を「インターネットやコンビニに依存したいまの消費社会の中で、「『ここ』という場所の感覚が消え」浮遊する自分について語った評論である」と捉え、「鷲田の指摘するような時代をいまの高校生は生きている」として、「主体性」を発揮する場面が少ない現代における、教材としての「舞姫」の価値を実践例と共に示している。[5]また、加藤夢三は、量子力学による二〇世紀の大規模なパラダイムチェンジのなかで、唯一無二であったはずの「私」が抱く〈偶有性〉の感覚が現代人を貫く一つの鋳型になっていると論じた[6]。現代において「いま―ここ」にある〈主体〉をいかに実感し、確立（深化）しうるのか、文学や「国語」教育の現場においても、そのことを考える手がかりが求められている。そのために量子力学的な知見を活用したSF的な小説を読むことのみが求められているわけではない。「私小説」的な小説でも、鼓膜を打たない、視神経は直接には刺激されないという意味で「前―テクノロジー」な活字の集積である言葉の不可能性を利用して、小説空間が生起しつつある際の〈音〉に耳を傾けることによって、「いま―ここ」にある〈主体〉と向き合う読書体験は可能となるのではないだろうか。このことを考えるために最後に乙一の「失はれる物語[7]」について触れておきたい。

「失はれる物語」は、齟齬をきたしはじめた夫婦生活を送っていたある日、夫が事故により、右腕の肘から先の感覚以外の感覚を全て失ってしまう話だ。音楽教師をしていた妻は、その夫の腕を鍵盤に見立てて曲を奏でるようになる。そのため自然、「私」の存在する空間は（「濃い暗闇」のように）「闇」として示され、その際（「音のない暗闇で」「光の刺さない深海よりも深い闇」のように）音、光と共に示されている。また、後半になるに従い、暗闇の静けさの表現が「音のない」から「無音」へと変化する。

光や音を利用せず、〈闇〉の空間を、「私」のいる闇の実体を、語ることは可能であろうか。闇そのものを描写することはどのように可能であろうか。

見ることも聞くことも出来なくなった「私」であったが、腕をピアノの鍵盤に見立てて演奏されているうちに「彼女の細長い指が、暗闇の向こう側に透けて見える」（傍線引用者）ようになり、音のない演奏を通して、「私」は演奏を聞き、妻の姿を（実際の目でではなく暗闇で）見るようになる。ときが経つにつれ、「私」は妻の感情や状況を慮り、あえて唯一動かせた指を動かすことをやめる。やがて、妻は見舞いに訪れることがなくなり、「私」

は「医師や看護婦にも存在は忘れ去られ」た。末尾はこのように括られる。

　永遠に失われた光景を夢見ながら自分は静かに暗闇へ身を委ねた。

　この一文は、最後の「私」の動作で、〈暗闇〉そのものを感じさせる。「静かに」というのは、「音をたてることを回避する」意であるが、回避するというからには、そこに〈音〉はある。そして、「暗闇」へとその身を落とす。題名である「失はれる物語」とは引用箇所にある、闇の向こう側の「永遠に失われた光景」を指さない。時制が異なる。それはまだ失われていない。失われるのは「私」の物語なのだ。初出時の「失はれた物語」から「失はれる物語」と題名が変更されたことにより、その点がより明確になった(8)。

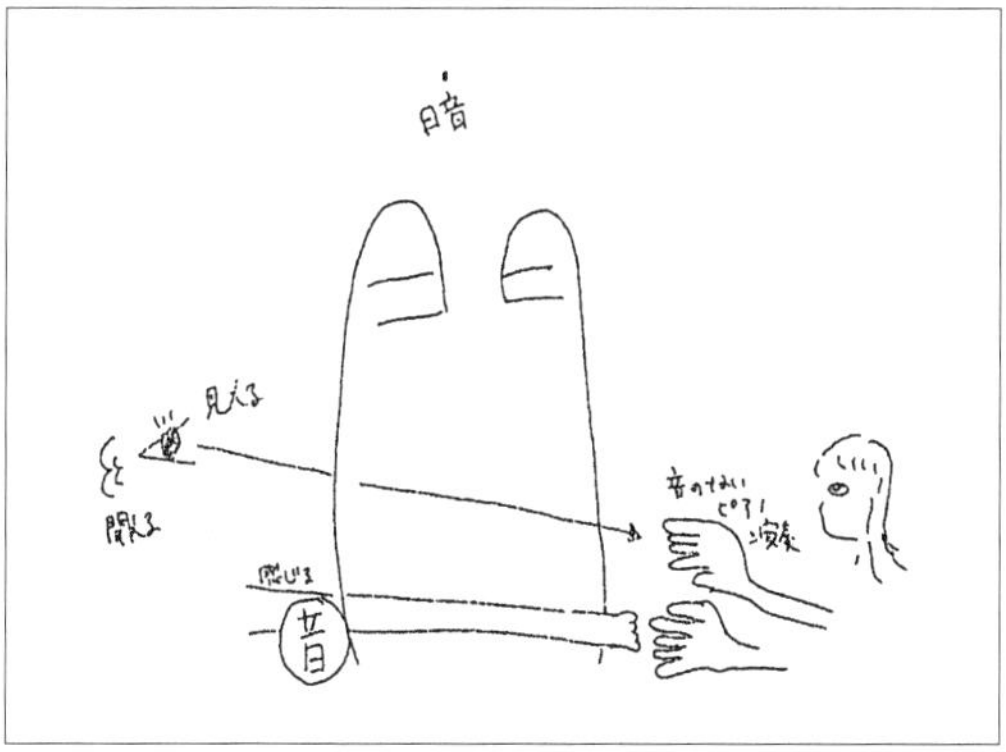

【参考図】

　【参考図】に書いたように、闇という漢字は門と音でできている。その門を挟んで向こう側に妻がいる。彼女は彼の腕でピアノを奏でる。物理的には弦によって生み出されるピアノの〈音〉は響いていない。しかし、その〈音〉を媒介として「私」には向こう側に妻の姿が見え、ピアノの曲が聞こえる（聞（門＋耳）、更に、間（門＋日）とでも表記したい）ようになる。感覚が戻る。実際の世界での感覚ではないが、暗闇で感覚を持つことができるようになっている。その「私」が最後に暗闇へと沈んでいく（失っていく）瞬間に立てる〈音〉が「静かに」であり、この

〈音〉によって読者は暗闇そのものの感触を、いままさに「失はれる物語」を味わうことができるのだ。

文学に響く輻輳的な〈音〉を自分の感覚で捉え、それを客観性をもって説明することによって、より深い文学体験が可能となり、本質的な意味で「生きるための力」が鍛えられるのではないだろうか。文学における〈音〉の重要性はいくら強調しても強調しすぎることはない。

註

(1)『芥川龍之介全集　第十二巻』(岩波書店、一九七八・七)。太宰治スタディーズ二〇一五年一一月例会の小澤純の「太宰治『お伽草紙』の周辺」に教示された。同氏の発表は、〈音〉に注目するものではなかったが多くの示唆を受けた。

(2)例えば、小川洋子・岡ノ谷一夫『言葉の誕生を科学する』(河出書房新社、二〇一一・四)には「人間が示す称讃や思いやりが、言葉をもたないものたちの存在意義を深めているのだと思うのです。われわれを生みだしたもの、まあそれを仮に神とすれば、神もやはり言葉を持っていません。自分の意図を言葉では伝えられない存在です。そう考えると、人間が生かされている世界は何と圧倒的な無言に支配されているのか、と思わされます。死者や動物や草花たちの無言の底に何が隠されているのか、人間は言葉を頼りに一生懸命探索し、記述しているのでしょう。無言の重みに耐えながら…」と発言している。そのほか、「ふと私は想像します。名前も知らないどこか遠い町にある、ひっそりとした治療室で、傷つき途方に暮れた誰かが、迷い込んだ迷路の風景を語っている。たった一人うす暗がりに向かい、自分の言葉にどんな意味があるのかも分からないまま、ただ語り続ける。暗がりの奥に身を潜めた私は、それをひたすら書き取ってゆく。誰かの心を支えるために必要なその物語が、間違いなくこの世に存在していることを証明するため、一字一字丁寧に書き留めてゆく。それが、私の書く小説だ…と。」(小川洋子・河合隼雄『生きるとは、自分の物語をつくること』(新潮文庫、二〇一一・三))との発言もある。

(3)小川洋子・平松洋子「行儀のわるい読書」(「coyote」二〇一六・Winter)に「最初に作ったのは「迷子のボタンちゃん」というお話で、小学校に入学してすぐくらいでした」とある。

(4)鷲田清一『精選現代文B』(筑摩書房、二〇一四)

(5)青嶋康文「教室を思考の場に」(「月刊国語教育」二〇一六・一)

(6)加藤夢三　全国大学国語国文学会第一一一回大会発表「〈偶然〉から〈偶有〉へ——東浩紀『クォンタム・ファミリーズ』論」

（7）乙一『失はれる物語』（角川書店、二〇〇三・一一）
（8）乙一『さみしさの周波数』（角川スニーカー文庫、二〇〇二・一二）。所収時は「失はれた物語」であったが、「失はれる物語」と改名され、『失はれる物語』に収められた。『失はれる物語』に収められた他の作品にも重要な箇所でいくつかの本文異同が見られる。

付記
「アイスキャンデー売り」の本文は、『おやじの値段』（文藝春秋、一九八七・八）に拠った。

初出一覧

第一章　文学における小説空間を考える
「〈消失点〉を利用した国語の指導法理論」
（『福岡女学院大学紀要　人文学部編』二七号　二〇一七・三）

第五章　〈消失点〉を利用した指導法④――「映画マトリックス」――
「映像における消失点を探す、授業での試み――映画「マトリックス」を対象に――」
（『川口短期大学紀要』二四号、二〇一〇・一二）

第六章　教材と消失点（一節）
「『文学』における未決定性・逆説性――『自己』の言語空間の広がりと文学教育
――aiko「カブトムシ」と今江祥智「野の馬」を題材として――」
（「川口短期大学紀要」二三号、二〇〇九・一二）

第七章　自己反省としての風景と音（一、二節）
「自己反省としての風景と音――山川方夫「夏の葬列」と浅田次郎「蝉の声」――
（『近代文学合同研究論集』一〇号、二〇一三・一二）

第八章　〈文学サウンドマップ〉を利用した指導法①――芥川龍之介「ピアノ」――
「〈文学サウンドマップ〉をつかった教育方法の可能性
――芥川龍之介「ピアノ」を対象とした授業を例に挙げて――」

第九章　〈文学サウンドマップ〉を利用した指導法②
（『水月』一号、二〇一五・四）
「〈音〉と〈空間〉を読む「国語」教材の理論と実践
――「にじの見える橋」「アイスキャンデー売り」――
――「にじの見える橋」「アイスキャンデー売り」を中心に――
（『水月』一号、二〇一五・四）

第十章　文学空間に〈聞こえない音〉を聞く授業の理論と実践
「文学空間に〈聞こえない音〉を聞く授業の理論と実践
――「ボタンちゃん」「アイスキャンデー売り」「失はれる物語」――」
（『福岡女学院大学紀要　人文学部編』二六号、二〇一六・三）

あとがき

本書は東京学芸大学連合大学院に提出した学位論文「虹と水平線――文学と絵画の交錯点――」の一部に加筆や修正を加え、また大学院修了以降に書いた論文を加え、更に修正をおこなってまとめた内容となっている。

博士課程に在籍中に、指導教官となっていただいた山田有策先生をはじめとして、府川源一郎先生、関谷一郎先生、……名前を挙げきれないが、お世話になった先生方がどれほど素晴らしい教育者であり研究者であったか、自分がどれほど恵まれた環境に身を置くことができていたのか、年を追うごとに骨身に沁み、身の置き所がない心地にさいなまれる。先生方に深く深く感謝申し上げたい。

博士在籍中から現在に至るまで、いくつかの授業を担当させて戴いた。そのときに生徒や学生たちと過ごした豊かな時間を抜きにして本書は成立しえなかった。いまでも新たな学期が始まるたびに、脳細胞がぎゅんぎゅん回転しはじめる酩酊感、閉じ込められていた殻を突き破る爽快感を味わい、一刻一秒を記憶にとどめていたいと願う。本書でその一端に掠りたいと努めたが、全然届いておらず、砂粒のような貴重な瞬間は青くきらめきながら、指の間を零れ落ちてしまう。しかし、それを「体験」したのだという痕跡だけは確かに私の体内に刻みこまれていく。刻みこまれてほしい。出会うことができた生徒や学生たちにも心から謝意を表したい。

本書をまとめることができたもう一つの拠り所は、二〇年の間、仲間たちと共に小さいながら開いてきた物語研究会だ。遠藤祐先生（神のお恵みを）、安藤公美さん、嶌田明子さん、本当にありがとう。この研究会を核として、研究課題名「〈感覚〉作用、特に〈音〉に注目した環境教育と文学教育の横断的研究と実践」を科研費に申し込み、視野を広げ、見識を深められた。研究の成果物として『水月』を刊行できた。携わってくださった皆様に衷心から御礼を申し上げます。『水月』に掲載した遠藤祐先生のご論文が、――その偉大な業績に比べてなんと貧しい舞台であったことか、先生、ごめんなさい。――先生の白鳥の歌となった。私は墓場までその美しさを忘れずに持っていく。今でも、先生の手書きの入稿原稿を目にすると涙がとまらなくなる。一方で、先生が残してくださった数多くの論文の一本に思いがけず出会うと、（ときにはすごく若い姿で）先生が「やあ」と声をかけてくださっているような、温かい気持ちでいっぱいになり、励まされ、己を奮い立たせる。

私は偏狭な位置を足場にして研究をしている。その位置を逃れることはどうしてもできない。足場がないと組み立てることができない。いつもいつも、足りない、狭い、浅い、「低脳」め！と反省している。もっと、もっと、もっとと、迷い、彷徨い、すべてを壊してしまいたい、消えてなくなりたいと思っている。それでも私はその足場から離れて、詩や小説を読むことやそれらを介して誰かを知ることや、そういうことがとても好きだと思う時間を過ごしている。ベッドのなかで雨音を耳にしながら独りで密やかに楽しむ小説や、バスを待ちながらバスに揺られながら読む小説たち、ひとが話す、最初にであった衝撃の本やらそれ以降、現在に至るまでの読書歴に耳を傾ける時間や、面白かった小説や消化できない小説などを語りあっている時間、誰かに本を紹介されたり、紹介したり。そして、宮澤賢治の詩を口ずさむ。

わたくしといふ現象は
仮定された有機交流電燈の
ひとつの青い照明です
（あらゆる透明な幽霊の複合体）

風景やみんなといつしよに
せはしくせはしく明滅しながら
いかにもたしかにともりつづける
因果交流電燈の
ひとつの青い照明です
（ひかりはたもち　その電燈は失はれて）

取るに足らない「青い照明」どころか、無意味な価値のない私の存在の、そのささやかな人生において、たくさんの方と出会い、多く支えられていることを感じながら。

最後になったが、前の拙著二つに続き、本書も河野乱平さんに装丁をお願いした。ありがとうございます。いつもあたたかく見守ってくれる家族のみんなにも謝意を表したい。

本書を刊行するにあたっては福岡女学院大学特別研究費の助成を受けた。恵まれた教育、研究環境である福岡女学院大学の関係者各位に感謝いたします。

こども学科でお世話になった林信二郎先生、いつも助言を下さる梅澤実先生、溪水社の木村逸司様、そして編集をご担当下さり、丁寧な校正と適切かつ切れ味鮮やかなご助言をくださった西岡真奈美様、木村斉子様にも心から御礼申し上げます。有難うございます。

二〇一七年七月七日
　大切な友人の誕生日に

大國眞希

索引（作品名）

人名索引

※作品名索引掲載の作者は省略した。

【著者】

大 國 眞 希（おおくに　まき）

東京学芸大学連合大学院修了、博士（教育学）。現在、福岡女学院大学教授。人間によって象徴化されたとの観点から文学作品を、絵画や音楽との比較を通じて研究している。近年は特に〈音〉に注目した環境教育と文学教育との横断的研究をおこなっている。著書『虹と水平線』（おうふう、2009・12）、『太宰治　調律された文学』（翰林書房、2017・10、第15回笹淵友一記念日本キリスト教文学会賞［奨励賞］受賞）など。

国語科指導法の理論と実践
――〈消失点〉と〈文学サウンドマップ〉を起点に――

平成29年11月20日　発　行

著　者　大 國 眞 希
発行所　株式会社 溪水社
広島市中区小町1－4（〒730-0041）
ＴＥＬ（082）246－7909
電　話（082）246－7876
E-mail: info@keisui.co.jp
URL: www.keisui.co.jp

ISBN978-4-86327-413-6 C3081